宽客人生
从物理学家到数量金融大师的传奇

MY LIFE AS A
QUANT

Reflections on Physics and Finance

［美］伊曼纽尔·德曼 著　韩冰洁 等译
Emanuel Derman

机械工业出版社
China Machine Press

图书在版编目（CIP）数据

宽客人生：从物理学家到数量金融大师的传奇：珍藏版 /（美）伊曼纽尔·德曼（Emanuel Derman）著；韩冰洁等译 . -- 北京：机械工业出版社，2022.1（2023.1重印）

书名原文：My Life as a Quant: Reflections on Physics and Finance

ISBN 978-7-111-69824-1

I. ①宽… II. ①伊… ②韩… III. ①伊曼纽尔·德曼 – 传记 IV. ① K837.125.34

中国版本图书馆 CIP 数据核字（2021）第 277607 号

北京市版权局著作权合同登记　图字：01-2013-4440 号。

Emanuel Derman, My Life as a Quant: Reflections on Physics and Finance

Copyright © 2004 by Emanuel Derman.

This translation published under license. Authorized translation from the English language edition, Published by John Wiley & Sons. Simplified Chinese translation copyright © 2022 by China Machine Press.

No part of this book may be reproduced or transmitted in any form or by any means, electronic or mechanical, including photocopying, recording or any information storage and retrieval system, without permission, in writing, from the publisher. Copies of this book sold without a Wiley sticker on the cover are unauthorized and illegal.

All rights reserved.

本书中文简体字版由 John Wiley & Sons 公司授权机械工业出版社在全球独家出版发行。

未经出版者书面许可，不得以任何方式抄袭、复制或节录本书中的任何部分。

本书封底贴有 John Wiley & Sons 公司防伪标签，无标签者不得销售。

宽客人生：从物理学家到数量金融大师的传奇（珍藏版）

出版发行：机械工业出版社（北京市西城区百万庄大街22号　邮政编码：100037）

责任编辑：顾　煦　孟凡帅

责任校对：殷　虹

印　　刷：北京富资园科技发展有限公司

版　　次：2023年1月第1版第2次印刷

开　　本：147mm×210mm　1/32

印　　张：12.25

书　　号：ISBN 978-7-111-69824-1

定　　价：80.00元

客服电话：（010）88361066　68326294

版权所有·侵权必究
封底无防伪标均为盗版

目录

序　言　两种文化　001

物理和金融

宽客是做什么的

布莱克-斯科尔斯模型

宽客与交易员

纯粹的思考与优美的数学能推导出物理定律

这能同样适用于金融吗

第1章　因缘际会　012

科学的魅力

粒子物理学的光辉岁月

怀揣远大理想而去哥伦比亚大学

传奇物理学家与初出茅庐的青年才俊

天才与怪人、计划与幸运

第 2 章　求学 7 年　　　029

研究生生活

精彩的讲座

李政道：苍穹中最闪亮的明星

紧巴巴的 7 年

研究生院毕业只剩半条命

第 3 章　一种生活　　　066

流动博士后的僧侣生活

研究并不容易

趋近毁灭，然后发表

合作与发现的极度陶醉

第 4 章　情感教育　　　084

牛津的文化魅力

一篇物理学论文引出另外一篇

英语特性

人智学者

第 5 章　圈中名流　　　103

纽约上东区做研究和为人父母的日子

幸福的生活与两种职业的冲突

第 6 章　世外智慧　　　115

双城家庭

人生新阶段的思考

因果循环

物理学，再见

第 7 章　刑罚之地　　　　　　　　　　　　　130

工业世界：为了钱而非兴趣工作

贝尔实验室的商业分析系统中心

庞大的科层体系中的一小部分

设计软件很美好

第 8 章　休止时间　　　　　　　　　　　　　161

华尔街在招手

面试投资银行

离开贝尔实验室

第 9 章　百变金刚　　　　　　　　　　　　　177

高盛的金融策略小组

学习期权理论

成为宽客

与交易员互动

新的性情

第 10 章　星际遨游　　　　　　　　　　　　　197

期权理论的历史

结识费希尔·布莱克并与他一起工作

布莱克 – 德曼 – 托伊模型

第 11 章　环境力量　　　　　　　　240

华尔街的行为和风俗

很多熟人的进一步冒险经历

波动是易传染的

第 12 章　身心俱疲　　　　　　　　266

在所罗门兄弟公司麻烦不断的一年

对抵押贷款建模

所罗门兄弟公司利用量化分析进行市场营销的技巧

幸运的裁员

第 13 章　高盛优劣　　　　　　　　284

像家一样的高盛

领导量化策略小组

权益类衍生品

东京证券交易所的看跌期权和奇异期权

与交易员亲密合作，所向无敌

金融工程成为一个真正的行业

第 14 章　暗中笑者　　　　　　　　318

波动率微笑之谜

超越布莱克 – 斯科尔斯：开发期权局部波动率模型的竞赛

正确的模型是很难开发的

第15章　去年之雪　　351

华尔街上的合并

衣着变得随意

由权益类衍生品转向公司层面的风控

互联网泡沫的破裂

告别

第16章　大妄想家　　371

绕了一大圈，重回哥伦比亚大学

回头再看物理学和金融学

不同的目的需要不同的精确程度

作为想象实验的金融模型

致谢　　381

序　言

两种文化

- 物理和金融
- 宽客是做什么的
- 布莱克 – 斯科尔斯模型
- 宽客与交易员
- 纯粹的思考与优美的数学能推导出物理定律
- 这能同样适用于金融吗

对世界建模

如果数学是科学的皇后（正如伟大的数学家卡尔·弗里德里希·高斯在19世纪所定义的那样），那么物理学就是国王。从17世纪中叶到19世纪末，牛顿的万有引力定律、三大运动定律、微分学以非常完美的方式描述着我们的世界以及太阳系中物体的机械运动。

牛顿之后200年，苏格兰物理学家詹姆斯·克拉克·麦克斯韦（James Clerk Maxwell）在1864年用简洁、优美的微分方程，同样惊人地准确刻画了光、X射线和无线电的传播。麦克斯韦方程组表明，电与磁表面上是两种完全相反的现象，但同属于电磁学领域。

我们不能仅靠观察世界就能得到牛顿定律或麦克斯韦方程组。数据不能自言其身。这些方程都是思想的产物，是从痛苦思考与深度直觉交汇的世界中抽象得到的。这些伟人的成功表明，纯粹的思考与优美的数学具有发现宇宙中最深奥规律的力量。

20世纪初，物理学的发展进程加快了。通过仔细思考牛顿学说与麦克斯韦学说观点上的差异，爱因斯坦提出了狭义相对论（Theory of Special Relativity），改进了牛顿力学，使其与麦克斯韦方程组保持一致。15年后，爱因斯坦提出广义相对论（General Theory）再次击败牛顿。广义相对论修正了万有引力定律，将重力解释为空间与时间上大规模的引力波。几乎在相同的时间,玻尔、薛定谔和海森堡在旷古一人爱因斯坦的帮助下,发展出了关于分子、原子、亚原子颗粒的量子力学理论。

爱因斯坦完善了这种思维方法并利用它发现了宇宙运行的规律。他的方法并非基于观察或实验,他尝试着去感觉并阐释事物运行所须遵守的规则。1918年,在为纪念发现量子的马克斯·普朗克的演讲中,爱因斯坦以研究方法为主题,阐述了这种洞察玄机的方法,他提到"得到这些规则并无逻辑道路,只有直觉,依靠一种对经验深刻理解而得到的直觉,才能发现它们"。

任何领域内寻找科学规律背后的目的是什么?很明显,是预测——预测未来,并掌控未来。现在我们享用、依赖、憎恶或畏惧的绝大多数现代科技,比如手机、电力网、CAT扫描、核武器等,都是从应用量子力学、电磁理论、相对论等基础理论发展出来的,而这些理论都是大脑思考的结果。20世纪用来预测未来的经典工具的确就是这样一些物理学理论。近年来,物理学家开始将相同的工具应用于金融领域。

最近20年来,华尔街和伦敦城内绝大多数主要金融机构和很多中小金融机构中,都有一小群曾是物理学家和应用数学家的人员,尝试将物理学、数学原理应用于证券市场。以前,这些人被称为"火箭科学家",之所以这么称呼,是因为火箭通常被误认为是科学界内最先进的领域。现在他们通常被称为"宽客"(quant)。

宽客从事的主要工作是"金融工程"——一个拗口的新名词，更好的表述方法是数量金融（quantitative finance）。这个学科是跨学科的混合体，包括物理学模型、数学方法和计算机科学等，目的是对金融证券进行估值。最佳的数量金融学实践洞察了证券价值与不确定性之间的关系，并接近真正的科学；糟糕的实践则是缺乏有效论证的复杂数学模型的伪科学大杂烩。

直到最近，金融工程才成为一门真正的学科。当我在1985年入行时，根本就没有这种称法，金融只不过是在投资银行实际工作中学习到的一些知识。现在，你能在许多研究机构，比如纽约大学科朗研究院、密歇根大学安娜堡分校、俄勒冈大学尤金分校等，拿到这一学科的硕士学位。从2003年7月开始，我成为哥伦比亚大学该学科的教授。工程学院、统计与数学系、商学院都纷纷开设这个学科一年期或两年期的课程，承诺在每年30 000美元学费的条件下将学生培养成为合格的金融工程师。这种学位非常热门，很多大学甚至在不同系下开设类似的课程。

现在，华尔街的经理人每天都会收到博士毕业生打来的电话、通过电子邮件寄来的简历，希望获得金融行业的工作。《物理学》杂志登载的金融经济相关论文的数量也逐渐增加。同样，银行中数量分析岗位上原来都是物理学家和数学家，现在这些岗位上金融系与商学院的博士毕业生、教学人员也越来越多。美国金融研究方面最好的两所院校——麻省理工学院（MIT）

的斯隆商学院与加州大学伯克利分校哈斯管理学院——都流失了几位非常优秀的青年才俊到银行或交易岗位就职。

物理学家大批涌入其他领域就职的部分原因在于，20世纪70年代他们传统的就业市场——学术领域工作萎缩了。而在此30年前（第二次世界大战期间），雷达的发明、原子弹的研制向战后政府展示了物理学的用处。震惊于苏联"Sputnik"（伴侣号）人造卫星成功发射之余，美国国防与能源部开始更大方地赞助纯理论研究，获得资助做这类研究的物理学家并不屑于为自己的研究做宣传。20世纪60年代，物理系的规模不断扩张、学术职位的数量也快速增长。在学科的鼓舞和奖学金的资助下，大批充满热情的研究生进入这个领域。

好景不长。越南战争结束后，恶化的经济和公众对科学服务于战争的厌恶使科研经费大幅减少。在20世纪七八十年代，很多曾立志为基础研究奉献终生的理论物理学家为了继续留在学术圈内被迫成为"流动工作者"，在大学或国家实验室等从事临时性的短期工作。我们中很多学者最终放弃了寻找低薪酬的半永久学术工作，从而转向其他领域。我们在各种领域中寻找与物理学相关的工作，比如能源研究或电信等领域。我的前同事有的在科罗拉多州戈尔登太阳能研究所进行可替代能源研究，有的在康涅狄格州里奇菲尔德的斯伦贝谢公司研究处理原油泄露的数学方法，其他的还有在新泽西AT&T公司的贝尔实验室（Bell）开发高级交换系统。

巧合的是，迫使物理学家离开学术研究工作的原因中，有些却同样促使华尔街开始接纳这些物理学家。1973 年，阿拉伯原油禁运使油价高涨、利率攀升，对通货膨胀的担心将黄金价格推高到每盎司⊖800 美元。转眼间，金融市场的波动加剧，传统上用来保守投资的债券突然变得风险超乎想象，以往的经验法则（rules of thumb）不再适用。对于金融机构而言，理解利率和股票价格的波动比以往任何时候都重要。风险管理和对冲成为新的当务之急。面对这些新风险，为变化提供保护的新型复杂金融产品数量激增。

怎样描述和理解价格的变动呢？物理学家总是考虑动力学，即事物随时间而变化的学问，它是经验证可靠的成功理论和模型。物理学家和工程师可以说是万事通，他们精通于数学、模型和计算机编程，同时又自信于适应新领域并将知识应用于新领域。华尔街开始向物理学家招手。20 世纪 80 年代，很多物理学家蜂拥转向投资银行业，我知道的一位猎头称其为"战俘"（POWs）⊖，即华尔街的物理学家（physicists on Wall Street）。

最成功的理论

物理学家在华尔街做些什么呢？最常见的是，他们建立模型估计证券的价值。在投资银行、对冲基金或在类似彭博

⊖ 1 盎司 =28.3495 克。——译者注

⊖ POWs 还有一个意思是战俘，即 prisoners of war。

（Bloomberg）和SunGard的金融软件公司中，物理学家修补既有模型并开发新模型。到目前为止，金融世界中最著名的也是应用最广泛的模型就是布莱克-斯科尔斯（Black-Scholes）期权定价模型。著名的金融经济学家、期权理论家斯蒂芬·罗斯[⊖]（Stephen Ross）在《帕尔格雷夫经济学大辞典》（*Palgrave Dictionary of Economics*）中写道："……期权定价理论不但是金融学中最成功的理论，还是整个经济学中最成功的理论。"

布莱克-斯科尔斯模型使我们能够确定股票期权的合理价值。股票是最常见的证券，每天都会发生买卖，但基于股票的看涨期权却很少有人能弄懂。例如，你持有一份基于IBM公司的一年期看涨期权，你就拥有从今天开始一年后以事先约定的价格（假如说100美元）买入一股IBM股票的权利。未来某天到期的期权的价值取决于当时每股IBM股票的价值。如果那天IBM股票价格为105美元，期权价值就正好是5美元；如果每股价格低于100美元，期权就没有价值。从某种意义上说，看涨期权就是赌股票价格会上涨。

期权是更常见的衍生品证券（derivative security）的一种特例，衍生品证券的价值衍生于（derived from）作为标的（underlying）证券的价值。到期时衍生品证券的收益可以用在合约中列明的数学模型计算出来，这些数学模型将衍生品证券收益与标的证券未来价值联系起来。这些模型可以非常简单，

[⊖] 斯蒂芬·罗斯于当地时间2017年3月3日在美国康涅狄格州家中去世，享年73岁。

就像股票看涨期权的例子那样，其收益只是等于到期股票价格超过100美元的那部分；模型也可以非常复杂，通过详细的数学表达式描述且取决于几个标的证券的价格。在过去的20年里，衍生品证券在外汇、商品、债券、股票、抵押品、信用、能源等各种领域的交易中被广泛使用。

衍生品证券比普通的股票和债券更加复杂。那么它们为什么会存在？因为它们允许投资银行、资金管理者、企业、投资者、投机者等客户量身定制自身愿意承担或规避的风险。仅仅买入一股IBM公司股票的投资者只承担了拥有股票的全部风险，其盈亏与IBM公司股价直接相关。相反地，IBM看涨期权却为投资者提供了潜在的无限收益（比如股价远大于100美元），但却只有有限的损失（当股价跌落到100美元以下时，投资者的最大损失只是期权费）。这种股价上涨收益与股价下跌损失间的不对称性是衍生品的典型特征。

你可以在专门的期权交易所零散买入或卖出期权，你也可以与批发商（即交易商）进行交易。期权交易商在期权市场上"做市"（make markets），他们通过向希望卖出期权的客户买入，向希望买入期权的客户卖出为市场提供服务。那么，交易商又是如何处理他们必须承担的这部分风险呢？

交易商与保险公司类似，保险公司也是在管理风险。就像好事达（Allstate）必须考虑到卖给你保单后，你的房子会被烧掉一样，当期权交易商卖给你一份IBM看涨期权后，他也必须承担股票价格上涨的风险。当投保的情景发生时,无论好事达还是期权交易商都不希望破产,但他们又都不能预测未来,所以他们也都会为承担他们客户希望规避的风险收取费用。

好事达的风险管理策略是对每个客户收取费用,并使全部客户的保险费超过在未来发生大火时,他们可能会面临的赔付总额。期权交易商的风险管理策略则不同:在理想的世界中,他规避 IBM 股票价格上涨的风险仅需从其他人手里以更低的价格买入一份相同的期权即可,还能从中获得盈利。可惜的是,这种策略很少能行得通。作为替代,交易商转而"制造"(manufactures)一份近似的期权。此时,布莱克-斯科尔斯模型派上用场了。

不可思议的是,布莱克-斯科尔斯模型告诉我们如何利用标的股票来复制期权,而且还能够估算出这样复制期权的成本。根据布莱克和斯科尔斯所言,复制期权就像在做水果沙拉,而股票就像其中的水果。

假如你希望卖出一份苹果和橙子的水果沙拉,你将对一磅⊖沙拉罐头索价多少?通常来说,你会观察一下市场上水果的价格、罐装及运输的成本等,最终得到利用各种成分制作沙拉这种混合物的成本。

1973 年,布莱克和斯科尔斯告诉大家,你可以利用一定数量的 IBM 股票和现金来混合制成一份 IBM 期权,就像你将

⊖ 1 磅 =453.59 克。——译者注

苹果和橙子混合制作沙拉一样。当然，制作期权的过程会比制作水果沙拉的过程更加复杂，否则早就有人发现布莱克－斯科尔斯模型了。与水果沙拉混合比例固定不变（比如50%的苹果配上50%的橙子）不同，复制期权的构成比例要不断变化。在股票价格不断变化的条件下，复制期权需要不断调整股票和现金的数量。用水果沙拉的例子来表述的话，就是你可能是按照50%的苹果和50%的橙子开始的，但接下来苹果的价格上涨了，水果沙拉的配比就要相应调整为40%的苹果和60%的橙子；如果苹果价格下跌了，水果沙拉的配比就要相应地调整为70%的苹果和30%的橙子。从某种意义上讲，随着构成成分的价格变化和时间的推移，你要通过调整配比来保证混合物的价格稳定。确切的"菜谱"要遵循布莱克－斯科尔斯方程式的计算结果。布莱克－斯科尔斯方程式还能告诉你"菜谱"的制作成本。在布莱克和斯科尔斯之前，没有人能够猜到通过简单混合就能复制出期权来，更没有人能够估计期权的合理价值。

这一发现使现代金融发生了革命性巨变。布莱克和斯科尔斯运用他们的洞察力使期权这种以前只能美食家才能享用的食谱变为标准菜单。交易商现在可以在不承担风险的前提下利用所有标的证券制作、出售客户愿意承担的风险。这就像在一个干燥的充满氢气和氧气的世界中，终于有人想出了如何合成水（H_2O）。

交易商运用布莱克－斯科尔斯模型制作（或"合成"，或运用更加具有金融学味道的"设计")出售给客户的期权。他们可以利用市场上买来的股票进行期权复制,相反地,他们也可以将从别人那里买入的期权分解成股票,并卖回到市场中去。利用这种方法,交易商转嫁了风险(由于布莱克-斯科尔斯模型仅仅是一个模型,而金融世界里所有的模型都不可能百分之百正确,交易商无法完全规避掉风险)。交易商对自己的期权制作和期权分解过程收取费用(期权费),就像高档餐厅的厨师不但要对食材收费,还要对他们的菜谱和厨艺收费一样,也好比支付给时装设计师的费用中既包含时装材料费用,又包括设计师的才能费用一样。

第1章

因缘际会

- 科学的魅力
- 粒子物理学的光辉岁月
- 怀揣远大理想而去哥伦比亚大学
- 传奇物理学家与初出茅庐的青年才俊
- 天才与怪人、计划与幸运

我把纽约想象得很美好。然而，当我在1966年秋天一个炎热的下午到达那里的时候，纽约城看上去既肮脏又凌乱，毫无现代感可言，令人失望。当时我在倒时差，疲惫不堪，从肯尼迪机场坐上闷热的出租车去上曼哈顿区，旅途让我情绪低落。由洛克菲勒基金会建设的研究生公寓——"国际公寓"（I. House），位于远离纽约上西区的地方，公寓里塞满了塑料家具，跟我在南非时他们寄给我的宣传册中的样子大相径庭。走廊的墙壁被粉刷成白绿相间的颜色，让人很不舒服，加上后门入口处的保安，都让人有种身处监狱的感觉。花了几个月时间，我才对这些让人难受的东西熟视无睹。我们都把这个地方称为"国际公寓"，看来确实很适合外国学生居住。

走下飞机的几个小时后，我陷入了一种非常强烈的孤独感中。这种感觉与突然的距离感和时间感有关，我曾经几度离开家门，但没有一次离家这么远，也从来没有过不知道什么时候回家的情况。在一连几个星期，甚至几个月的时间里，我的喉咙里好像有个肿块，随时都可能把我压垮似的。这种强烈的感觉很长时间才过去，可当它消失后，我又怀念起那种让我意识到自身存在的悲伤和渴望而带来的痛感。很多年后，当我读到罗伯特·穆齐尔（Robert Musil）写的《青年特尔勒斯》（*Young Törless*）时，就意识到了那位年轻的主人公穿透人心却又令人捧腹的苦恼。当初那种孤独感并未完全消失，从那时起，无论何时我独自到达一座新城市时，都会唤起我对那段痛苦时光的回忆，即使这种感觉只是片刻。

在开始的几个星期里,我在国际公寓几乎没有跟任何人讲过话。那时还没有开学,公寓里基本空无一人,寂静无声。出于惯有的谨慎,我提前三个星期来到学校,强迫自己安顿下来,熟悉环境,等待我的物理学博士课程开始。然而,我感到跟以前认识的所有人都隔绝开了。今天似乎不能想象在世界任何一个地方而与外界失去联系的现象,但我从开普敦到纽约的第一年确实是这样的。那时,在一层楼里住着50人的国际公寓中几乎没有电话,只有在过道一个隔音效果极差的电话亭里装有一部分机。当时,打给南非的电话费非常贵,而且必须向接线员提前预订。我从来没有给家里打过电话,取而代之的是,我每周都会给家里人和朋友们写几封信。最后,感谢"上帝",我在研究生院第一学期的课程总算开始了。

一定要在物理学界成功,这种盲目但强烈的愿望激励我离开开普敦,一次简单而又偶然的机会把我带到哥伦比亚大学。4年前,我16岁的时候进入开普敦大学读书。我们接受的是英国式教育:你必须选择你的主攻方向——科学、艺术、医学或是商业,然后才能开始学习。我选择的是自然科学。在我大学的第一年,我选了四门分别要上一年的课程:物理学、理论数学、应用数学和化学。大学里并没有可供选择的辅修课程,老师选择讲什么,你就要学什么,然后在每年年底的期末考试中得到相应学分。到了大学四年级,我决定选一门应用数学和理论物理学的双学位课程。可愚蠢的是,学校从我大学二年级开始就规定只能选择理论物理学了,这使我缺少实验技能。这样过早地确定专业，在美国任何一所好大学里都是不能容忍的。

1965年年末，我突然意识到我很多有志向的同学计划申请出国读研究生。碰巧，我因为讨厌痤疮而意外踏上美国之旅。说来凑巧，10年前我那心理医生的姐姐帮助我的皮肤科医生的侄子克服了"注意力缺乏症"，这位皮肤科医生出于感激，鼓励我申请去国外读物理学。我接受他建议的时候还没有完全弄懂我将踏上的是怎样的一条路，就着手申请英国和美国的奖学金了。开普敦大学物理系对出国读书所带来的益处持有偏见，但我并没有被他们劝住。

如果不是痤疮，可能我仍留在南非。所以从那时开始，我就相信我的人生旅程、分别的老朋友和结识的新朋友、我的婚姻和我的孩子们，都是一次偶然的痤疮的结果⊖。

粒子物理学是关于物质最小的、最基本的构成的学问。即使是在远离欧洲文明大陆5000英里⊖的开普敦，我们也知道我们处在这一领域的辉煌时代。在已经过去的20世纪60年代，每一年都会取得重大进展。实验物理学家利用分布在全球各地的粒子加速器，使超高速质子相互碰撞，并在碰撞中发现多种多样的新粒子。理查德·菲利普·费曼（Richard P. Feynman）

⊖ 这位皮肤科医生可怜的、患有注意力缺乏症的侄子是约翰·多凡，他在几年后也来到美国读研究生。现在他已经是斯坦福大学加速器中心的主任，这个中心是世界上实验粒子物理学领域为数不多的大型实验室之一。

⊖ 1英里=1.6093千米。——译者注曾经说过,从事基础粒子物理研究就像是把两块精良的瑞士手表拼命撞击,试图通过检验撞击产生的碎片来判断手表的做工如何。这就是挑战所在。

大量新粒子的出现使人难以判断哪些是基础粒子、哪些是合成粒子。这一难题是 19 世纪化学界重大谜题的重演,那时新的物质大量出现,向人们提出了认识物质化学结构的要求。对这一问题的求解最终产生了门捷列夫(Mendeleyev)的化学元素周期表,这张周期表根据各种元素的化学性质,用人们易于理解的顺序对所有元素进行了排序。表中的空白部分对应于仍未发现的元素,这些元素的化学性质加上它们在元素表中的位置,就给出了怎样找到它们的方法。现在到了 20 世纪,科学家针对提出一张类似的、按照各种基础粒子的特性进行排序的表展开竞争。可是,利用宇宙射线或人工轰击所产生的新粒子如此之多,以至于很多严肃的物理学家开始提出,与其他粒子相比,没有一种粒子是更基础的了,任何一种粒子都可以被看作其他所有粒子的合成物。

1964 年夏天,我们在开普敦聆听了关于物理学家默里·盖尔曼(Murray Gell-Mann)和尤瓦尔·尼曼(Yuval Ne'eman)研究成果的演讲,他们二人各自分别提出了粒子排序周期表。在他们的体系中,一些子表包含了八种不同的粒子。盖尔曼将他的模型称为"八正道"(Eightfold Way),这是一种复杂的分类方法,分别对应于佛教的八种生活原则。根据周期表中尚未填满的空白处所具有的特性,盖尔曼和尼曼预言到了一种新奇的、名叫欧米伽-负的粒子可能被观测到的特性。此后不久,真的就像所预言的那样,这种粒子就在位于长岛的布鲁克海文国家实验室粒子加速器的一次碰撞实验中被创造出来了。分析这种粒子在巨大气泡室留下的特征轨迹,可以判断出它的特性与八正道做出的预测完全吻合。这样看来,似乎利用思考就能理解整个宇宙。

我被粒子物理学和广义相对论深深吸引了,它们都是研究物质、空间和时间的学问。将生命用于这些领域的研究将不虚此生。就像我的许多物理学界的朋友们一样,我开始对基础物理学培养起一种近于宗教般虔诚的热情,在这种热情之下是我对名声与不朽的更加强烈的渴望。我梦想成为另一个爱因斯坦,我想将我的生命专注于发现永世不灭的真理。有时,我有一种自觉高于那些追求世俗学问的人们的自傲。

我的母亲也鼓励我为学术研究贡献终生,而我的父亲,尽管他生来的学究气质比母亲还要浓,但如果我跟着他去做生意,他可能会更开心。在我16岁、21岁或34岁的时候,如果有人告诉我,在我40岁时我将进入投资银行工作,我可能会发出难以置信的大笑。

在哥伦比亚大学第一个学期第一天注册的时候,指派给我的课程辅导老师是亨利·福利教授,他是一位小有名气的教授,曾参与过20世纪40年代检验费曼获得诺贝尔奖的电子理论的一项经典实验。福利是一位富有魅力的、愤世嫉俗的人,他简单询问了我对于原子物理学的知识,发现我在开普敦学习的、关于电子在旋转的圆形轨道上相互作用的知识有限。因此,他建议我报名学习 G4015 号课程,这是哥伦比亚大学开设的介绍原子物理学和量子力学的研究生基础性课程。㊀美国高校大多数物理系专业在本科二年级或三年级就已经开设了类似的课程,这就意味着我从一开始就比其他同学落后一年甚至更多。这是一个令人沮丧的挫折,漫长、乏味、前景莫测的上课和考试的三年就这样开始了,我还以为马上就能开始原创性的研究工作呢。

尽管我自己没能充分意识到,但福利是对的。20 世纪 60 年代早期,在开普敦我们只学习到了现代物理和量子力学的非常基础性的知识。那里的绝大多数物理学教授似乎对 20 世纪 30 年代之后发展出来的新知识都感到不安。他们那种真正理解量子力学需要运气的态度影响了我很长时间。美国物理学界相对来讲非常专业、注重实效、系统性强。经过反复观察,我发现哥伦比亚大学物理系教授并不认为现代物理学有多么高级或者难以理解,也不会等你达到某种层次后才向你揭示奥秘,从而把你最终培养成掌握秘密的内部人。他们希望你只要投入就行了。

㊀ 你可能认为我列出课程代码太过卖弄了。但直到现在,30 多年过去了,每个无声的代码都会在我面前浮现出一个鲜活的印象:某年、某间教室、某位教授、滑动的黑板、发出烦人滴答声的暖气……还有马上就要学到某种新鲜的、神秘的"炼金术"时的兴奋之情。

作为本科生,我学得非常好的一门课是应用数学,这是一门进展缓慢的学科,在遥远的、封闭的南非可以跟得上发展潮流。在开普敦,模仿著名的剑桥大学学位考试而搞的年底闭卷考试很流行,很多在英国受过教育的老师就是这样被教出来的。这种考试方式强调快速解决实际问题的能力和记忆力。所有内容都得准备到。随着年级的升高,我们开始逐步接触更高深的经典力学和电磁理论。我现在还能背出一些不定积分和傅里叶变换公式,这些都是为了应付期末考试所必须牢记在心的。㊀

1966年,我所进入的哥伦比亚大学物理系是一个传奇之地。首先打动我的是,哥伦比亚大学物理系和20世纪物理史上多个开创性篇章都有直接关系。20世纪初,哥伦比亚大学物理系第一个博士学位获得者是R. A. 密立根(R. A. Millikan),后来他因为天才般地利用测量携带一个或两个肉眼看不见电子的微小油滴的偏离度,精确测量无法观测到的电子电荷而获得诺贝尔奖。

我到哥伦比亚大学后,正值I. I. 拉比(I. I. Rabi)执掌哥伦比亚大学物理系的后期。I. I. 拉比是奥本海默(Oppenheimer)

㊀ 我在高盛的最后几年里,面试了很多申请在高盛投行部门工作的本科生,我常常吃惊于他们对于学过的课程内容居然都不记得了,他们对专业领域内的核心内容知之甚少。我碰见过一位统计专业的大三学生,居然讲不清楚什么是标准差,还遇到过学过好几门电磁学课程的学生,居然不记得麦克斯韦方程。而我是只要学过的,都学得很好。看来他们所受的教育都白费了。

逝世后，美国物理学界的泰斗。因为发现了原子核磁特性的测量方法，他获得 1944 年的诺贝尔奖。拉比是整整一代美国物理学家的知识导师、一位令人尊重的政府顾问，也是布鲁克海文国家实验室——盖尔曼和尼曼最终发现欧米伽－负粒子的地方——的创始人之一。当时他临近退休，唠唠叨叨的，因此给我的印象是他很搞笑，而非一位智者。那时我很年轻也有点自大，我对于他的学问和影响力还没有什么概念。最近，我看到了他常说的一句话"如果你决定没有必要拿 A，那么你在大学里就能学到很多东西"。

已故的 1938 年诺贝尔奖得主恩里科·费米（Enrico Fermi）被视为哥伦比亚大学物理学系的精神导师。他的黑白侧像使浦品物理楼 8 楼的学术讨论室增光不少，第二次世界大战（以下简称二战）和曼哈顿计划期间，他曾在那里担任教职。费米是一位实验物理学家，曾经创造出芝加哥大学第一座自给核反应堆，使得后来投向广岛和长崎的原子弹的研发工作向前迈进了一步。令人惊奇的是，他同时还是一位理论物理学家，早在 20 世纪 30 年代就已经预测出中子的存在。中子是一种没有质量也不带电荷的粒子，同一般物质的相互作用非常微弱，中子直到 20 多年后才被发现。费米是最后一批对物理理论和实验都做出重大贡献的物理学家之一，是一位兼容并蓄的大师。

哥伦比亚大学也是美丽的玛丽亚·格佩特－梅耶（Maria Goeppert-Mayer）的战时居所，她提出原子核同原子本身一样，是由绕核运动粒子组成的核状物的理论假设，因此获得1963年诺贝尔奖。她的丈夫约瑟夫·梅耶是哥伦比亚大学化学系教授，但受制于哥伦比亚大学近亲避嫌的规定，梅耶一直只是哥伦比亚大学的研究员，而从未担任过全职教职。

再后来，哥伦比亚大学逐渐成为战后相对论量子电动力学（QED）发展的中心，相对论量子电动力学是关于电子如何发射和吸收光波的理论，也是我即将努力学习的理论。原子和原子内部的电子非常微小，物理学家只能间接地检验它们的结构。实际上并不能真正"看见"原子里面是什么样子。就像医生经常拍拍患者胸部，并根据患者体内发出的声音来判断体内的情况差不多，物理学家必须拨动原子，通过原子内部电子发射出的光波来推断电子的特性。直到20世纪40年代后期，数学计算和概念上的深度不一致割裂了量子电动力学，比如在许多情况下，发射光频率的计算确实出现了无数个解。

在20世纪40年代后期，美国的费曼和朱利安·施温格（Julian Schwinger）[他们不知道的是，日本的朝永振一郎（Shin-Ichiro Tomonaga）也在从事同样的工作]在一篇充满洞察力和数学技巧的杰作中，指出了如何修正量子电动力学。他们从而能够准确地预测出，当电子在原子内部从一个轨道跃迁到另一个轨道时所发射出的光波波长的微小变化，而这种变化以前从未被人注意过。

20世纪40年代后期，同在哥伦比亚大学的威利斯·兰姆

（Willis Lamb）和波利卡普·库施（Polykarp Kusch）认真、细致而又精确地测度了这一系列近乎无穷小的变化，他们发现测量结果与费曼和施温格的预测几乎完全一致。兰姆和库施分获了诺贝尔奖，不久以后费曼、施温格、朝永振一郎也获得了诺贝尔奖。

没过多久我就了解到，并不是每个诺贝尔奖的分量都相同。1968年，我当时是库施大三电磁学课程的助教，得以经常跟他接触。很快我就注意到浦品物理楼里的人们对待他并不像对待其他诺贝尔奖得主一样尊重，就好像他的诺贝尔奖比不上其他人的诺贝尔奖似的。几年后，他离开哥伦比亚大学去了得克萨斯大学。

同样还是在哥伦比亚大学，尽管还不是诺贝尔奖得主，利昂·莱德曼（Leon Lederman）、杰克·斯坦博格（Jack Steinberger）、梅尔·施瓦茨（Mel Schwartz）早已因为一系列杰出的实验和发现而闻名于世。1988年，他们因为在30年前就提出应该有两种不同的中子（费米提出的）而非一种中子而获得诺贝尔奖（2000年发现的第三种中子并不出人意料，也就注定不会获得诺贝尔奖）。

最后，群星闪耀的哥伦比亚大学的苍穹中，最耀眼的那颗星当数李政道（Tsung-Dao Lee）。他集中体现了哥伦比亚大学物理系所有好的和坏的特质，也许正是他造就了这些特质。因在推导举世震惊的后来被称为"宇称不守恒"定律中所做的理论研究工作，1957 年李政道在 31 岁时就获得了诺贝尔奖。李政道与共获诺贝尔奖的伙伴杨振宁（C. N. Yang）大胆提出，自然规律并不像人类武断认定的那样，可以被对称地分为"左"和"右"。这是一个难以置信的假设，但是他们提出用实验来验证。在不到一年的时间内，他们被证明是正确的。当我在 8 年后到达哥伦比亚大学的时候，这一发现的结果在物理学领域内仍有广泛的影响。

所有人都叫李政道为"T. D."，这是一种哥伦比亚大学物理系将教皇和中国最后一个王朝的名字合二为一的称谓。他令人敬畏、以自我为中心、极端认真。大概 10 年前，我在一本文学杂志《星光大道》上看到一组以科学家在黑板上写字为主题的照片，其中就有他的一幅。有一幅是费曼在讲解量子电动力学，他充满活力，非常友善；还有一幅是洛克菲勒大学的米切尔·费根鲍姆，他正在检验他的那个倍增等式，这个等式揭示了表面上杂乱无序的现象后面隐藏的秩序。大多数物理学家看上去与常人无异，即使是默里·盖尔曼也是如此，但李政道的照片却与众不同。照片摄于 20 世纪 50 年代，照片上的他正在演讲，年轻的脸庞上闪耀着荣光，就好像走下西奈山的摩西一般，傲睨万物。李政道给哥伦比亚大学定下了基调，他的存在鼓舞人心，又令人敬仰。

在哥伦比亚大学，教职员工并不是唯一不同凡响的。很多学生也被认为是"神童"。我所在的研究生班中，甚至是后来的高级班中，总有几个聪明早慧的本科生来听课。我嫉妒他们,而对他们怀有提防之心。一些人留着平头,穿着窄肩黑西装,系着领带,就像是50年代的遗少;还有人把头发拉直,穿褪色牛仔裤和运动衫。但不管他们穿什么,他们都会在课堂上举手提问,问一些他们早已经知道答案的问题。

我对这些无师自通之人总是充满敬畏之心。在南非,我真正掌握得不错的技巧不多,这些知识令我终身受用。在那里,我要年复一年耐心等待升入下一个年级,"他们"才会向"我"传授我能够掌握的内容,从来都没有可能由我自己选择要学习的内容。在美国,我惊奇地发现是学生自己选定要学习的内容。我不得不羞愧地承认,除了正式教育的内容外,我几乎没有自学过任何东西。只记得有一次除外,那是在大学四年级的时候,为了完成毕业论文,我花了几个月的时间研究引力和电磁学的统一场论。我对爱因斯坦引力理论的拓展研究,使我感到非常开心,但这种自学只是例外情况。

在1966年及随后的几年中,我怀揣着能够获得李政道那样的成功的梦想。按照这个不切实际的标准,只有少数"神童"能够真正实现他们的诺言。其中一个成为军事分析智囊团成员,在伊拉克入侵科威特之后的海湾战争期间,我在电视里认出了他。还有一个完成了物理学的博士学位课程,之后转入医学院,从事精神学方面的研究,最后成为一名知名的神经网络学专家。第三位在获得哥伦比亚大学物理系最佳本科生荣誉后,患上躁狂抑郁症。但他决定继续搞研究,不间断地在淡黄色笔记本上记录下他每天全神贯注投入工作的分钟数。每次停下来或休息时,他就按停表,将从上一次打断后的工作时间记录下来。每天结束后,他计算出工作时间总数。我自己也有些强迫症,因此很同情他的计算。我知道一个人一天之内能够集中精力、不被打扰的时间可谓少之又少。每想到此,我就立刻开始做自己的工作时间记录单。

我从哥伦比亚大学的老师和学生的命运中得到一个教训:性格和机会与天赋同等重要。运气,再加上我母亲所说的"忍耐",也就是坚韧不拔的毅力,最后起到至关重要的作用。

先是在开普敦,然后是在纽约,我逐渐了解到究竟哪类物理学适合自己。

像绝大多数物理学者一样,我是个还原论者:我相信可以把复杂的事物简化成它们的构成要素。生物学建立在化学的基础上;而化学只不过是分子和原子的物理运动而已;原子由电子和原子核构成;原子核又包含了质子和中子,而质子和中子似乎都是由夸克组成的。在这个公认的物质分层体系中,究竟什么才是最终的亚核粒子?它们的运动又遵循怎样的规律?这些问题就是粒子物理学研究的范畴。

粒子物理学家是一群自命不凡的人,他们认为自己的研究领域是很多非常基础的知识的源泉,常常以诋毁其他更加尖端、更加复杂的物理学领域为乐。八正道和夸克的发现者盖尔曼清楚地体现出了大多数粒子物理学家的这种潜在的高傲心态,他对表面看起来非常普通的、研究大物体及其不同形态的固体物理学曾经有过一个著名的概称"肮脏态物理学"。

现在，并不是所有人都认同盖尔曼的聪明妙语。在过去的20年里，物理学家已经发现了大物体和微小粒子在物理属性上存在很多共性。这些共性在两个领域中都是非常新鲜、有趣的，而这些共性似乎都来源于所谓的"多聚性"：大物体和微小粒子分别可以视为中间物，都是由非常大量的相似成分组成的。当很多相似的成分聚集在一起时，它们的集体行为就会表现出全新的、不可预知的特性。一滴水可以突然冻结转化为固体，而水分子却无法转化为固态。我们可以说一阵兴奋之情或是翘首以盼的寂静席卷了整个人群，但却不能说席卷了某个人。用另一位诺贝尔奖得主 P. W. 安德森（P. W. Anderson）的话说就是"量多则异"，他和其他"肮脏态物理"学家一样，都相信没有还原论者所认为的那样存在唯一一个大一统理论。

虽然永远不能知道谁是对的，但就像二战后绝大多数有远大抱负的物理学家一样，我被还原论者的观点深深吸引了。我想成为彻头彻尾的还原论者，也就是一位粒子物理学家。

从更技术方面的角度讲，我还必须在理论物理学家和实验物理学家之间做出选择。但对我而言，这基本不需要选择。理论物理学的本质是试图观察宇宙，并理解宇宙的结构。如果是对的，就能超越牛顿和爱因斯坦：你发现了十诫中的一条。你用神来之笔写下一组定律，它们神奇地描述并预测了"上帝"所创造的世界是如何运行的。这就是我向往的征程，其他任何选择都是我所不愿做出的让步。

即使在理论粒子物理学中，还有更进一步细分的领域。纯粹的理论就是确定抽象的定律，就像制定统治世界的神圣戒律。但摩西每次带着新的有效神诫下山而来，总有数不清的、善意的先知们提出的假设被证明是错误的。那么人们怎么判断一个理论是否正确呢？

光有美妙，即使是数学上的美妙，是不够的。物理学家必须详尽阐述新理论如何作用于这个世界，从而检验该理论是否正确。从事现象学工作的物理学家要得到这个理论具体的、可观测的结果，必须提出理论与实验间、思想与实际间的现实联系。现象学家详细阐述理论，他们创造出试验性的近似，将理论转化为实用的工具；通过对比实验得出的结果和使用理论计算出来的预期结果，验证或否定一个理论。现象学家更多是在现象表面做文章，而很少触及现象背后的规律。

虽然我想从事纯粹的理论研究，但最终我大部分在物理领域内的时间都可以说是一名现象学家。从长远来看，这对我是非常有好处的。当我转向华尔街工作时，我发现相对于纯粹理论，数量金融更像现象学研究。数量金融主要涉及金融合约估值的技巧，考虑到人类心理上的波动，数量金融更接近于一门表面上的实用研究，而非研究深层次原因的学问。相对而言，物理关心的是"上帝"的神谕，这些深奥的物理定律用简单、直白的语言表述出来，似乎更容易理解。

我对物理学内容充满激情，但我也对现实回报充满极度渴望。激情与渴望持续多年，尽管失望不可避免。10年后的1976年，作为一名牛津大学的博士后研究人员，我对远大抱负的逐渐消逝有过一次顿悟。在十六七岁时，我曾渴望成为另一位爱因斯坦；在21岁时，我曾认为能够成为第二个费曼就能让我兴奋了；到了24岁时，我认为未来能做到李政道那样就可以了。可到了1976年，与另外一位博士后研究人员共用一间办公室的我，意识到自己已经跌落到嫉妒隔壁办公室的另一位博士后了，只是因为他被邀请去法国参加一场研讨会。非常类似的是，很多期权理论家会提到所谓的"时间衰减"，意思是金融股票期权也会随着到期日的临近而逐渐失去其潜在收益。

第 2 章

求学 7 年

- 研究生生活
- 精彩的讲座
- 李政道：苍穹中最闪亮的明星
- 紧巴巴的 7 年
- 研究生院毕业只剩半条命

如果你不介意浪费最好的青春岁月，那么哥伦比亚大学研究生生活可谓是人间天堂。只要通过了最初的两道坎儿：通过博士资格考试和找到研究指导教授，似乎就没有人会关心在你身上发生了什么。作为一名研究生是一个不错的"闲差"。学校只给你为数不多但能维持生活的奖学金，并希望你不要给他们添麻烦。我在物理系度过了7年清教徒般的生活。我的一个朋友花了10年，最终我们都活着毕业了。

有一些人则没有。一个研究生枪杀了他的博士指导教授，不久以后我们就都听说了。几年前，我在《纽约时报》上读到了这样一篇文章，两位研究生在追随诺贝尔奖得主、哈佛大学教授E. J. 科里（E. J. Corey）进行研究期间自杀。在写给1998年12月20日出版的《纽约时报》周日特刊的信中，纽约上奈阿克区的琳达·罗德伯格这样描述研究生生活：

> ……也许现在比以往更甚吧，研究生教育期间是延长的青春期。在这段时间里，高智商的年轻人意识到他们的世界萎缩到只有他们导师的实验室那么小……由于他们的特质与他们科研课题的成果紧密相连，研究生通常对其他选择（如教书、投身实业甚至是换另外一种工作）不屑一顾。希望得到一份体面的薪水，从事一份每周工作50个小时的轻松工作，都被认为是一种背叛。

这是一种非常准确的描述。我们投身科学是由于对它的热爱，认为其他任何事情都比不上它。很多研究生没有通过博士资格考试，只能在第一年年末离开学校；有些研究生通过了考试，但是在找到论文指导教授之前放弃了；有些在写论文过程中认输、放弃了；剩下的就奋力通过并继续一种流动的博士后研究生活。我们中很少有人能轻松过活。罗德伯格女士特别准确地指出，当我们贬低那些未能完成学业转而投身于不够宏伟的事业的朋友时，我们心中充满了秘而不宣的自怨自艾。"羞愧是骄傲的外衣"，当我在布莱克的《地狱格言》(*Proverbs of Hell*)中读到这句话时，我非常清楚他想表达什么，不过这是后话。

在哥伦比亚大学的第一年，每学期有四门课，学年结束就是所谓的"博考"，也就是博士研究生资格考试，只有通过了这一考试，才能继续攻读博士学位。对于要从事理论研究的人来说，还要在"博考"中通过一个专门的理论考试。没有这个正式的许可，就没有指导教授会要你。

我对现代物理学知之甚少，以至于即使我通过了博士生资格考试，被允许从事纯粹的理论研究，还是要花上两年的时间补上大量的预备课程。如果我上的是英国剑桥大学，那里硬性要求的课程很少，我可能在三四年内就能获得博士学位。现在，我却要等上同样的时间才能开始研究！我向前迈了一步，却又令人沮丧地向后退了两步。

由于希望成为理论学者，我面临的选择很少。没有适当的教育，是不可能从事理论研究工作的。我有点羡慕我的那些崭露头角的实验物理学朋友，他们从学徒期一开始就能贡献一些有用的东西——他们可以建造粒子探测器、可以编写电脑程序，还可以分析数据。尽管从事的都是一些基础性的工作，但毕竟他们有事情要积极地去做。而我们这些理论物理学者则看上去有些令人沮丧的无用和孤独。

多年后，当我搬到华尔街后，我特别喜欢从事数量金融的那种充实、忙碌的工作方式：总是有程序要写、有交易界面要设计、有计算等着去做。能够有点事忙着，而不是一定要超凡脱俗，这种感觉挺好。

与此同时，当我在1966年定居纽约的时候，生活水平逐渐提高了。每天早晨我听着WNEW AM频道克莱文和芬奇的广播起床，他们假装在WNEW压根就没有的交通观测直升机上现场直播，其中一个播送打印出来的交通报告，另一个则模仿螺旋桨的声音。直到现在我还能遇到能够回忆起他们没完没了的广告词的人，比如"丹尼森服饰，专为男人打造，新泽西联合区第22大道，早上10点钟到第二天的凌晨5点钟营业，金钱万能，庸人走开！"当我听到第22大道的时候，总觉得这好像是克鲁雅克小说中一条带着异国情调的跨国高速路，还有着一点纳博科夫小说《洛丽塔》（*Lolita*）中汽车旅馆的艳俗。1980年，当我最终决定离开物理学界时，我开车正是沿着第22大道前往位于新泽西州默里山的贝尔实验室参加面试的。这条路一点也不令人失望。

我喜欢纽约上西区，它有着加勒比海式的气候，也有着充满活力的街区生活。曼哈顿是单身生活的绝佳之地。你可以沿着从哥伦比亚大学通往时代广场的百老汇大街一路走下去，边走边看行人，在 Automat 牌自助咖啡机——这个牌子的自助咖啡机就快要绝迹了——停下来独自喝一杯咖啡，也可以来一份 Hopperesque 塞满坚果的快餐，这样永远不会感觉到孤单。每个街区都充满了希望。夏天里炎热的夜晚，国际公寓深褐色房子的台阶上坐满了波多黎各人。我的朋友也是我的同学埃泰·胥奇——一个 1956 年来美国的匈牙利籍难民——告诉我很多生活诀窍。在完成了整晚的作业后，我们会去第 123 大道和百老汇大街交汇的地方要一份比萨做夜宵。比萨是一个围着白围裙、身着 T 恤衫的矮小而整洁的意大利人做的，他常常很自恋地对着镜子梳理他的灰发，而他的妻子胖得出奇，坐在一张窄小的、不知怎么居然能撑得住的铁质折叠椅上怨恨地看着这位意大利人。我记得店里投币点唱机里放的是"世界一片宁静"［There's a Kind of Hush（All Over The World）］。

我要逐渐适应在纽约的生活，对国际公寓中的白人、黑人、亚洲人之间的安之若素、从容不迫地生活在一起而感到惊讶。21 年来，我在南非目睹的是黑人不被关注，成为挂在白人生活之后的黑色幕布。直到此时，这种状态留给我的印象才逐渐消退。

我也被诅咒方式的差异所震撼。我到达曼哈顿几个星期之后才第一次听到"美式国骂"，当时两个 10 岁的男孩就在沿着百老汇大街行驶的104路公交车上,跟聊天似的用这样的词汇称呼对方。这个词第一次听来真的很刺耳。

美国研究生的独立自主给我留下深刻印象。在开普敦大学,课本被视为辅助材料,我们认真做课堂笔记,并对笔记全面、完整地复习,这样做通常就足够了。可我在哥伦比亚大学的第二个星期,惊奇地发现教授留的作业题目居然跟课上讲的所有内容都没有关系。原以为是教授留错了题目,我就去国际公寓楼道里找埃泰询问,他告诉我相关内容可在教材第二章最后一节中找到。当我意识到教授可能会将课堂上没有讨论到的内容作为作业时,立刻感到很沮丧。从那时起,我就给予了阅读教材与记笔记同等的重视。

在哥伦比亚大学,有些教授的课程既让人体会到发现新事物的快乐,又能让人学到如何发现新事物,这些教授的课是我最喜欢上的。

我在哥伦比亚大学的第一年,选修了一门理查德·弗里德伯格(Richard Friedberg)讲授的高级电磁理论课程。理查德·弗里德伯格是一位蓬头垢面的"传奇人物",我们听说在他还是研究生时就解决了逻辑数论里面一道著名的难题,他用来解题的方法至今还被称为弗里德伯格编号法。他曾是李政道门下那群年轻神童中的一个,后来在物理系任教,现在是一名年轻的教授。

弗里德伯格不修边幅,面色苍白,一副心不在焉的样子。

当他试图集中精神时，常常就在课堂上长时间闭上眼睛。埃泰乐于跟我讲弗里德伯格是怎样一位真正的天才。就像他的外表一样，弗里德伯格很快就让这门课有了他的风格。没有采用标准的教导式电磁学讲授方法，弗里德伯格将我们一下子带进令人兴奋的物理学发展史，他要求我们每个人都买一本丹佛出版社重印的荷兰物理学家洛伦兹（Lorentz）著于20世纪初的经典作品《电子理论》(The Theory of Electrons)。这本书基于洛伦兹1906年在哥伦比亚大学讲学时的讲义写成，记述了洛伦兹在前爱因斯坦时代所做出的英雄的、充满智慧的探索，试图解决牛顿定律与麦克斯韦理论这两个物理学基本理论间的矛盾。

麦克斯韦在19世纪末提出的电磁理论认为，光波是靠一种稳定的物质流传播的，这种物质流被称为"以太"，被假定广泛存在于空间之中。牛顿在17世纪提出的机械运动理论描述的是所有物体的运动，因此也应该包括以太的运动。经过艰苦卓绝的求索，洛伦兹解释了如何将这两个理论结合起来，用以预测光在运动物质中的传播，或者说对于处于运动状态中的观察者而言，光波如何变化。但在洛伦兹这种缝合在一起的理论中存在矛盾，他只能通过对物质自身结构的假设做出修正，来消除矛盾。他推测，移动的物体在穿过以太时，物体的体积将会变小。他经过艰苦卓绝的研究所得到的这些结论，其实已经非常接近爱因斯坦1905年所提出的狭义相对论公式，只是缺少将空间和时间因素考虑在内。

洛伦兹的理论最终沦为历史的注脚，他也从来没有爱因斯坦那种洞察力。弗里德伯格的课程重温了洛伦兹的奋斗史，也让我充分认识到，爱因斯坦理性的、凭借直觉的分析是如何消除或是规避了以前出现的混乱之处。从那时起，我就对理论上的重大突破是如何产生的非常感兴趣。物理学或金融学中的重大发现，绝不会像人们读教科书那样简单，即使这些重大发现出现几年后就会被写入教科书。

令我吃惊的是，利用爱因斯坦的理论，我能很容易地解决光在物质流中的运动问题，而这曾令所有试图解决这一问题的人感到非常复杂、难以处理。不论怎样，爱因斯坦将几乎完全无法理解的秘密转变为单纯的形式和规则。现在，任何一个研究生一年级的学生经过一点点训练，就能像乐师演奏音乐一样，计算出那些几十年前提都不可能提出来的问题的正确结果。我对开创者与门徒间的差距有了更深刻的体会。在传授的时候，所有东西都看上去很简单，但当你独自一人在可感知的、无序世界中挣扎过，你才能知道，制定或是辨别一套最终回过头来看上去显而易见的规则有多么难。

我至今还保留着1967年上弗里德伯格课时使用过的蓝色考试簿副本，其中有我手书的关于洛伦兹尝试解释光通过以太传播的文章。每过几年我就要看一看弗里德伯格在空白处写下的评语。评语说，我的回答已经超过了问题的提问范围，但它"用一种非常清晰和理性的思路，涵盖了答案的要点，还包括了其他大量资料，在每个细节上都是正确的"。

我听过最好的一次讲座是马克·卡茨（Mark Kaç）在20世

纪70年代早期某天在哥伦比亚大学所做的。卡茨是波兰裔概率论专家，凭借其发现的、用来处理经常出现在量子力学和期权理论中的微分方程的费曼-卡茨方法，而在物理学界和金融学界都享有盛名。他给研讨会起了个引人注目的主题"你能听见鼓的形状吗？"在讲座中，他描述了一位富有想象力的盲人，在怎样的条件下能够听出一只鼓发出的所有声波的频率，进而能够从数学上推断出这只鼓的形状。这个问题是更一般意义上逆散射领域的内容。很多年后，在高盛，尹拉杰·卡尼和我用一种类似的方法，描述了一位假想的、已经记录下以股票为标的的所有期权价格的期权观测者，怎样用数学确定未来股票价格的波动率曲面。

卡茨的讲座给人最深刻的印象是，他形象地讲述了当他在寻找解决办法时，是如何利用直觉走出死胡同的。他还很幽默，讲述了在阿姆斯特丹这个讲座在校园海报中被误写为"你能听出梦的形状吗？"⊖，最终这次讲座吸引来一大批20世纪60年代末出生的听众。这让我想起了在哥伦比亚大学发生的一件类似的事，一大群医学生突然出现在一个天体物理学的、关于恒星结构的讲座中，讲座的名称是"白色侏儒与红色巨人"⊜。

成为李政道的研究生是每个人的梦想。20世纪50年代和20世纪60年代是粒子物理学中对称理论刚刚兴起的时候，李

⊖ 鼓的英文为"drum"，梦的英文为"dream"。本处疑为将drum误写为dream。——译者注

⊜ 英文为"White Dwarfs and Red Giants"，由于字母大写，应理解为"白矮星与红巨星"。——译者注

政道的理论和哥伦比亚大学的实验物理学家——莱德曼、施瓦茨、斯坦伯格、系里面的女教授吴健雄（Madame Wu，每个人都称其为"吴女士"）处于探索对称性及其微妙的违反情况研究的中心。

对称性是一种方式，告诉你如何从物体的一个部分生成另一个部分，它浓缩了信息。如果人脸是对称的，那么你可以并不需要画出脸的两边，可以通过右脸就可以画出左脸。换句话说，真正对称的人脸是同它在镜中的镜像是完全一样的，只不过是左右颠倒了一下。

在李政道和杨振宁之前，每位物理学家都相信自然力毫无疑问都是反射不变的，因此每个自然事件的镜像就是同它本身一样的等概率自然事件。由于在实际中，自然事件本身与其镜像之间存在这种相同性或守恒性，因此这个假设的自然属性就被称为"宇称守恒"定律。

物理学家对于四种力非常熟悉：强作用力、电磁力、弱作用力以及引力。强作用力使质子和中子相互结合在一起，共同构成位于每个原子中心的原子核；电磁力使原子中的电子围绕原子核运动，同时发射光波；弱作用力则会产生 β 衰变，这是一种以释放原子的形式表现出来的原子核放射性衰变；引力是最古老也最为人们所熟知的作用力，是诸如苹果落地，地球与月球运动，行星、恒星和整个银河系星球运动的原因。

20 世纪 50 年代，物理学家了解到强作用力和电磁力是遵守宇称守恒的。于是，他们想当然地假设弱作用力也遵守宇称守恒。初看上去，似乎难以想象如果不遵守会怎么样，没人能想象得出从镜子中观察世界，会看到另外一个完全可能不存在的世界。

接下来，两种奇特的、新的不稳定粒子——τ介子和θ介子——在宇宙射线中被发现。这两种粒子在绝大多数方面都是完全一样的：它们有同样的质量，带有相同的电荷，但它们的衰变速度不同。是什么原因使得两种几乎完全相同的粒子最终衰变成两种完全不同的最终状态？这就是20世纪50年代著名的"τ-θ介子之谜"。

1956年，李政道和他的合作者杨振宁提出，这两种粒子可能——事实上就是一种相同的粒子，因为弱作用力的原因，导致其按照两种不同的速度衰变，但这种情况只发生在导致其衰变的弱作用力"不是"反射不变的情况下才有可能成立。这个经李政道和杨振宁认真研究、系统分析后提出来的设想，有些与常理相悖。他们分析了所有以往研究原子、原子核中弱作用力的实验，发现与所有人认定的正好相反，以往几乎没有实验真正检验事物与其镜像之间的对称性。在进一步研究的基础上，李政道和杨振宁提出用专门的实验来检验核弱作用力衰变是不遵守宇称守恒的。

绝大多数物理学家对此持怀疑态度。他们疑惑的是，怎么可能会有自然规律在反射条件下是不对称的呢？但是在几个月之后，1957年年初"吴女士"与她的合作者进行了李政道和杨振宁提出的实验，验证了他们所提出的假设。李政道和杨振宁同年获得了诺贝尔奖。

李政道和杨振宁关于自然界存在微小不对称性的发现，引发了一场革命。20世纪五六十年代，进一步的实验逐步地、无可辩驳地验证了弱相互作用中更多微小的不对称性。而李政道就处于这些研究的中心。

李政道在哥伦比亚大学内外都是大名鼎鼎，声名远播。在浦品物理楼8楼，我参加的每周学术研讨会上，每位发言人都感到不能不把目光集中在李政道身上；发言的时候，他们的目光只注视着李政道，而李政道也从来不会放过那些不能完全同意的观点。无论谁在学术研讨会上发言，李政道都高度关注主讲人的观点，只要有什么令人难以满意的观点，他都会在第一时间打断讲话。有好几次，主讲人刚讲了第一句话，就被李政道打断了，只要没有弄清楚，主讲人就别想继续。而有些时候，观点压根就没有弄清楚。我曾经目睹过一位访问博士后在原本用于演讲的一个半小时内，都一直被要求为他所说的第一句话做出解释的尴尬场面，而且没人敢对李政道喊停。

李政道有一种为众人所仰慕的性格，前额透出道道智慧的光芒，给人一种强烈的纯粹感。最初，我以为他打破砂锅问到底的质问是他追求知识和真理的副产品。后来我才意识到，这其中潜伏着一种快感：他对别人演讲中不完美的地方穷追不舍，并喜欢使演讲者不知所措。我见过的唯一一个能摆脱李政道固执追问的人是已故的亚伯拉罕·佩斯，他是一位个子不高但很活跃的荷兰裔教授，任职于洛克菲勒大学。他能半开玩笑、半嘲讽地哄着李政道穷追不舍地追问。

在哥伦比亚大学物理系，才华被认为是最重要的。李政道只愿意指导最优秀的"天才"，这些人以后一般也都会成为非常年轻的哥伦比亚大学物理系教授。物理系因此形成了一种讲究师承的风气；那些曾是他的学生、现在也是教授的人受他的影响——就像儿子在家受到父亲的影响一样——必定是非常强烈的。随着时间的流逝，他们通常会被那些偏离主流的问题所吸引并着手研究，就像寻找可以呼吸的新鲜空气一样。跟拉比和施温格尽可能带更多的学生，形成散布全球的学派不同，李政道从来没有教出像他自己一样有才华的学生。

一段时间后，我注意到李政道和杨振宁二人才华的另一面。20世纪60年代末，在我参加的一个美国物理学界会议中，我观察到虽然李政道和杨振宁同在一个小组内，但他们相互之间好像都对对方视而不见。在哥伦比亚大学的课程中，我注意到李政道在讲述二人共同发表文章中的洞见时，似乎只承认是自己的功劳。最后，有人告诉我这一领域内大家人所共知的事实：李政道和杨振宁几年前就已经不再合作了，现在谁也不理谁了。几年后，当我离开物理学界时，我看到了一份李政道发表的针对杨振宁回忆的、言辞激烈的回忆录。在这份回忆录中，他给出了他和杨振宁如何争吵直至分开的另外一个版本。

我无法说谁对谁错。我关注李政道只是因为他对我而言是更有直观感受的。他做出了令人如此羡慕的发现，甚至对我们在浦品物理楼吸入的空气都极富影响力。只是当知道即使是诺贝尔奖和永世不灭的名声都抵不过虚荣与竞争的时候，感到有些失望。

历史常有令人意想不到的转折。对于20世纪60年代的哥伦比亚大学学生而言，我们愚蠢地认为李政道在他和杨振宁的比赛中，看上去处于领先地位。这里，我用了"愚蠢"这个词，是因为李政道和杨振宁都做出了杰出的贡献，实事求是地讲，都是我们无法企及的。但到了20世纪70年代，杨振宁的名声日隆。20年前，在今天看来已是经典的论文中，杨振宁已经发现麦克斯韦关于电磁学的理论其实是一种精巧而又强大的被称为"定域规范不变性"对称理论的结果。杨振宁独立将这一对称理论应用到强作用力和弱作用力领域。这一思想沉寂了10多年后，突然被人们发现它为格拉肖－温伯格－萨拉姆关于弱作用力和电磁作用力相互作用统一理论、盖尔曼关于强作用力的量子色动力学理论奠定了基础。近年来，很多对金融感兴趣的应用物理学家开始将这一思想应用于研究市场参与者确定金融价值的"交易力量"分析。从这个角度来说，二人的贡献尚无定论。

对于现在的物理学生而言，李政道和杨振宁都已成为历史的一部分。而对于我们这些见证者而言，很难抗拒这种不公平地把他们放在一起进行比较的冲动。事实上，我们中的任何一个哪怕只是写出他们那些卓越论文中的一篇，就已非常难得了。然而，当昔日哥伦比亚大学物理系毕业生欢聚一堂时，仍免不了争论到底是李政道更棒还是杨振宁更棒，就像童话《柳林风声》(*The Wind in the Willows*)的最后一章里，动物们回忆蟾蜍先生及其朋友的辉煌战绩一样，讨论这些往日英雄的丰功伟绩。

1966～1967年，第一个美国学年里，我都在勤奋地学习，在短暂的南非探亲旅行后，开始准备9月份的博士生资格考试。

博士生资格考试的范围非常广泛，它的目的是考查学生对所有物理领域的总体理解程度，包括经典机械运动理论、电磁学、光学、热动力学、凝聚态物理学、原子物理和核物理学以及量子力学，同时还要检验你对观测到的各种事物的解释能力。从来不乏创造力的费里德伯格出了一道题目，描述了生活在遥远星系一颗行星上的人们，记录了他们的几个太阳和几个月亮的升起、落下以及日食和月食，要求考生根据开普勒17世纪得出的行星运动定律，推出这几个太阳和月亮的运动轨迹。经过短暂而又紧张的复习，我自认为我已经对整个物理学有了很好的理解，能够对任何一个关于这个世界的问题都能给出富有逻辑的解答。

我还参加了博士生资格考试中理论部分的考试。在这部分考试中,有一道题目要求考生写一篇短文,描述独立的理论研究过程。我写的是自己两年前在开普敦时,作为大四论文课题研究的关于电磁和引力统一场论的研究内容。我尤其被西奥多·卡鲁扎(Theodor Kaluza)和奥斯卡·克莱因(Oskar Klein)这两位20世纪20年代的欧洲物理学家所吸引,他们的论文假定我们所居住的宇宙是五维的而非四维的,只不过第五维的维度太小,以至于我们感知不到它。他们接着验证了如果爱因斯坦的广义相对论同样在这个维度更高的五维空间内成立,在不能观测其中一个维度的情况下,我们就可以像感受四维空间的电磁理论和引力理论一样,感受到这一理论的力量。这是一个理想化的漂亮理论,看上去跟20世纪60年代哥伦比亚大学讲究实际的从事粒子捕获工作的理论物理学家和实验物理学家们没什么关系。但后来在20世纪八九十年代,当关于粒子物理的弦理论和它们之间相互作用的学说流行时,这一理论又开始为人们所重视。

我非常轻松地通过了博士生资格考试,并且得分很高,被认为是属于哥伦比亚大学那些"有特权"的、可以"从事理论物理学研究"的学生。但有个前提:我必须在开始研究工作之前,再完成两年的课程学习。我又要开始一段漫长而又艰苦的学习。

尽管为时尚早,我还是立刻就开始为找到一位愿意带我的博士研究生导师而制订计划。很快我就放弃了任何为李政道工作的想法。即使是想靠近他的想法都是令人畏惧的。他甚至每隔几年才接受一名出色的学生。

接着我产生了为杰拉德·范伯格工作的想法。他是最早一位由李政道培养出来的青年才俊。范伯格个子高挑、身形消瘦、神情拘谨，留着的平头总让我想起在阿奇系列漫画中看到过的某个人。每天，范伯格都打着一条很小的、传统风格的领结，系一根金扣上刻着"GF"两个字母的腰带。整个打扮非常有20世纪50年代的感觉。

范伯格因最早提出 μ 介子带有一种特殊量子力学特征而闻名于世。μ 介子最初被认为是一种重电子粒子，它所具有的特殊量子力学特征被称为"μ 特性"，这一特性使其区别于电子。范伯格曾就读于布朗克斯科高中，在那里成为格拉肖（Glashow）和温伯格（Weinberg）的同班同学兼朋友，格拉肖和温伯格后来凭借对弱相互作用和电磁作用的统一理论而获得诺贝尔奖。也许是为了避免在李政道的势力范围内竞争，范伯格将研究重心转移出粒子物理学中心之外，后来提出假想存在的超光速粒子——他称其为"速子"——的深奥理论。物理学家之所以提出一种粒子的存在，目的是使有缺陷的或不完整的理论完善起来，但范伯格好像没有什么很好的理由提出速子的存在。盖尔曼有一次诙谐地评论道，自然是按照极权主义的原则来运行的，"未被禁止的事情，即是必须做的"。因此，也许范伯格的理论并非像看上去的那样轻率。不管怎么说，这是一个大胆的赌博：如果速子被发现了，这将是一个惊人的发现；如果速子没有被发现，什么都不会改变，也不会有人在意他的理论。任何人都可以投机。

我想成为范伯格的学生，但我又不知道该从何处着手。由于提出正式的申请为时过早，而且我又是非常含蓄、不善言辞的，所以仅有的进展就是不管什么时候在路上遇上他，我都会非常有礼貌地向他打招呼。

研究生院是一个很小的"社会"。在走廊里、电梯里甚至校园里，我能在一天之内遇到范伯格好几次，每次我都向他礼貌地问候，配以友善的微笑。范伯格也会报以相同的问候，嘴唇紧张地翘起。时间一点一点过去，这种好像前戏一样的预热令人难受，并且毫无消减之意，也无任何进展。我已不能鼓起勇气向他提出想当他学生的事情了，我想我原本是希望不用明说就能实现这一目的。每次见到他，我都会朝他微笑；每次我微笑，他都会很窘迫地报之以努努嘴。我们两个的表情离真实的微笑越来越远；每次我们的互动都看上去浮夸、怪诞，就像古希腊戏剧中一种象征友情的面具。有一天，就在我们一天之内的第五次相遇时，我再也不能忍受。当我看到他沿着浦品物理楼一条老式的、幽长的走廊朝我这个方向走来时，我马上转向最近的楼梯间，爬上一层楼来避免和他碰面。这次成功后，我禁不住一再躲着他。只要见到他迎面走过来，我都会立刻爬上或爬下一层楼从而避免和他见面，就像计算机游戏《淘金记》(*Lode Runner*) 某个糟透了的版本中的主角一样。

我对范伯格失去控制的示好，在一个令人难受的早上突然结束了。当时我们一起进了电梯，要向上走八层楼，这段时间内我们谁也没有看对方，都假装专心阅读电梯里的检验证明。这种结果倒是一种顺利的解脱。

此后，我就从远处关注着范伯格。在浦品物理楼每周的咖啡聚会上，我注意到他对将逻辑发挥到极致有一种隐约的狂热喜好，这一点后来我在很多芝加哥大学商学院的很多毕业生身上也发现了。范伯格曾创立过一个叫"普罗米修斯项目"的组织，旨在为人类的未来提供规划。我曾听到过范伯格和米尔顿·弗里德曼（Milton Friedman）的儿子（后来成为哥伦比亚大学一名物理学博士）关于将讲求实际的理性应用于社会的问题展开的长时间讨论。我还曾经听过范伯格提出，20世纪70年代曼哈顿发生的很多问题都可以通过禁止收入少于一定数额的人，比如少于1万美元的人，在曼哈顿居住的方法解决。显然，他根本就没有想过，这样一来很多在大学里工作的人就属于被禁止居住的人了。很多年后，我们还听说他打算死后接受低温冷冻，寄希望于等到以后使他致死的病因可以治愈时，把他重新升温，使他复活。不幸的是，他于1992年死于癌症。最近我在网上看到有上百篇网页提到范伯格和纽约人体冷冻协会。尽管范伯格当时对这个协会非常支持，可在临死时他却没有提出要将自己的身体进行保存。每念及此，我都感到失望。

1968年年末，我仍在寻找论文指导老师，这时我经受了避免成为理论粒子物理学家的最后一次考验。我在曼哈顿的美国表兄将我介绍给他从20世纪30年代就认识的城市学院的老同学兼老朋友罗伯特·赫曼。赫曼是一位物理学家，因为家庭原因离开学术界，当时在通用汽车公司工作，从事车辆交通流量分析工作。学术界内的理论物理学家很鄙视这种应用物理工作，认为其平淡无奇，但赫曼在去通用汽车公司之前曾做出过杰出的基础性研究。在20世纪40年代，他就已经同别人合作发表了第一篇提出"大爆炸"产生了我们这个宇宙，并使整个宇宙充满微波辐射的论文。在贝尔实验室工作的阿尔诺·彭齐亚斯（Arno Penzias）和罗伯特·威尔逊（Robert Wilson）后来幸运地检测到了这种背景辐射，并由此获得了诺贝尔奖。接下来在20世纪50年代，赫曼和罗伯特·霍夫斯塔特（也是我表兄在城市学院的朋友）成为最早探测到质子内部结构的物理学家。他们发射高速电子轰击质子，通过观察电子反弹从而推测出质子的内部结构：如果质子是坚硬的小物体，比如像微小的弹子球那样，那么就有可能观察到偶尔有电子沿着很大的角度反弹回来；相反地，如果质子是柔软的，那么就可能不会有猛烈的碰撞。令人惊奇的是，霍夫斯塔特和赫曼几乎没有观测到显著的反弹。他们由此判断质子是一个如同棉花覆盖的球体，内部柔软，而不像以往人们想象的那样是微小、坚硬、初级的物体。霍夫斯塔特凭借这项工作独自一人获得了诺贝尔奖。我的堂兄总是鸣不平，认为诺贝尔评选委员会对学术界以外的科学家抱有偏见，剥夺了赫曼应得的那份诺贝尔奖。

在我们谈话过程中，赫曼建议我从事应用物理学方面的研究，并发给我很多他写的关于交通流量方面的文章。但我那时还不善于妥协，就婉拒了他的建议。后来非常巧合的是，我的博士论文同霍夫斯塔特－赫曼的电子－质子轰击实验联系密切。

我在哥伦比亚大学的第二个、第三个学年都在应付繁重的必修课程。在这个过程中，我一直在继续寻找能够担任我粒子物理学论文指导老师的人选。最后，在1969年年初，我获准为诺曼·克莱斯特工作。他是李政道所带的众多神童中最新的一位。他是一位彬彬有礼、热情洋溢、意气风发的年轻人，与我年纪相仿，但在李政道的指导下已经在两年前获得了博士学位，而我在那之后才到哥伦比亚大学。他在普林斯顿大学高等理论研究所做了两年博士后后，返回哥伦比亚大学担任有终身职位的副教授。在职业发展方面，他方方面面都是别人所不能企及的。然而，承载着太多对于一个早慧青年的期望，这对他而言也是一份沉重的负担。多年以后，他出乎意料地评论道，作为物理学家，生命约有一半的时间用于沉迷，而另外一半则在失望中度过。当听到他这么说时，我感到了一种解脱，这一观察与我个人的切身体会非常吻合。

我是诺曼的第一个博士生，也许因为不久前他自己还是个学生的原因吧，我们的关系有些不自然。在为他工作的四年中，他一直没有找到一种非常自然的称呼我的方式。我想问题可能是由于我们之间年纪的相仿、地位的相差悬殊引起的。他不能直呼我的名字"伊曼纽尔"，因此最终他用"德曼博士"来称呼我，这个词像被加了看不见的引号读出来，带有一种讽刺意味的诙谐效果。反过来,我也从来没有成功地称呼过他"诺曼"。当后来称呼我的岳父和岳母时,我又一次体会了相似的称呼上的难题:他们让我直呼他们的名字,可这听上去有点过于亲昵;但叫他们"博士""女士"又显得太过正式,而如果像我妻子一样用斯洛伐克语称"妈妈"和"爸爸"的同音词,又太不自然。最后,我还是直呼岳父岳母的名字了,但对诺曼却没有这样。

1968年秋天,我搬出了国际公寓,在阿姆斯特丹大街和第120大道交汇的地方与朋友合租了一间公寓,那个地方和我现在教金融工程的地方只隔一条马路。由于前两年结交的大多数外国朋友都已经回国了,我大多数时间都是一个人。一天晚上,我第一次被一群十几岁的青少年打劫,此后的几年中我还有两次被打劫的经历。但在好的方面,1969年春天,我注意到在物理系图书馆里出现了一位新来的、带着异国风味的海外女生。由于学物理的女生本来就少,新来的女生自然就吸引到了所有人的注意。尽管我还没有想好怎样接近她,但我已经远远看到她面带微笑地与一些研究生在用手势比画着说话。接下来,在一个星期六的晚上,我在第119大道举办的同学聚会上遇到了她。我凑了上去,了解到她的名字叫埃娃。她在1968年布拉格之春期间离开捷克斯洛伐克,赴德国打暑期工,苏联入侵后,就再也没有回过国。她的英语能力非常有限,我曾看到她在上用英语授课的物理课时,用斯洛伐克语草草记下的不全的笔记,心里感到十分怜惜。当我陪她从聚会离开的时候,才发现我们都住在第 120 大道的同一座公寓楼内。很快，我们大部分时间就都在一起了。

1969 年夏天，我在位于长岛的布鲁克海文国家实验室参加了一个粒子物理学暑期集训。几乎每个周末，我都回到城里去看埃娃；有时，她也到布鲁克海文来看我。我们在远离史密斯角的大西洋汹涌的海浪中游泳，自从离开开普敦后，我就再也没见过这么大的浪。但在沉闷的长岛上，那个夏天绝大多数时候还是显得很漫长，我的心情也平静不下来。最后，在夏天结束的时候，我总算可以回开普敦探望家人了。

即使在开普敦，我也没有休息成。我离开这里已经整整三年了。有一天，我从各个方面思考自己的未来，都颇感困惑。于是，经过我大姐的介绍，我去看了一位叫詹尼·鲁的精神科医生，他是一位南非白人。在听了我对远离故土的孤独和对于未来的不确定感的描述后，他并没有给出具体建议，而是半安慰半令人懊恼地提出可以用哲学的方法来缓解我的痛苦。我再次去看他，在快要离开的时候，他建议我阅读两本书：维克托·法兰柯（Victor Frankl）的《活出生命的意义》（Man's Search for Meaning）和鲁道夫·史代纳（Rudolf Steiner）的《更高世界的知识》（Knowledge of the Higher World）。从法兰柯那里我得到了一些安慰，但直到多年以后，我才开始阅读史代纳。

在布鲁克海文的那个夏天，一个人给我留下了非常深刻的印象，他是剑桥大学粒子物理系专业研究生迈克·格林。迈克在学术上远胜于我,已经着手开展论文研究了。在英国的研究生院,所有事情都会相对快一些,令人羡慕。在此后的几年中,我经常能够在阿斯彭以及斯坦福大学举办的暑期研究班,或是在牛津和剑桥召开的学术研讨会上遇到他。他总是一心一意钻研他所钟爱的宇宙弦理论,这种理论将基础粒子视为微小的、一维的、橡皮圈一样的、以相对速度摇摆和移动的、不停震动的弦。我一直非常钦佩迈克那种坚韧不拔的劲头和多年钻研同一个问题直到把它攻克为止的那种耐性。15年后,我离开物理学界的时候,迈克已经非常有名了,因为他证明了只有宇宙空间是10维或26维的情况下,宇宙弦理论在数学上才是成立的。出乎意料的是,对于迈克应得的成功,我没有半点嫉妒或是竞争感。就像我在大学时钻研过的卡鲁扎-克莱因理论一样,迈克关于粒子的模型只有在多维空间才是适用的,而这种多维空间,只有在除了我们通常所指的四个维度之外的其他维度都小到无法被观测时,才能与我们一般意义上的四维空间一致起来。宇宙弦理论非常深奥难懂,以至于物理学家常把它说成:"21世纪的物理学偶然落入20世纪中。"

  物理系经常发生非常激烈的冲突。有几位教授如利昂·莱德曼、马尔文·路德曼、理查德·加文曾在国防分析研究所的Jason部门㊀兼职。在这个部门中,一群来自顶尖大学的顶尖科学家们就国防相关问题进行研究。我的年轻博士生导师诺

㊀ Jason部门是为美国政府就国防科技的相关问题提供咨询的独立的科学顾问团队,成立于1960年。——译者注

曼·克莱斯特也是其中的一位。越战期间反战抗议达到顶峰时，哥伦比亚大学反战学生团体在这些教授的家里或研讨会上抗议示威。尽管 Jason 部门报告的内容应是机密的，但是反战积极分子还是将其中的标题散布出去了。我记得其中一个是"夜间禁止卡车通行"，我们猜想这可能是轰炸"胡志明小道"的方法。有年秋天，我们听说反战抗议者在犹太赎罪日前夜在路德曼位于近郊的家外抗议，指出他们所认为的赎罪日与撰写军事相关咨询建议书之间的不相容。我记得路德曼对于这种对他私生活的入侵，用强烈而又缺乏诚意的愤怒做出回应。给我印象深刻的是理查德·加文，因为其他教授都用极其愤怒和挖苦的笑容，巧妙回避所从事的军事相关活动在道义上应承担的责任，并为自己在国防机构所提供的服务做模糊的、不着边际的回应，而加文则坚持认为这个世界上有些事必须动用武力，而且坚信他所做的事情。

尽管 2002 年 3 月 23 日《纽约时报》中的一篇文章报道称五角大楼已经撤销了对 Jason 部门的预算支持，但 Jason 部门仍然存在。根据这篇报道戏谑的说法，"Jason"谣传是由几个单词的首字母组成的，这几个单词是"曾经取得成就的年轻人，不过现在有点老了"（Junior Achiever, Somewhat Older Now）。我想，用一个英文单词来说就是"前神童"（ex-wunderkind）的意思。

1969 年年末，我终于开始撰写自己的博士论文了。就在那个时候，我所进入的粒子物理学界正极度期待两项重大新进展：一是实验物理学家们发现了夸克实际存在的初步线索；二是理论物理学家们开始对弱作用力和电磁力之间精妙的相似之处的原因有所了解。

盖尔曼的八正道理论已经预言，质子、中子以及其他所有迄今为止所发现的强相互作用的粒子，从根本上来说都是由三个被称为"夸克"的亚粒子组成。如果夸克真的存在，那么它们必定具有令人难以置信的特性；它们必定携带部分电荷，要么是 1/3 要么是 2/3 个质子所带的电荷，但是还没有人曾经发现过只携带部分电荷的粒子。尽管八正道理论可以推测出夸克的存在，但物理学家还是宁愿对此事非常谨慎。相反，他们为了回避缺乏事实支持的难题，物理学家不得不将夸克视为数学上成立，但又是虚构的、永远不能观测到的一个组成部分。这就好比是，你在现实货币流通中只见到过五分、一角和两角五分钱的硬币，但你必须承认在某个地方肯定存在着一分钱的硬币。

如果质子内部真的存在着三个又小又坚硬的夸克，那么应该能用实验的方法"看到"它们，也就是利用高速电子轰击质子，当电子从正面撞到夸克时，观察电子的强烈反弹。这种方法就像是在一块松软的蛋糕中寻找鸡蛋壳的碎片——当你吃蛋糕时，会偶尔听到一声尖锐的破裂声，那是因为你的牙齿咬到了一块鸡蛋壳碎片。

我表兄 20 世纪 30 年代在城市学院认识的朋友罗伯特·霍夫斯塔特并没有观测到明显的反弹，因此就有人断定质子内部就是一块松软的蛋糕，里面并没有鸡蛋壳碎片。然而，霍夫斯塔特的实验是有局限性的。他仅仅考虑到了所谓的"弹性"碰撞的情形，这种情况下作为目标的质子就像一个被撞击的弹子球一样弹出，并且保持完整无缺的状态。但是在20世纪60年代末，斯坦福大学加速器中心（SLAC）的新生代物理学家开始研究所谓的"非弹性"电子-质子撞击实验，这种情形下质子被撞碎而非被撞后发生反弹。令人惊奇的是，在这些撞击中，很多电子真的发生了强烈反弹，就好像它们撞到了什么又小又坚硬的东西。在深入蛋糕内部的地方，真的有鸡蛋壳碎片存在。

费曼在他位于帕萨迪纳的加州理工学院的实验室里提出了关于质子的简单现象学描述，质子就像是一个装着又小又坚硬的、夸克一样组成物的封闭袋子，费曼将这样的组成物称为"部分子"。根据费曼的描述，在斯坦福大学加速器中心所做的实验中，高速电子撞击质子，可以提供一种质子内部关于部分子的类似X射线的影响，这就像是一台普通的X射线机或是一台X射线轴向分层造影扫描仪在高频射线下，可以提供人体内部组织的影像一样。利用斯坦福大学加速器中心关于部分子的X射线图像所包含的信息，人们就可以推算出质子本身其他的很多特性。

我们越来越开始相信，质子并不是长期以来人们所认为的那样是不可分的，而很可能也是由其他物质组成的——很可能就是夸克。但这并不是令我们兴奋的全部理由，我们同时对弱作用力和电磁力之间的相似性有了越来越深的理解。自从20

世纪 30 年代以来，物理学家开始意识到，麦克斯韦 1873 年的电磁理论与费米 1934 年关于弱作用力的理论之间，存在着令人着迷的相似性，但还没有人能够把这种相似性发展成为一种关于两种作用力的统一理论。直到 20 世纪 60 年代，格拉肖、温伯格和萨拉姆三人都各自独立研究，将上述两种作用力统一起来，创造了所谓的"规范模型"（standard model）理论。他们的理论是建立在杨振宁的"定域规范不变性"的对称性理论基础上的。

这个规范模型将自然界的作用力相互联系起来，就像门捷列夫的化学元素周期表将不同的化学元素相互关联起来一样。门捷列夫是在化学元素的性质中发现了一种排序的线索，并由此推测出其他尚未被发现的元素的存在，从而使整个元素表完整起来。与此相似，格拉肖、温伯格和萨拉姆发现了一种弱作用力和电磁力之间都存在的模式，并进而推测之前尚未被发现的其他弱作用力的存在，从而使整个图像完整起来。所有这些作用力共同构成了整个规范模型。这是一个雄心勃勃但又让人不得不接受的理论，当这个理论被证实的时候，它的提出者获得了诺贝尔奖。很多理论粒子物理学家就是朝着这个方向努力。你听到了一首有魅力的歌曲中的几个互补相连的小节，于是就尝试从局部推测出整体，努力要知道全部乐章。

在接下来撰写博士论文的 3 年中，我同时用到了夸克理论和预测电子和夸克之间存在新的弱作用力的温伯格－萨拉姆规范模型。在新的弱作用力中，有一种被称为"弱中性流相互作用力"，在电子和夸克撞击时，这一作用力可能会导致轻微的违反守恒定律的现象出现。如果把质子视为装着夸克的袋子，那么在电子－质子撞击中，我们也应该能够观测到轻微的违反守恒定律的现象。但这种效果将会是非常微弱的，因为大部分都会被电子和夸克之间更为巨大的电磁作用力所掩盖。

在我的博士论文中，我提出了一种新的检验规范模型的方法。尤其是我建议斯坦福大学加速器中心的实验物理学家们在电子和质子的非弹性碰撞中，应该尝试去观察规范模型所预测的关于弱作用力违反守恒定律的效果。为了估计出规模大小，我用上了过去很多年中我学到的很多东西。我利用李政道和杨振宁的理论框架来分析违反守恒定律的情形，还利用费曼的部分子模型中关于将质子描述成装着夸克袋子的思路，推算出如果规范模型真的成立的话，违反守恒定律的非对称性能达到多大。

我在1970年开始我的研究。我先慢慢阅读大量关于如何利用部分子模型的论文，独立地重复演算他们公开出来的运算过程，并检验我是否能够得出和他们一样的结果。我逐步了解到了这个模型的巧妙之处，懂得了如何运用这个模型，接着就开始自己的研究。

我的第一个任务是进行冗长的数学运算，推测与夸克撞击后弹回的电子的运动轨迹分布。我利用"费曼图"做每一步运算。这张由费曼发明的、像漫画一般的图表，系统地反映了粒子在撞击过程中相互作用的方式。我画出在一个理论中所有可能出现的图表,接着使用费曼的规则将每一种图表都转化为数学表达式,并对其评估。运算是利用笔和纸进行的,整整用掉了几十张纸。每个运算我至少重复两次,检验是否存在错误。当前后运算结果不一致时,我会逐步检查并确定错误之处,直至错误消除使前后结果一致。而今天很多这种重复的代数运算都可以利用诸如 Mathematica™ 的数学计算程序来进行了。

费曼图和费曼的规则就像是一套图表记账流程,用一系列图表不可思议地将规范模型中的所有细节都抓住了。它们能让天赋不如费曼的人,也可以仔细并且正确地进行最复杂的运算。物理学中很多伟大的进步就是如此,它们把以前几乎无法想象的东西变得条理化、流程化。无论是物理问题还是期权理论,我每遇到一个需要解决的新问题,第一个主要的挑战就是要找到如何推进工作的直觉;第二个挑战就是把这种直觉转化为规范性的东西,变成任何人都可以照着去做的一套规则,这些规则已经不再需要最初的那些深刻的洞察力。这样一来,一个人的突破性发现就变成了所有人共同的财富。

几个月后,我完成了关于电子撞碎夸克的运算。但在真实世界中,电子撞碎的是装着一袋子夸克的质子。接下来,我的任务就是计算当一个电子撞到袋子的时候,会发生什么。我使用老式打孔卡片计算程序开始大量数学运算,我还向大学的计算机中心提出申请,让他们夜间在 IBM 主机上运行这一程序。这是一项冗长乏味的工作:那个时代我们没有交互式终端或个人计算机，在给卡片打孔时一个排序上的错误就可能让你一整天的工作都白做。

也就是从那时起，我学会不再相信任何我推导出的新公式，除非这个新公式从所有角度都被全面进行交叉检验，能够确保前后一致。通常来讲，任何新的复杂公式都是从某个已有的、更简单的、更熟悉的公式中发展出来的。因此，第一步检验就是忘掉公式的复杂性，看能否得出熟悉的结果。我发现很容易在我的计算中发现错误，由此我对飞行的安全性担心起来——工程师在设计飞机时，在生命而非理论和名誉面临危险的情况下，他们怎么就那么相信自己的计算呢？

我在研究生院花费了 7 年时间取得博士学位，大概是生命长度的 1/10，非常惊人。这其中包括 3 年上课的预备时间，接下来的 1 年是为研究领域做准备的预热时间，剩下的两年用来做实际的课题研究。最后，我花了大概半年时间撰写论文，包括一篇用来发表的论文，同时还要为论文答辩做好准备。我的朋友中的一小部分在 5 年内离开了哥伦比亚大学，但更多的是用了八九年时间才离开。

有时，我们也尝试着劝其他人不要重蹈我们的覆辙。20 世纪 70 年代初，道格拉斯·霍夫斯塔特路过我们在浦品物理楼的办公室。他那时还没有出名，正在俄勒冈大学物理系读博士，还没有写成那本著名的《哥德尔、艾舍尔、巴赫》(*Gödel, Escher, Bach*)。很长时间之后我才知道他是我表兄那位以电子–质子轰击实验闻名的朋友——罗伯特·霍夫斯塔特的儿子。道格拉斯那时正考虑从所在的俄勒冈大学研究生院转学到哥伦比亚大学来。尽管感觉有些忘恩负义，我们还是想尽办法警告他远离浦品物理楼。

我们绝大多数人对在物理系的日子渐渐生恨。我们二十几岁最好的时光都被封闭在了那里。绝大部分时间里，我们都被忽略了，没有得到我们为之工作的指导老师的重视。我的一个朋友姚昌黎（音译）花了6个多月的时间研究一个课题，而没有与他的指导老师沟通，没想到他的指导老师早在几个月前就已经完成了这个课题了。他不得不从头再来。我相对而言还是不错的——诺曼·克莱斯特很负责任，我们每周见面——我常会想到我可能永远不会拿到学位。你可以一年一年这样混下去，拿着能源部给的研究经费，但没有人会在意你何时或是否能够毕业，也不会关心你毕业后去做什么。

在最后的几年里，我努力表现出一副满不在乎的样子以示蔑视。记得有一次我和妻子在月亮广场用过午餐后返回学校，我们手拉手走在百老汇的大街上，遇到一群正在闲逛的哥伦比亚大学教授。在我们相互走过的时候，我极力表现出满不在乎的、心情愉悦和无忧无虑的样子，兴致勃勃地说着话，对我自己和路过我身边的教授们，表现得好像他们对我生活的另一部分没有任何影响。

但其实他们的影响是确实存在的。20世纪70年代初的一个夏天，正当学生们抗议美国政府侵略柬埔寨期间，埃娃和我、昌黎和他妻子，一起去了卡茨基尔山区露营。我们在帐篷里住了几天，收不到任何消息，后来我们去见正在附近一家酒店里度假的岳父岳母。我们到达后，我的岳父心情沉重地告诉我们，一枚小型炸弹在物理系一间盥洗室里爆炸了。听到这个消息，我和昌黎没有半点犹豫，高兴得又叫又跳。我的岳父岳母满脸迷惑地看着我们，我突然意识到，我们所承受的压力已经远远超出了极限。

在开始撰写博士论文前，我已经等了4年，而一旦我知道已经准备充足可以开始时，就稳步推进。在研究进行到一半时，我给李政道和系里其他教授们开了一次研讨会，介绍了我前期的初步研究结论。1972年年初，我终于发表了我的第一篇文章。在这篇文章中，我应用费曼的部分子模型，试图对哥伦比亚大学的利昂·莱德曼及其合作者当时进行的一项实验的结果给出解释。我的计算对于后面的博士论文来说不过是一个热身而已，但当第一篇论文经过多年的等待终于发表，我的名字终于被印成铅字时，我兴奋不已。我在1972年年底完成全部博士论文的课题研究，最终在1973年春天，在由李政道、克莱斯特和莱德曼在内的论文答辩委员会前进行了论文答辩。我回答了他们提出的问题，并获得通过。

我的论文——《$l^{\pm}+N \rightarrow l^{\pm}+Anything$中弱中性流作用力的检验》发表在1973年的《物理学评论》上。这是一篇令人满意的论文，通过在电子－质子轰击试验中违反守恒定律的现象，验证当时尚未被证实的关于弱作用力和电磁力之间关系的规范模型。1978 年，斯坦福大学加速器中心的查尔斯·普雷斯科特和理查德·泰勒领导的联合研究小组公布了一个出色的、严谨的实验结果，这个实验证明了与规范模型预测结果一致的、违反守恒定律的情况。最近一本关于 20 世纪粒子物理学发展史的书⊖中提到，在普雷斯科特第一次就他们的实验结果做完演讲后，观众报以长时间的掌声，被称为"送给一个时代终结的长久的哀悼礼"。他们的实验对格拉肖、温伯格和萨拉姆提出的规范模型给予了最终的肯定和承认。我很高兴地注意到我在 1973 年完成的论文是他们引用文章中最早的一篇。

尽管为了完成博士论文花费了很长时间，但我并没有真的遗憾过；从某种程度上讲，我为其中的努力而感到骄傲。我在那些年里学到的东西——百折不挠的韧性与数学知识，对我无论是在华尔街还是在学术界都非常有帮助。在任何领域内，只要有人想发现新大陆，他就要花费多年去思考、不断试错、在歧途中徘徊、在误区中跌跌撞撞，最终还要站起来继续前行。从这个角度来说，获得博士学位是一个很好的、痛苦的磨练过程。

很多年后，我在华尔街吃惊地发现宽客的简历中写着一个并不存在的学位"A.B.D."，很快我就发现，这是一个商务领

⊖ Crease, R. P., and C. C. Mann, *The Second Creation*, Rutgers University Press, Revised Edition（1996）.

域中常用的首字母缩写，代表的是"除论文之外都具备"（All But Dissertation），表示这个人曾经努力去获得博士学位，但在完成论文之前就离开了学术界。由于博士学位是一种研究水平的标志，其主要工作就应该是去完成一项具有原创性的研究，并用论文的方式表达出来。我看着A.B.D.这个词，就好像是看着《反斗智多星》中的"PhD"（注意，不是博士！）。我痛恨这种贬低研究工作中所应付出的创新和努力的做法。

接下来，我开始寻找一份博士后的职位。这是一个为期两年、报酬很低的研究性工作，是到科学界从事学术工作要迈出的常规步骤。我向我知道名字的物理学家寄出了大量信件，并附上我的简历。只要接到邀请，我就到邀请我的学校去开研讨会。但是学术类的工作非常稀缺——大学里充盈着过去10年间聘任的、有着终身教职的年轻教授；我可能要等到整整一代物理学家都去世了，才可能有机会。

在奋斗过程中，有个人拉你一把是非常有帮助的。在高盛，人们常说你需要一位"拉比"（被任命为犹太教领袖的人）才能成为合伙人，而哥伦比亚大学物理系显然是缺少拉比的。最后，由于我所从事的研究当时是热门课题，再加上我的幸运，我终于得到了位于费城的宾夕法尼亚大学一个为期两年的博士后研究职位，并于1973年9月上任。

我没有参加哥伦比亚大学5月份在赛特·洛图书馆面前巨大的露天广场举行的毕业典礼。仅仅几年前，1968年学生占领图书馆的那些夜晚，就在那里，我看到纽约市的警察手持警棍追打学生。①我的研究生院的朋友们看上去也对参加毕业典礼没有什么兴趣。

那年夏天，我花了一个月的时间参加了一年一度的埃托雷·马约拉纳②粒子物理学夏令营，夏令营是在位于意大利西西里岛西部特拉帕尼省一座山顶上的美丽小镇——埃里切举行的。在山上，我得以近距离地观察那些来往于各种会议间、年年夏季都出访的成功物理学家的生活。我和他们中的一些人坐在小镇广场上，吸着纸烟，喝着意大利开胃酒。一天上午，我还在当地理发店里享受了一次颇有特色的修面。我向后斜躺在一个重重的皮椅上，理发师则拿着剃刀在皮带上磨刃。多年后，我碰见过公司律师和华尔街销售员相互吹嘘各自工作中的额外福利——头等舱、昂贵的大餐和别致的酒店。我暗自嘲笑他们仅关注工作提供给他们的物质福利。我认为，在物理学界，生活本身就是福利；在有趣的地方和有兴趣的人谈论物理，就是主菜，而非餐具。

在埃里切，我略带嫉妒地注意到另外一位参会者——弗兰克·维尔泽克。他刚刚从普林斯顿毕业，但已经是一篇关于场论的著名论文的合作作者了。尽管我把大部分精力都花在物理

---

① 1968年4~6月，哥伦比亚大学发生学生罢课、抗议、示威及占领图书馆的一系列运动，其背景与美国20世纪60年代兴起的民权运动和反战示威活动有着非常紧密的联系。——译者注

② 埃托雷·马约拉纳是意大利原子物理学家费米的得意门生，于1938年从巴勒莫至那不勒斯乘船旅行时突然失踪。——译者注

上，但整整奋斗7年才得以被人注意。我用爱因斯坦67岁写在自传体笔记中的几句话来安慰自己，这几句话是关于他参加期末考试所带来的后续影响的，"（对于我来说）这种强迫具有一种阻碍作用，我发现通过期末考试之后，整整一年内任何科学问题的思考都让我觉得反感。"

第 3 章

一种生活

- 流动博士后的僧侣生活
- 研究并不容易
- 趋近毁灭,然后发表
- 合作与发现的极度陶醉

1973年劳动节那天，我请了一位朋友的朋友，他是做兼职搬家生意的，把我和行李运到了费城。为了获得尊重、显示我的可靠性，我已经告诉房东我是"德曼博士"，只是对利用自己的头衔有些惭愧，因此尽力做出"真"博士的样子来。给我们搬家的人带着我妻子和我从纽约一路沿着收费高速公路开过来，他跟我们讲，他经常在把租来的货车还给赫兹（Hertz）公司之前调低车子的里程表。这是20世纪60年代一种常见的观点，认为占大型非私有公司的便宜是应该的。

　　那个周末快结束了，我开始试着适应孤独的费城，而埃娃则返回我们熟悉的哥伦比亚大学研究生公寓，继续俯瞰在百老汇大街和第112大道上的汤姆餐馆。这个地方后来因为苏珊·薇格（Suzanne Vega）的歌曲和情景喜剧《宋飞正传》（Seinfeld）而出名，声名远播到哥伦比亚地区。埃娃还需要几年的时间才能完成她的分子生物学博士学位。我希望她能跟我搬到费城来，但埃娃换学校、换博士生导师是不可能的。她刚刚从物理学系转到生物学系，而且作为进入生物学博士生项目的条件，她当时还需要承诺会在生物系完成博士阶段的学业。在转系的过程中，埃娃还曾请求吴健雄女士为她写推荐信。当时吴健雄女士自己住在靠近哥伦比亚大学的莫宁赛德，距离她在布鲁克海文国家实验室工作的丈夫足有50英里远。吴健雄女士见了埃娃，并和她谈了牺牲的必要性，说白了就是，由于他们知道埃娃已经嫁给了我，而我又比埃娃早毕业，除非埃娃承诺即使我毕业了她也会在哥伦比亚大学继续学业，否则他们是不会录取埃娃进入生物系博士研究项目的。那个年代,还没有出现政治正确的观念,对于大学教授来讲,在录取一名女生进入研究生院之前,检验她的态度是否端正是绝对允许的。多年以后,当我进入业界,常听到关于业界中面试的故事,面试官会向女性求职者提问,当她们意外怀孕后是否愿意堕胎,并且问她们是否认为生小孩会耽误工作。

此后的两年,埃娃和我只能在周末及暑假中的部分时间才能相互见面。这种紧张的生活是未来几年我学术生涯中的长期生活状态。

我曾经想象博士后生活就是一种僧侣生活,是高尚的、将生命献给知识的典范。在顶尖大学中,理论物理学博士后是没有俗事缠身的——没有教学任务,没有行政管理工作,没有固定的时间要求等,需要做的就是形而上。你被收录是因为你的研究天赋,所有你要做的就是去发现一些令你感兴趣的、在概念上值得研究的东西,然后深入研究下去。而所有的衡量标准就是你的研究成果。事情很简单,但付出也很大。我所认识的人里面没有人会对致富或会得到什么而想太多。每个人都向往取得令人敬仰的成就,并愿意为其奉献终生。我们鄙视那些在取得终身教职后就不再"搞物理"的教授们。随着年纪的增大,我们从那些在30岁后还取得重大发现的故事中寻求慰藉。这种情形与华尔街完全不同,在华尔街我听到过二十几岁的交易员就讨论所谓的"他们那个数"(their number),这个短语的意思是他们需要一笔钱,足以让他们辞职,并确保他们今后不用再继续工作。

当然,现实情况并非如此。我在宾夕法尼亚大学没有朋友,周围都是一群朝九晚五的已婚族,这与我在过去逐渐熟悉、适应的、随性的、大家聚在一起的研究生生活是完全不同的。相比莫宁赛德,费城不安全、不发达,令人难以接受。我是一个已婚却无伴侣陪伴的人,对于单身的研究生而言我有点老,又是已婚;对于过着家庭生活的已婚教职员工而言,我又太年轻且无配偶在侧。我很少参加社交活动,绝大多数时间都独自一人。

博士后生活是一种"返祖现象",是很久以前一个时代留下的印迹。创设博士后研究职位是为了给那些已经研究生毕业但还没有当上教授的人提供一个短暂的过渡。但在苏联抢先发射卫星上天后,美国将科学看成在精神上同苏联的另一场战争,结果就是产生了大量的年轻科学家,这些科学家已经取得了终身教职,占据了所有提供出来的教职,而且他们至少在30年内不可能退休。教师需要学生,于是就鼓励有抱负的物理学研究者进入博士生培养流程,但当这些学生从教育流程末端涌现出来毕业的时候,却几乎没有地方可去了。博士后职位暂时填补了这一空缺,该职位任期两年,而且报酬微薄。但这种机制对大学而言非常有效,大学每年都能新招收一批年轻的物理学研究者,一旦有空缺出来的教师职位,大学就可以在这群年轻的学者中挑选非常出色的人来填补。

可对于一般的博士后而言,这很难令人高兴得起来。每个为期两年,其中一年为宽限期的博士后职位都是从秋天开始的,在宽限期内你要努力启动、完成、发表一些有意思的研究,以便在第二年秋天之前,能向世界其他某个地方的另一个实验室或是院系申请另一个博士后职位。由于混沌理论而知名的米切尔·费根鲍姆(Mitchell Feigenbaum)将此恰当地描述为:"这些两年期的研究职位不可能完成一些严肃性的研究工作,一年结束了你就要开始考虑接下来的一年你要去哪。"如果你非常不幸只申请到了一个一年期的博士后项目,这是很常见的,那么你就没有宽限期,只能在开始这个一年期项目的同时立即着手申请下一份工作。除了彻底放弃物理学学术生涯外,唯一的出路就是写一篇足够精彩的论文,使你能够得到一个稀缺的教职。

我的一些博士朋友,对留在物理学界从事研究充满热情且极度热爱,即使拿不到任何薪水,成为"免费赠品"(freebies)。这个词表示那些在任何地方都没有找到工作,于是在一流研究机构中申请一张桌子和基本研究设备、不要求任何报酬做研究的人。他们这么做的目的就是处在一个激励人的环境中,与其他学者保持紧密的联系,然后完成一篇足以让他们获得带薪职位的论文。甚至我有一个朋友,居然拒绝了一份二流学术机构提供给他的带薪博士后职位,而成为哈佛大学的"免费赠品"。在哈佛,他顺利完成了一些研究,这些研究使他得到了一流研究机构——斯坦福大学加速器中心的带薪职位。

由于在宾夕法尼亚大学没有博士生导师,我只能自己选择前进的道路，于是我开始寻找一些新颖的内容来钻研。我研究生时的大部分时间都在研究高能现象学领域，就是把别人的理论和另外一些人的实验结果做比较。这类研究很有用也很有意思，但不像我以前所想象的那种物理学研究。我尝试着更有野心一点，开始研究所谓的"李政道模型"。这是由李政道本人在一篇早期的论文中提出来的，是关于粒子相互作用的理想化的，也是纯理论的可溶性理论模型。我希望这一研究能够奠定进一步理解夸克之间相互作用力的基础。在宾夕法尼亚大学的第一个学期里，我徒劳无功地将大部分时间都用来研究这一领域。但我发现很难集中精力：我为没有朋友而心神不宁，为夫妻分居两地带来的压力而紧张，为来来回回开车上路而感到疲惫——我周五晚上去纽约，周一早上再返回费城。有几个周末，我累得都不能开车回纽约，只能独自一人在费城消磨时间，愤愤不平。

没有取得任何显著进展，我的第一个学期就这样过去了。招录我的终身教授也有他的问题，对我的鼓励总是前后矛盾。他似乎被物理学界的竞争搞得很沮丧。有一次，他邀请我去他家吃晚餐，他说起"我们"要甘于没有取得伟大成就。他的妻子马上指出，将我包括在"我们"中还为时尚早。

我感到时不我待。同样是这位教授，他试着引导我参与他的研究领域，是关于弱作用和电磁作用流的代数研究，但这一领域我不是很感兴趣，可以说令我很反感。如果你不能选择自己喜欢的研究方向，那么从事物理学研究又有什么意义呢？到

1974年5月,第一学年结束的时候,我遇到了麻烦。在接下来的三个月里,我将不得不开始寻找下一份工作,可我还没有发表一篇论文;更糟糕的是,我甚至还没取得任何能令人满意的、可用来发表的研究成果。我从内心深入开始理解了"不发表,就毁灭"(publish or perish)的含义,我把即将面临的困境向我的朋友和熟人做了非常悲观的预测。

但生活也并不全是糟糕的。那一年里发生了三件好事,都是学业以外的。我在费城的卧室里,花了很多个晚上练习抛接三个网球。我还开始练习跑步,远比以前认真得多,常跟在一群非常投入的研究生长跑运动员后面,他们每天都在宾夕法尼亚大学著名的塑胶跑道上训练,这里也是宾州接力赛的举办地点。我还记得罗杰·班尼斯特是什么时候打破在四分钟之内跑完一英里纪录的,而现在生性鲁莽近乎愚蠢的我,则开始对着秒表用最快的速度跑完一英里,每周几次,完全无视一些热身运动,也不考虑用慢一点的速度跑得更长一些。每隔几周,我都会停下来让我的外胫炎缓解一下。很多年之后,我才学会如何耐心坚持训练而非仅仅是尽可能跑得更快。最后的一件事是,我在西费城艺术中心的一个小组里学会了演奏竖笛,我很欣赏自己的合奏能力,虽然只能合奏一些初级曲调。

我受雇的第一个学年就这样过去了。1974年夏天,埃娃和我在阿斯彭物理中心共度了一个月。在那里,我随时随地能接触到很多著名物理学家,这令我惊叹不已。阿斯彭是一个很受欢迎的地方,因为研究场所和酒店房间数量很少,很多资深物理学家干脆在那里买了房子，以便整个夏天都待在那里。年轻的博士后则被安排只能在那里待几个星期。我们每周都登山远足一两次，还在杰罗姆酒店的游泳池里游泳，那里的女士似乎都给自己织了一件罩在比基尼泳装外面的外套，只要坐在泳池边就立刻将这个外套脱下。每天我都尝试着系统学习更多关于越来越热门的杨－米尔斯规范场论的理论体系，这一理论是关于弱作用和电磁作用之间相互作用的。我仔细阅读同是《纽约客》杂志撰稿人和物理学家的杰里米·伯恩斯坦发表在《现代物理评论》（Reviews of Modern Physics）上的介绍性文章，来加深对这一理论的理解。由于伯恩斯坦是阿斯彭的常客，因此我有时会去登门拜访他，向他请教问题。工作、远足、谈论物理、在阿斯彭音乐中心听音乐、打排球来发泄压力，这才是物理学术圈应该有的样子。但对我而言，这种快乐因为我一整年都没有发表学术论文而被冲淡，这使我感到经常来阿斯彭过夏天，分享这里的快乐，并不是我命中注定的一部分。

6月很快就过去了，7月我又回了一次开普敦。我的母亲，像史蒂芬·霍金一样，罹患肌肉萎缩症好几年了，我每年都回家去看望她。与霍金的病情似乎已经奇迹般地稳定下来不同，我母亲的病情在20世纪70年代却每况愈下，每年都在恶化，先是胳膊和手掌失去了活动能力，然后是双腿失去活动能力，直到最后她甚至连抬头或吞咽都有困难。没人知道如何治疗她的"小病"，这对于她来说是一个永远的秘密。8月，我返回纽约，并在那里过了一个月，继续在我们的公寓中或在哥伦比亚大学图书馆中阅读关于规范场论的资料，同时埃娃则继续做她的博士论文研究。作为一名学者，你可以在你喜欢的任何地方工作（或不工作）。这是一种自由，但是现在，博士后的第一年已经过去了且前途渺茫，有时候感觉这更像是一种只有失败的自由。

1974年9月，我返回沉闷的费城，不得不考虑是否尝试申请1975年秋季开始的另一个博士后职位，而我还没有新的研究成果可以添加在我的简历上，这使申请工作更加困难。我开始认真考虑是否应该停止"搞物理"⊖，并坚强面对由不再搞物理而带来的羞耻感。但很快似乎我的机会来了。一些有利的事情突然发生了：一个非常令人感兴趣的物理学难题出现了，而解决这个难题需要用到的技术与我在博士论文里用到的技术有着紧密的联系。

一位宾夕法尼亚大学资深的实验物理学家阿尔·曼参与了一项在日内瓦欧洲核子研究中心（The European Center for Nuclear Research，CERN）进行的国际联合实验项目，在研究中心的粒子加速器上用高能μ介子型中微子轰击质子。曼的实验同我曾经在博士论文里分析过的深入质子内部的非弹性电子-质子轰击模型非常相似，不同之处在于它是利用中微子而非电子轰击目标质子。根据当时已知的弱相互作用，可以预测

⊖ 我的物理同行和我用"搞物理"（doing physics）这个词来说明我们的工作。但很奇怪，我妻子做分子生物学研究的同事们却从来不说"搞生物"（doing biology），而宁愿使用"搞科学研究"（doing science）这个词。结果，"搞科学研究"这个词本来是个很宽泛的概念，但对于我来说，却似乎只相当于一个很窄的研究领域。

出轰入的中微子在轰击质子后，将变成"唯一"的带电荷的μ介子[1]。而被轰击的质子将被轰散，轰散后形成的碎片将带有很多质子类型的粒子。这个过程如图 3-1a 所示。但事实并非如此，通过研究实验数据，阿尔和他的合作者们在轰击产生的最终产物里发现了很多所谓的"双μ子"现象，也就是实际出现了两个μ介子，一个带负电荷、一个带正电荷。这就是一种费曼描述过的"瑞士表"碰撞，实验中出现的异常现象可能会导致新粒子的发现或是产生这些新粒子的新作用力的发现。

难题在于解释产生两个μ介子的原因。有两种（至少两种）可能的解释，每一种解释都需要假设产生了一种新的粒子。第一种解释认为，轰入的中微子已经变成一种新的"不带电的重轻子"[2]，然后因为弱作用力的原因，这个重轻子衰变成了曼及其合作者们观察到的两个μ介子，如图 3-1b 所示。第二种解释认为，轰入的中微子正如理论所预测的那样，转变为一个带负电荷的μ介子，但是在质子被轰击所产生的碎片中，根据弱作用和电磁作用相互作用的规范理论，应该存在一种新的被称为"粲夸克"的粒子，这种粲夸克粒子通过弱相互作用力，又衰变产生了另一个带正电荷的μ介子，即第二个μ介子，如图 3-1c 所示。

---

[1] μ介子是电子的一种，带有与电子相同的电荷，但质量是电子的 200 倍左右。
[2] 一种很重的电子，但是是中性的，也就是不带有电荷。因为没有很好的理由可以说明这些重轻子为什么不能存在，于是根据盖尔曼的原则，重轻子就应该存在。

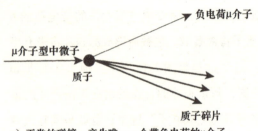

a）正常的碰撞，产生唯一一个带负电荷的μ介子

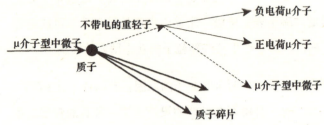

b）假想的碰撞，先产生一个不带电的重轻子，然后这个重轻子再衰变成两个μ介子和一个μ介子型中微子

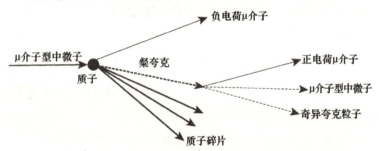

c）假想的碰撞，首先产生一个带负电荷的μ介子和一个粲夸克，然后这个粲夸克再衰变成一个带正电荷的μ介子、一个中微子和奇异夸克粒子

图 3-1　中微子 – 质子碰撞

在这些新的粒子中，假设的中性重轻子和假设的粲夸克粒子，到底谁是产生双μ介子现象的真正原因呢？这取决于它们速度的分布。带正电荷和带负电荷的μ介子的相对速度将取

决于重轻子和粲夸克粒子之中到底谁是它们的父母。如果是前者，则带正电荷和带负电荷的两个μ介子都来源于重轻子的衰变，那么因为两个μ介子有着共同的来源，它们向外发射的速度也应趋于一致；如果是后者，则带正电荷的μ介子来源于粲夸克粒子的衰变，它的运动速度同带负电荷的μ介子的运动速度将会大不一样。这就好像是每个牌子的喷水枪都会喷射有自己特征的水流一样，同样对于不同的粒子来说，当它们衰变时，也会产生有自己特征的双μ介子分布。

与同事章礼南（Lay Nam Chang）和约翰（John Ng）一起，我开始研究产生于重轻子的双μ介子的分布特征，从而把研究结果同曼及其合作者们所发现的μ介子的速度进行比较。这是一个典型的现象学问题，也就是将理论与实验结果进行比较。这个问题还与我的博士论文内容密切相关，因此我知道如何计算μ介子最后的速度和角度的分布。章礼南、约翰和我相互比对各自的解析计算过程，并由我编写计算机程序来求解μ介子的分布值。我似乎突然又投入进来，与实验物理学家紧密合作，一起钻研一些新问题，这让我非常兴奋。我从此进入到一种精神上非常亢奋的时期，重获新生。不由自主地，我每天都起得很早，只要醒着就投入到工作中，不停地计算与编程。章礼南、约翰和我，我们三个人在黑板前长时间地、兴奋激昂地、轻松愉快地讨论与辩论，轮流从对方手中夺过粉笔在黑板上飞快地书写，边写边给出解释。在工作推进过程中，竞争与自我怀疑不复存在，我们满怀热情地抓紧工作，直到深夜。

因为对产生一般所认为的重轻子衰变的、假想的弱作用力的确切性质还不清楚，所以我们不得不进行推测，而它在理论上可能的形式有很多种。章礼南、约翰和我考虑了多种作用力的可能情形（但没有穷尽所有可能情形）来计算 μ 介子的相对速度。我们发现，在我们考虑到的所有可能情形中，当带正电荷的 μ 介子和带负电荷的 μ 介子都是由重轻子衰变所产生时，所预测的这两种 μ 介子之间速度的差异，远小于曼及其合作者们所预测到的差异。因此，我们提出，认为双 μ 介子现象标志着产生了一种新的中性重轻子的看法很可能是不成立的。

我们把研究成果在正式发表之前油印出来，寄给这个领域内的其他物理学家，研究结果收到很多关注，令我们很满足。就在最后期限马上来到的时候，也就是我在宾夕法尼亚大学两年工作期限行将结束，只剩下最后几个月的时候，我完成了一篇能够让我得到下一个博士后职位的研究论文。我寄出了我的申请信，并在1975年春天晚些时候，时间刚刚好，我收到了来自麦迪逊的威斯康星大学和英格兰的牛津大学的两份博士后录取通知书。此时，埃娃还需要在纽约哥伦比亚大学再待一年才能完成她的博士学业。既然还是一个人过一年，那我宁愿选择欧洲的牛津，而非美国的麦迪逊。我对街上空无一人的费城受够了。

我们在重轻子领域所做的研究工作非常热门，也很及时，但还不够全面。虽然我们已经提出，认为是重轻子产生了双 μ

介子现象的看法"可能是不成立的"，但我们没有证明上述看法的确是不可能的，因为对于产生重轻子衰变的、假设的弱作用力的每一种可能形式，我们没有一一计算它们的非对称性分布。几个月之后，亚伯拉罕·佩斯（是在哥伦比亚大学学术研讨会上，我见过的少数几个能够经得起李政道质询的主讲者之一）和他的长期合作者——普林斯顿大学的塞姆·特雷曼开始关注这一问题。他们两人都是弱相互作用分析的老手，对产生于重轻子衰变的带正电荷和带负电荷的 μ 介子速度之间的非对称分布，他们推导出了一个一般的上限值，而无须考虑尚不清楚的弱作用力的形式。他们提出，在任何情况下，非对称分布的最大值都小于曼及其合作者们观测到的数值，因此可以非常明确地将重轻子作为双 μ 介子现象产生的原因的可能性排除掉。我们所提出的"可能不成立"的结论被佩斯和特雷曼证明是"不可能"的。他们比章礼南、约翰和我更专业、更富有经验，得到了大部分功劳，而我们也得到了一小部分荣誉，这足以让我拿到牛津大学第二份博士后录取通知书了。

尽管我熬过来了，并在最后还取得了成功，但我与费城的关系还是结束了。那个夏天我用一个月的时间回开普敦看望母亲，另外一个月的时间参加了斯坦福大学加速器中心举办的理论物理学暑期研讨班。在这个研讨班上，我又遇到了老熟人道格拉斯·霍夫斯塔特，他现在和家人住在一起。他邀请我参观他在校园里的家，在那里我终于见到了他的父亲罗伯特，以及和他父亲共同研究电子轰击的同事赫曼。这两位都是我到纽约后的第一年里，我表兄经常向我提到的前城市学院的物理学家。

当我为远赴英国求学而做准备之时，回顾我在美国生活的九年，刚刚还在为独自一人前往陌生国度而略感畏惧，且这种畏惧感要持续到埃娃最终来陪我，但很快我就又一次为物理学而感到振奋。

物理学界充斥着卓越的天才，既有老去的大师，也有准备成为未来重要人物的、崭露头角的新星。在开始的几年中，我见到并有时还接触过他们中的不少人。

在哥伦比亚大学，我上过李政道讲授的统计力学，听过他的多次学术研讨会，还与他讨论过我的博士论文；我还替波利卡普·库施（Polykarp Kusch）上过电磁学理论的习题课，看过50多岁的他在校园里吃力地弯腰陪着他再婚所生的小儿子玩耍；很多次在系里的咖啡时间，我同利昂·莱德曼（Leon Lederman）、杰克·斯坦伯格（Jack Steinberger）和吉姆·克罗宁（Jim Cronin）一起喝过咖啡，吃过甜点，他们当时还是哥伦比亚大学的教授，后来都获得了诺贝尔奖；我还给很多理论物理学家和实验物理学家讲过我的博士课题，并接受他们中很多人的质询；我参加过著名的狄拉克和海森堡主持的座谈会；我也听过费曼的演讲，他是一位魅力无穷的表演者，他用一口出身纽约市布鲁克林区的出租车司机的口音做讲座，与其他哥伦比亚大学教授比起来，他更加无拘无束、魅力四射，他也很清楚自己所散发的光彩；我在某个周五听过爱德华·泰勒

（Edward Teller）的演讲，他是氢弹的发明者之一，也是导致奥本海默威望扫地的人，因此背负骂名，当他在哥伦比亚大学剧院演讲的时候，很多反战抗议者举着海报包围他，可等他开始发表演讲，这些抗议者又悄悄地走出去了；接着，我们蜂拥去观看一场关于以色列那个能把勺子弄弯的乌瑞·盖勒（Uri Geller）的讲座，讲座是两名在斯坦福研究所研究盖勒超自然能力的科学家发表的，当然，他们是由加里·范伯格（Gary Feinberg）邀请来的。

在宾夕法尼亚大学，物理系中最出名的是罗伯特·施瑞福（Bob Schrieffer），他刚刚因为在发展超导体理论方面的贡献而获得诺贝尔奖。据说他那辆带有白色海鸥翼的梅赛德斯-奔驰就是他用诺贝尔奖金买的，同他那优雅迷人、有着斯堪的纳维亚风情的妻子一样，他的车子给物理系停车场增添了迷人的风采。1976年，我们物理系在宾夕法尼亚州的安曼族村落主办了国际中微子会议，在那里我再次聆听了费曼的演讲。不久之后，我还鼓起勇气在盥洗室加入了他的一场对话。来自全国的研讨会发言人齐聚宾夕法尼亚大学。维克多·韦斯科夫（Victor Weisskopf）在某个秋天从麻省理工学院来宾夕法尼亚大学访问，他是量子理论发展从初期至今的英雄，也是曼哈顿项目的领导者之一。还有一次史蒂文·温伯格（Steven Weinberg）给我们做了一次讲座，他提出的弱作用和电磁作用相互作用的规范理论正逐步被证实。而在大量到宾夕法尼亚大学应聘博士后职位的简历中，我还记得艾伦·古斯（Alan Guth）的简历,当时他还是一位普通的申请者,但很快就提出了宇宙膨胀理论。

我开始非常清楚地了解自身的局限性。在物理学界遇见的人里,总有些人可以完全超出你的想象。当我在阅读爱因斯坦和费曼的经典论文时,我意识到即使我能够理解并应用他们的理论框架,但我永远不可能自己创造出这样的理论。已经离开物理学界而转入生物学界的我妻子,对这两个领域都非常了解,她说在生物学界即使最聪明的生物学家也不会让你感觉到你跟他不在同一个层次上,物理学界则完全不同。

我的一位朋友喜欢指出在物理领域和金融领域中各种伟大发现的显而易见之处。这种显而易见是一种错觉,很多事情只有在充斥着成见、迷惑、相互竞争理论的历史环境中传授给你,它们似乎才能被看清楚。金融或理论物理上的每一个很小的发现,其背后都是长期的投入、大量的劳动和艰苦的努力。英国浪漫派诗人威廉·布莱克(William Blake)写道:"改进带来笔直的道路,但没有改进的弯曲道路才是天才之路。"我们搞物理的绝大部分人都会成为幸运的改进者,但我们也清楚我们永远不可能成功地跨越弯曲的道路,即使在我们工作中灵光突现之时,我们能够对这种感觉有略微体会。

即使现在我已经意识到了我的局限性,但我仍高兴地注意到我的命运最近发生了意想不到的逆转。就在几个月前,我还闷闷不乐、准备退出,而现在,依靠已经做出一点成绩的工作，我又兴致勃勃地寻找下一个目标，准备解决一个以前没有人解决的问题。从那以后，无论跌宕起伏，我都努力记住，不管你在工作中或生活中得到的有多么少，你总是能从未来不可知这个事实中得到慰藉。即使身处苦难，好事或许会不期而至。

第 4 章

情感教育

- 牛津的文化魅力
- 一篇物理学论文引出另外一篇
- 英语特性
- 人智学者

从1975年10月到1977年8月，我在牛津做物理研究过得非常愉快。与上一次博士后一样，我又一次独自一人到一个陌生的地方，7个月后我的妻子才到，开始了她的第一个博士后学历。可以想象，就如同9年前我初到纽约度过的孤独的几周一样，我再一次发现独自一个人在一个陌生的城市是多么困难，相同的强烈感情再一次出现了。

在牛津，社会生活是围绕着一个个相互独立、风格迥异的学院展开的，这些学院又组成了牛津大学。这对我没什么帮助，因为我不属于其中任何一个。我直接受雇于理论物理学系，理论物理学系坐落于两栋古老的、曾经连在一起而现在分开了的棕色石头建筑物里。英裔爱尔兰小说家乔伊斯在死于肌肉萎缩症之前曾经住在其中的一栋中，他的病跟我母亲的病一样。学校的教职员工可以在学院餐厅最前面的专属贵宾席上，享用提供波尔多红酒和胡桃的午餐或晚餐，饭后再来上一支雪茄，而研究生们则可以坐在相同餐厅内相对低端的餐桌上吃饭。我和我那些受到不平等待遇的博士后朋友们（有印度人、巴基斯坦人、塞浦路斯人、澳大利亚人以及一些美国人）只好在大学城的非教学区里找一家印度餐厅对付着吃饭。

我非常幼稚地为能进入牛津而自豪。由于来自崇拜英国的南非，我将牛津视为学术生活的典范。并且，自从我到了牛津后，似乎物理研究也相对容易了。我非常费力地走出了当初在宾夕法尼亚大学第一年时留下的阴影，但现在我已经知道如何确定合适的题目开展研究了。我已经了解到如何完成一项研究，即使失败了，我也知道如何从中挖出点有发表价值的、有意思的东西来。我还学会了如何让一项研究与下一项研究连贯起来。最后，我知道了如何像做生意一样来做研究。

在牛津，我仍是从事双μ子产生原因方面的研究。正如我的同事和我提出的，并被佩斯和特雷曼所证实的那样，中性重轻子作为产生双μ子的原因已经被否定了。相反，双μ子现象也可能就标志着产生了一个粲夸克，而这个粲夸克在产生之后很快就发生了衰变。这种可能性同样吸引人。我开始着手计算同新产生的粲夸克的衰变相符合的双μ子分布。我们非常专业地完成了这项工作，并且卓有成效。我做了更多的理论计算，编写了更多的FORTRAN程序来计算双μ子分布，同时我把工作记录下来，并把写出的论文草稿寄送给其他大学的物理系，最后发表论文。至今，我仍记得那种工作到深夜的兴奋劲儿，忙着调试程序并把它们提交给计算机中心；我仍能清楚地回忆起那种自发早起的快乐，非常疲倦但非常有热情，急匆匆投入工作，仅仅是因为我"想"要工作，再也睡不着了。我急切地想知道接下来会发生什么结果。

与此同时，远在费城的章礼南和约翰也在继续着与我的研究相关但相互独立的工作。我们没有相互通信，连10美分1分钟的电话也没有打过。在互联网出现之前的日子里，横跨大西洋的合作成本非常高，取得联系又耗时漫长。我们认为不但通过电话商量研究进展是不现实的，而且即使是通过航空邮件或传真的方式进行联系也价格高昂。牛津理论物理系的预算有限，严格要求每个博士后每个月只能免费复印40张纸，超过这个数量限制，我们就要为我们所复印的文章付费了。同样地，用计算机运算也更困难了。那时还没有计算机，也没有 Matlab™ 程序或 Mathematica™ 程序。我曾经用当时最先进的、在离开纽约前买的惠普25型可编程微型计算机上所编写的对特例运行相似但更简单的计算程序，来对我用 FORTRAN 66 语言编写的蒙特卡罗计算机程序进行交叉检验。

  我用了整整一年时间来研究粲夸克所产生的现象学。这是一段美妙的生活。我感到我已经长大成人了，因为我已经自食其力了，尽管我仍然常常充满幻想，想象一个专注于获取知识的人生应该是什么样子。埃娃最终于1976年年初来到英国，我们也适应了牛津的风土人情。我们在牛津现代艺术博物馆里观看展览和艺术表演，在工人居住区的考利街那非常寒冷的皮纳尔提梅特电影院里看老电影。在一次学院游园会上我还见到了艾瑞斯·梅铎⊖。埃娃和我在所居住的耶利哥附近的波特草甸上散步，可以走得很远；我们驾车去怀特霍斯山谷和科茨沃尔德丘陵，那里的天空可以在短短几分钟之内变得灰暗阴沉；在泰晤士河畔，我们看见游船在附近的河道里耐心地等待着船闸缓缓开启又闭合；在傍晚时分的谢维尔河上，我们和研究生们在平底船上聚餐；北部夏季的夜晚如此漫长，用过晚饭后，我还有时间光着脚在物理系旁的大学体育场绕板球场和网球场跑

 ⊖ 艾瑞斯·梅铎（Iris Murdoch），英国20世纪哲学家和小说家，代表作有《大海，大海》。——译者注

步，那里的场地上铺有修剪整齐的草坪；我还受邀前往剑桥、伦敦和巴黎做讲座；我在德国的亚琛参加过一次中微子会议，在亚琛的仲夏季节，当西边的天空暮色微沉时，东边的天空已经亮起来了；周末，我们驾车去伦敦拜访朋友，度假则在希腊的克里特岛。生活如田园诗般美妙。

在我的研究中，我犯了一个技术性错误。尽管我是被克里斯·卢埃林·史密斯（Chris Llewellyn Smith，一位非常著名的理论物理学家，后来成为欧洲核子研究中心的主任）雇用的，但其实第一年的大多数时间里我都是独自在做研究。当我完成了粲夸克产生和衰变的研究，并准备将其写成论文发表的时候，我想我从克里斯那里感觉到了一丝未言明的期望，就是我们应该合作来发表这篇论文。但在这个问题上，我有些敝帚自珍，认为是我自己完成的工作，也就应该是我自己将其发表出来。事后看来，我错了。是克里斯雇用了我，而且我还从他那里得到了建议，而且在一篇合作论文上共同署名也没有什么大不了的。更重要的是，这对于我的职业发展非常有好处，克里斯是一位比我更知名（也比我更出色）的物理学家，发表的文章上有了他的名字，文章就会被更广泛地阅读，也许还会带来进一步的合作，但我的自负成了绊脚石。那年晚些时候，当另一名物理学家因做了一个类似的分析而广受关注时，克里斯指出如果当初我在文章上署上他的名字，我的境况将更好一些。他是对的。很多年后在高盛研究金融模型时，我在署名问题上已经不再过多计较了。

20世纪70年代的理论粒子物理学界充斥着老掉牙的低效率和奇闻怪事。论文作者在把他们的研究成果正式发表到有审稿人的物理学期刊之前,通常以"未发表稿"的形式传阅他们的论文。这种未发表稿最开始只是一种非正式的研究笔记,在同事间相互传阅,后来就逐渐演变成制度固定下来。全世界的物理学家都将他们的未发表论文寄给任何一个他们认为有可能会对之感兴趣或是可能有影响的人。这些作者还向斯坦福大学加速器中心图书馆寄上一份复印件,这个图书馆每两个星期将所收到的未发表稿编成目录寄给订阅者,订阅者则可以按照这份目录从原始作者那里索要复印件。牛津大学物理系是相对比较穷的㊀。当我或其他人写了一篇新的论文,牛津就用平信把它们寄出。结果是,美国的物理学家要等研究结果出来后4~6个星期才能看到新的论文,如果竞争者也在研究相似的问题,那么这会是一个非常致命的延迟。相应地,美国大学的绝大多数物理系也是用平信的方式寄出未发表稿,这样又使延迟加倍。因此,这场比赛非常不利于小型的或国外的研究机构——它们相对短缺的预算意味着它们是最后收到最新研究成果的书面材料的。曾经有段时间,我急切想让外界了解我的研究成果并让自己有个好的学术前程,于是我自己掏钱来复印、校验并通过航空邮件把自己的60份未打印稿向外寄出。而现在,所有的最

㊀ 在华尔街工作多年后,我重返学术圈,现在我有时感到自己被20世纪90年代投资银行里丰富的研究资源给宠坏了:那里的办公室极其舒适,订阅学术期刊的成本从来不会被质疑,最先进的彩色打印机随处可见,当遇到了计算机问题只需要联系系统管理中心。

新研究成果都挂在网上,所有人都可以不花费任何成本而下载下来,而这本身就是欧洲核子研究中心的物理学家发明的。

牛津大学作风非常老派。我认识的一个学生小心翼翼地把他的餐后水果——香蕉剥开皮,然后像吃香肠一样吃这根香蕉。他优雅地用叉子将香蕉按在盘子里,然后用刀子将它切成一片一片。我认识一个特别崇尚英国的加拿大人,刚开始他嘴里叼着烟斗,上身穿着斜纹软夹克,下身配马裤呢裤子,脚蹬沉重的手工缝制的大号英式皮靴,在温暖宜人但又永远潮湿的天气里行走在泥泞的小路上,(我不得不承认)他一些装备做得非常完美。短短六个月,他的伦敦腔已经有模有样了。我的另外一位朋友是所在学院的初级研究员,带我去贵宾席参加宴会。所有的教师都令人叹服地谦恭、礼貌,与我交谈的时候都身子前倾,而我那位朋友,由于是席中资历最浅的研究员,则每次都主动离开桌子传递波尔多红酒和胡桃。

虽然牛津有些学院是非常富有的,这些学院里的教师也生活得非常不错,但纯学术院系的日子就不那么好过。在位于广场南路的理论物理系,我与唐·辛克莱共用一间拥挤的办公室。他是一位脾气粗暴得可爱但又不太好相处的澳大利亚人,是强相互作用的点阵规范理论的早期开发者。他通常工作到深夜,习惯用他那排巨大的彩色毡头墨水笔铺满桌面,用点阵计算表格把 1 英尺⊖高的纸张给填满,看上去就像丁格玩具的模

⊖ 1 英尺 =0.3048 米。——译者注

型。因为大学在冬天夜间并不供暖,而我们办公室的房子保暖性能又不好,所以夜里室温下降得很快,于是唐就在白天固执地将暖气开到最大,徒劳无益地希望为晚上积聚热量。这样一来,我们办公室几乎就待不了人,白天像是散发着馊味的桑拿室,晚上不戴手套都握不住铅笔,而两种状态之间的转换时间又非常短暂。可一旦他在女人方面遇到了问题,他就会变得非常健谈,并伤感而准确地向我坦诚,他是那种遇到了麻烦才变得很好的人。

我发现其实英国人是非常排外的。在美国,身为南非人还曾稍稍有些优越感,因为外国人很受欢迎,并被认为是很有意思的。而在英格兰,你不过是又一个英国殖民地来的人罢了。埃娃的斯洛伐克朋友朱珊,也像埃娃一样在苏联入侵捷克斯洛伐克时离开祖国,后来入牛津求学,当时在附近的一所高中教书。一天,她评论她的一位英国同事时谈道:"你们知道吗,他真的很聪明,本来他能当上校长的,但他永远也当不上,因为他的妻子是瑞典人。"而这似乎无须任何解释。对于犹太人的身份,我有时也稍感不适。一位研究生朋友问我,为什么给在牛津最后一段时间所生的儿子约书亚起了"这么一个犹太人的名字"。作为回应,我只好引用约书亚·恩科莫⊖为例,说明这是一个非洲传统的名字。另外一位学生告诉我,计算机中心让他们利用计算机的时间"像犹太人"一样吝啬。还有一天,

---

⊖ 约书亚·恩科莫是一位非洲民族主义者,津巴布韦民族民主党和津巴布韦人民民主联盟的创始人。——译者注

我那位"切香蕉"朋友对我说,他们系将很快接待"一些来自魏兹曼研究所的犹太人",她显然对犹太人和以色列人之间的区别而感到相当困惑。所有这些人的举动并未是为了表达恶意,但这样过了一年之后,我发现自己已经毫不犹豫地对我的民族身份问题不愿多说了。

我知道的很多外国人都有相似的经历。萨瓦斯是一位塞浦路斯朋友,他自从土耳其入侵塞浦路斯后就住在英国,持有一本有特别约束的英国护照,只要他在英国以外的其他地方停留超过三年,这本护照就会过期。我很快意识到,任何针对外国人的偏见似乎都有未言明的合理性,其实更像是似是而非。一位印度博士后朋友买了一辆破旧的二手车,并将其停在靠近克拉伦登实验室的广场南路,我跟他开了个玩笑,以系主任的口吻跟他留了一张便条,声称他那辆车的破旧外观有碍该场所之观瞻,因此让他以后不要将车停在这么靠近实验室的地方了。他极其严肃认真地对待此事,在我拦住他之前就跑到系主任那里去解释了。

牛津大学本身也有着令人窒息的官僚作风,只要你惹怒他们,他们就要向你的上司告你的状。在进入牛津两年后,返回纽约两个月前,我的主任医师给我发了一封信,要求我去做一个X光检查,以排除肺结核的可能。我回了一封信,指出如果他们真的关心我身上可能潜伏着的肺结核,那么他们就应该在我刚到的时候做X光检查。这位主任医师将我的回复直接递到物理系系主任那里,并加上了以下手写的注释:"尊敬的某某教授，你们系里都招了些多么可爱的人啊!"令我惊讶的是，我们系的系主任竟因此而严厉地批评了我。

很多经历留下了持久的印象。在我妻子系里的一次聚会上，我经人介绍认识了一位来自瑞典的女士，她是已故的奥斯卡·克莱因的女儿。奥斯卡·克莱因是我在南非念本科时就学过的卡鲁扎-克莱因理论的共同发现者，同时也是粒子物理学理论大厦支柱的奠基者，这些支柱包括以其名字命名的、描述不旋转量子粒子的克莱因-戈登方程，以及描述康普顿（光子-电子）碰撞的克莱因-仁科公式。

另外一位博士后访问学者普雷德拉格·切维塔诺维奇，此后在我的脑海里萦绕了很多年，因为他是那种似乎只做自己喜欢的事情的人，并真的喜欢自己所做的事情。他是一位肤色黝黑的、英俊的克罗地亚人，十几岁就离开了南斯拉夫去了美国。普雷德拉格总是自诩过着令人羡慕的独立生活，从不受他人世俗规范的约束。他骑自行车环游英国，在牛津夜总会跳舞，在布莱克《天真之歌和经验之歌》(Songs of Innocence and Experience)的戏剧作品中扮演角色，有个夜晚我在大学广场还观看过这部作品。他足蹬烟草色的阿迪达斯运动鞋，身穿蓝色粗斜纹棉质地工服套装，里面是一件格子衬衫。当他母亲短期地来探望他时，他谈论起他的母亲，就像是另一位可爱、有趣的熟人。他貌似真实的自负，令我颇为敬畏。记得有一次在一个很有牛津风格的游园会上，我曾受过他的鄙视。我当时说了一些话，这些话中包含了"我的妻子"和"我的车子"等短语。普雷德拉格随即大声谴责世界上那些边走边说"我这个、我那个"的人。我容忍了他表现出来的表面上的极端独立,从来没有问到底是什么困难才导致这种表现。詹姆斯·格雷克在他的《混沌:开创新科学》(*Chaos: Making a New Science*)一书中提到,就在我认识普雷德拉格的时候,他正在钻研混沌理论某一方面的问题,这一工作成果对于米切·费根鲍姆(Mitchell Feigenbaum)后续取得混沌领域的突破性进展至关重要。格雷克写道,普雷德拉格是如此痴迷于该领域的研究,以至于他选择不告诉任何人他正在做这方面的研究,即使他是受雇来做粒子物理研究的。粒子物理学家都是还原论者,有充分的理由鄙视混沌理论,因为这一理论表面上看与物质的基本属性毫无关系,应该在50年前就被发明出来了。当我们的儿子约书亚在1977年出生的时候,也就是在我们即将离开牛津返回纽约之前,普雷德拉格带了一瓶葡萄酒来庆祝,那是相当长一段时间里我最后一次见到他。1984年,我还偶遇过他一次,那时我的女儿桑娅出生不久,我正在中央公园的大草坪附近用轻便婴儿车推着桑娅。在我的记忆里,他永远是自己命运之舟的船长。

1976年的某个时候,克里斯·卢埃林·史密斯将斯蒂芬·沃尔夫勒姆领到系里来。斯蒂芬那时还是个16岁的早熟的伊顿公学学生,但他已经自己撰写了关于粒子物理学研究的未发表稿。这些不成熟的论文没有什么特别,但十几岁的孩子就能写出这样的论文,这个事实足以说明他会对牛津的研究生们构成威胁。幸运的是，我年纪已经很大了，他属于另一代人，我不会受到严重的威胁。斯蒂芬后来进入牛津求学，最终成为沃尔夫勒姆研究公司的领导，并且是 Mathematic^{TM} 程序的发明人。Mathematic^{TM} 程序是一个在计算机上运行的用符号数学计算的操作系统，为物理学家、数学家和宽客们所广泛应用。

一天下午，我在牛津校报上看到一则人智学会（Anthropological Society）的广告，这个学会是已故德国专家鲁道夫·史代纳的信徒们组成的一个组织。8年前，还是在开普敦的时候，史代纳的书就曾被詹尼·鲁医生推荐给我。这些年里，他的书我曾扫过一两眼，然后就被束之高阁了。刚到牛津那几个月里，孤独的某天，我走到狭小的史代纳书店，挑选了一本他的《更高世界的知识》(*Knowledge of the Higher Worlds*)。那天晚上，我在床上开始读这本书，开头的几句话就令人震惊，使人兴奋，这几句话清晰而有力地阐释了人生之复杂与混乱。我不过是人智学的业余爱好者，但人智学者的书给我留下了强烈且振奋人心的印象，尽管这些书都是由浮华的德式英语写成的。

人智学者并不反对通过科学的方法获取知识，但人智学者反对大多数科学家所信奉的幼稚且自负的唯物主义。相反地，据我所知，他们提倡依赖于对外部和"内部"小心、仔细的、一种歌德式的科学观察。史代纳谈到灵魂，就像其他人谈到物质对象一样直接，这一点我很欣赏。他把人的内心感受放在第一位，将内心世界视为同外部世界一样的真实的一部分。几年后，我很高兴能读到布鲁诺·贝特尔海姆的《弗洛伊德与人的灵魂》（*Freud and Man's Soul*）一书，这本书里贝特尔海姆指出，弗洛伊德最初的德国文本都是用简单、直接的术语来描述"psyche"（"灵魂"一词的希腊语单词）的。根据贝特尔海姆的说法，是弗洛伊德著作的英文译者詹姆斯·斯特雷奇，把弗洛伊德所用的能引起人们共鸣的、易于理解的"Ich""Es""Uber-Ich"[也就是"本我"（I）、"自我"（It）、"超我"（Above-I）的德文单词]用拉丁语化的人造单词"id""ego""superego"来代替。同样，还是斯特雷奇，在谈到口误这类行为时，用了一个伪科学的单词"动作倒错"（parapraxis）来代替德文单词"Fehlleistung"。

当同是史代纳信徒的索尔·贝娄（Saul Bellow）获得1976年诺贝尔文学奖时，已故的史代纳和他的学生欧文·巴菲尔德声名鹊起，我对史代纳的兴趣也随之强烈起来。贝娄在他的小说《洪堡的礼物》（*Humboldt's Gift*）中对芝加哥进行了史代纳式的沉思，而且他在几篇文章和访谈中都提到了史代纳和巴菲尔德。于是我开始阅读巴菲尔德的《英文词汇中的历史》（*History in English Words*），这是从同步发展的英语词汇中提炼出来的、关于巴菲尔德人类意识进步理论的吸引人的描述。

史代纳的观点传承于19世纪与20世纪之交的更加奇特的神秘主义学者——布拉瓦茨基夫人⊖、神智学者，也许还有葛吉

⊖ 海伦娜·布拉瓦茨基（1831—1891），俄裔女通神学者，1875年在纽约创立通神学会。——译者注

夫[一]。史代纳融合了德国的浪漫主义与东方的神秘主义，对所有事物——从童年、教育以及对智障人士的指导，直到艺术和园艺——都有他自己的理论。我对我所能够理解的理论都非常感兴趣。当我试图向朋友谈起史代纳时，大多数情况下我遭遇到的却是嘲笑。可多年来，我发现我所崇敬的一些人都受到了史代纳和他的学派的影响，尤其是20世纪早期的几位画家，如瓦西里·康定斯基、阿希礼·戈尔基以及亚瑟·多弗，其中多弗曾在他的演讲和素描中描述过更高的世界。20世纪90年代末，在纽约苏活区一家美术馆的展出中，我看到了史代纳在他的哲学讲座中，用彩色粉笔往黑板上潦草地涂写示意图的大幅照片。其后，在拜访高盛在马德里的客户途中，我顺道去了一趟蒂森博物馆，在那里我偶然发现几幅多弗的画作，这些画作同那些示意图之间的相似之处一眼看上去就很明显。还有一次，在海牙泛欧交易所（Euronext）的一次期权会议后，我看到了一些荷兰画家蒙德里安早期关于百合花的画作，这些作品深受史代纳要描绘出生命物体精神本质的想法的影响。最近，我重读了格雷克关于混沌理论的书，他描述了歌德、史代纳和施温克（一位史代纳主义画家）对早期混沌理论研究者费根鲍姆和里布查德的影响，我被这些描述深深吸引。如他所说，这些人都是同一理想的拥护者：小心、仔细的独立观察，依靠自身的感觉与判断。

[一] 乔治·葛吉夫（1866—1949），亚美尼亚人，作品有《魔鬼说给孙子的故事》《与奇人相遇》《生命为真，只当我在》《真理的瞥见》。——译者注

一年过去了，1976年夏天的大部分时间我都在斯坦福大学加速器中心的理论物理研究所。我返回美国，主要是为了保持我的绿卡有效。接下来，在牛津的最后一年博士后期间，我开始与一位博士后蒂米·琼斯合作，对一些更加基础性的理论问题进行研究。我们开发了一种理论，假设自然在电子与超重μ介子之间强加了一种额外的置换对称性，试图对这两种粒子之间非常接近的相似性做出解释。我们的模型其实是对现在很流行的弱作用与电磁作用之间相互作用的规范模型的一个简单拓展，并在此基础上，将电子与μ介子联系起来。接下来的几年里，我继续研究此类模型，将置换对称性拓展到包括新近观察到的σ轻子，这是一种包括电子和μ介子的范围更广的粒子种类。如果我们的模型是正确的，模型就可以预测出μ介子、σ轻子和β夸克都应该以一种奇特的、以前没有观察到的方式衰变。

就像艺术和音乐的美通常出自在已接受框架的限制内创造新事物的张力一样，很多理论物理学的深刻理论都来自在非常通用的指导原则限制下试图描述自然界的法则。如果一个人非常幸运又非常聪明，通用指导原则将排除其他一切，只剩下一个真实的理论。蒂米和我对规范理论所做的拓展，并不非常深奥，但是对新的对称性和新粒子的存在进行预测且梦想着能够正确，这令人非常兴奋。在尝试探寻"上帝"法则的过程中，我体会到了一丝潜在的、更深层次的快乐，这种快乐远不同于轻车熟路地将一些人的理论与另一些人的实验做对比而得到的日常快乐。然而，我也预感到潜在的另一种更大的失望：它也有可能被证明是错误的。

回顾过去，我还记得读到过费曼对自己作为第一批猜出违反守恒定律的弱相互作用正确表达式的几位物理学家之一的兴奋，这种违反守恒定律的弱相互作用是吴健雄女士及其合作者在1957年首次观察到的。20世纪40年代末，费曼在量子电动力学可重整化性上所做的更加技术性也更加杰出的工作，是一份"精妙绝伦"的作品，产生了后来多少年的物理学家们所使用的理论体系。然而很显然，他更得意的成就是与别人共同发现了违反守恒定律的弱相互作用的真正形式，因为在他最终公布结果之前的短暂时间内，他感到自己知道一些别人没有发现的关于宇宙的法则。这就是研究新理论的魅力所在。⊖

到1976年秋天，我在牛津已经待了一年，还剩下一年的时间，又要开始寻找下一个职位了。尽管系里告诉我可以再多待一年，但很明显，对于埃娃和我来说，牛津只是一个暂时的容身之所。几个星期后，在牛津附近的卢瑟福实验室召开的一次会议上，我被人介绍给亚伯拉罕·佩斯，他是纽约洛克菲勒大学的一名教授。他知道我在双 μ 子方面做过的研究，这也是他和特雷曼非常擅长的领域。我也知道一些关于他的趣事。我

⊖ 最后，蒂米和我建立的这个相当平常的理论被证明是不正确的。但是我在高盛时雇用的一位前物理学家告诉我，他在学术论文引用数据库里查找时，发现还是偶尔有一些当代的文献参考了我那时写的一些论文。他做这些检索的目的是为了确定未来将与谁一起共同工作。

还能记得多年以前，在受邀参加的一次哥伦比亚大学的研讨会上，我曾见过他非常轻松又巧妙地化解了来自李政道的质询。还有一次，克里斯·卢埃林·史密斯告诉我，佩斯就像安妮·弗兰克一样，在二战期间曾一直藏在荷兰。最后，我还曾很巧合地读过一部分他的博士论文。当 10 年前还在哥伦比亚大学读书时，我曾被要求展示科学家所使用的两种外语之间翻译的熟练程度。即使是在 1967 年，这也早是一个过时的要求，根本就是二战之前的年代留下的"遗产"，在二战之前很多物理学论文最初都是用德语、法语或是俄语写成的。由于我在南非的学校里学过南非荷兰语（一种生活中使用的荷兰语），我决定展示一下我的荷兰语翻译水平。为了找到翻译内容，我检索了哥伦比亚大学物理学图书馆的荷兰语论文，碰巧看到了佩斯关于微分几何中芬斯勒空间的博士论文。他在 20 世纪 40 年代末移民美国之前，用荷兰语写成了这篇文章。我之所以记得这么清楚，不但是因为我在南非研究统一场论时学习过芬斯勒空间，还因为他在论文中写道"献给妈妈和爸爸"（Aan Mammie en Pappie）。在牛津与他谈话时，我发现很难将这样带着稚气的献词与他那积极进取而又温文尔雅的形象联系起来，这样的形象中既有纽约的市民智慧，又有欧洲的礼貌、谦恭。尽管如此，出于工作的考虑，我还是尽力表现得讨人喜欢，我告诉他我看过他的论文和他致父母的敬语。

几个月后，我给洛克菲勒大学的佩斯寄去一份满怀希望的求职信，申请我的下一个职位。我觉得那里的职位对我妻子和我而言再好不过了：我们的第一个孩子马上就要出生了，我们又将纽约视为我们的家，埃娃在纽约又有大量的学术机会。但我不能完全指望这个得到自己渴望得到的职位，因此我还申请了其他很多大学。接下来，我就开始等待。

那年春天，我的一个在公司工作的高中朋友路过牛津来看我，他很直白地问我，秋天的时候我将在哪儿？我回答说我仍在等待着看谁会愿意给我一个职位。"你的意思是说你真有可能会失业？"他问道。他的直白令我感到一丝不快，让我对他的善意产生了怀疑。我的非学术圈朋友们不能理解我们博士后赖以生存的法则。曾经有一次，我自豪地告诉一位南非的朋友，我的一篇论文已经被《物理学评论通信》采用了，这份期刊是物理学界最负盛名的期刊之一。他反问我，文章发表了他们会给我多少钱。我非常不好意思地跟他解释，事实是正好相反的：我所在的物理系还要给美国物理学会几百美元的版面费，才能让我的文章在上面发表。这超出了他所能理解的范围，他认为我已经陷入了为出名而发文章的虚荣之中。

那一年，我非常幸运。1977年春天，我收到了一封来自以色列魏兹曼研究所的信，提供给我一个两年期的研究职位。这个职位很诱人，但我想返回美国。几个星期后，我松了口气，来自洛克菲勒大学的博士后录取通知书寄到了，而埃娃也能在那边找到工作。我立刻就接受了这个职位。几年内，我又有保障了。

1977年夏天,是英格兰多年来最热的一个夏天——每个周末,小酒馆里的冰块都会用完。我们在那段悠长的无忧无虑的日子里,划船、郊游、工作,直到我们的儿子约书亚在8月1日出生。由于约书亚是在美国以外出生的,算是英国人,所以一周后他要在伦敦的美国大使馆里进行一次关于他的政治信仰和犯罪记录等方面的涉及面很广的面谈。我替他回答了问题,他也得到了自己的绿卡。这是快乐的两年。一个星期后,我们自信满满、心情愉悦地返回了纽约。

第 5 章

圈中名流

- 纽约上东区做研究和为人父母的日子
- 幸福的生活与两种职业的冲突

洛克菲勒大学还是有些特别待遇的。它的教师和博士后拿着学术津贴，凭着不菲的补贴住在位于纽约上东区萨顿广场附近的公寓里。与其说洛克菲勒大学是一所大学，倒不如说它是一所大型研究机构。洛克菲勒大学创建于1901年，开始是一所医学研究机构，后来在美国研究经费充足的年月里逐渐发展成为一所装备豪华、官方认可的大学，但只能授予研究生学位。在20世纪60年代的扩张期，洛克菲勒大学不但招聘生物学家，还招聘数学家、逻辑学家、哲学家、心理学家、语言学家、物理学家。到70年代末期，随着好日子逐渐远去，洛克菲勒大学又慢慢重回老路，再一次将发展重心落在生物医学的研究上。

告诉别人你在洛克菲勒大学工作是一件令人自豪的事情。曾在洛克菲勒大学工作过的著名生物学家和逻辑学家们，形成了一个精英圈。1944年，正是在洛克菲勒大学，艾弗里（Avery）、麦克劳德（Macleod）和麦卡蒂（McCarty）发现了基因是由DNA构成的。20世纪60年代初期，著名的分析学派哲学家索尔·克里普克曾在洛克菲勒大学工作过。在我工作的塔楼的电梯里，我还见到过马克·卡茨，他是一位矮壮敦实、红光满面、秃顶的、带着迷人口音的波兰犹太裔数学家。我还是哥伦比亚大学学生的时候，就听过他关于可以听出鼓的形状的精妙讲座。那时，我对费曼–卡茨定理还知之甚少。这一定理将费曼关于量子力学发展变化的观点与量子力学、统计物理学和期权理论的偏微分方程求解方法联系起来。多年以后，当我读到卡茨简短的、引人入胜的、充满智慧的自传时，我才知道他在给"随机"的本质下定义时，花了不少功夫。在他办公室的外墙上钉着一幅大大的美国数学学会波兰女数学家桑娅·科娃列夫斯卡娅装扮华丽、神情动人的张贴画。我有一次对这幅画发表评论时，他用他那带着浓重口音的英语告诉我，她"肯定就是最漂亮的异性数学家"。

洛克菲勒大学奢侈豪华，贵族气浓郁，是一块有着花园、礼堂、高楼和实验室的领地，住满了献身于求知的精英。这里没有教学，没有课程，没有本科生，只有研究。在20世纪70年代中期肮脏的曼哈顿，你感觉就像是一个身为王者的哲人。我们住在大学所有的一座高楼中，离纽约医院很近，离我的办公室和埃娃的办公室也只有一个街区。我独自拥有一间比以往乃至后来任何时候都要大的办公室，办公室里配有后来很长时间都装不满的书架，全部都是全木可拆卸式的。我的办公室和我们的公寓都能看到伊斯特河，且正对着一个直升机停机坪和富兰克林·罗斯福大道。不论白天、黑夜，只要望向窗外，任何时候都能看到盘旋于空中载着总统候选人或是重病号的飞机、大道上蜿蜒移动的双向车流以及沿河行驶的巨大船只。如果把视野仅局限于交通的话，你就会发现很难有其他事物能比这里更像我小时候父亲读给我听的、20世纪50年代连环画中所描述的未来城市生活场景。

出于对牛津和剑桥的敬意，洛克菲勒大学没有传统意义上的研究院系。相反，教授们各自独立管理着各自的"实验室"。

在理论粒子物理学领域，洛克菲勒大学有几位资深教授。其中个子矮小的佩斯是最负盛名的一位，他将我招到他的实验室。他以前的合作者米尔扎·阿卜都尔·巴奇·贝格管理着另外一个实验室。贝格是一个魁梧的巴基斯坦人，留着潘图·维拉式的胡子，总是把著名的德国犹太裔物理学家鲁道夫·佩尔斯引为自己的导师。据传说佩斯正与贝格论战，我们听说两人发生过长时间的大声争吵。此外，我们还听说佩斯还是盖尔曼的死对头，后者是佩斯在20世纪50年代的合作者。乔治·约翰逊在他所著的《盖尔曼传记》中提到，盖尔曼总是用"邪恶的矮子"来指佩斯。

在洛克菲勒大学，无论你看起来多么努力，工作多么久都不重要，关键是你取得了怎样的研究成果（或许，表现出来你将会取得成就的征兆也是可以的）。我每天上午晚些时候开始工作，有时一直工作到傍晚，每天两头儿的大多数时间则和儿子约书亚在一起。

我在洛克菲勒大学是快乐的。约书亚每天早上很早就起来，我经常带他出去散步。用婴儿车推他穿过东区周边区域散步到很远的地方，中途停下来吃一些早上刚出炉的百吉圈或蛋挞。我会和约书亚对话很长时间，我总是很累但又有着巨大的满足感。我着迷于育儿之道，对所有史代纳教育理论中似乎有道理的内容都来者不拒。史代纳称我们对刚来到这个世界的婴儿所说的所有话，对他们来说都是很难弄懂的，但他们会尝试着去理解，因此他提倡对孩子说一些超过其理解水平的话。我自然就照做。其实最重要的是和约书亚在一起的时间。看着他从一岁一直长大到两三岁，我逐渐深刻理解了生命的神秘和时间奇特的抽象。约书亚学习着，并记住了空间中的位置、物体的名字，甚至还有形容词和动词，记住这些他看上去毫不费力，比起记住时间（如"昨天""明天"）或是色彩（"红色""绿色"）要容易得多。甚至在他可以做出复杂的表述很久以后（有一次在他弄坏一个玩具后，他大喊"我对我自己很生气"），他还是经常混淆"昨天"与"明天"、"红色"与"绿色"。我开始部分地相信这样一种理论，即认为时间和颜色并不像看上去那么的不言而喻、无须解释，更确切地说，它们就像人类发现农作物一样，应该是在人类历史早期的某个时点上创造出来的发明或是发现，然后世代相传下来成为我们生活中的一部分。也许，当一个儿童讲到一片叶子和一件毛衣都是绿色时，他正在把两种截然不同的物体中的某个极其抽象的特征分离出来，而这种分离曾经超出人类的理解能力。

洛克菲勒大学中有一位非常有意思的物理学教师海因茨·佩格尔斯，他是量子力学畅销书《宇宙密码》(*The Cosmic Code*) 的作者。海因茨是我见过的第一个将商务西装与阿迪达斯白运动鞋穿在一起的人。他非常有魅力，好相处，非常愿意通过谈论他在物理学之外的丰富社交生活来给别人留下深刻的印象。他在别人的名字方面有幽默感十足的强迫症。他不会只是说"昨天晚上我在阿斯彭跟麦克纳马拉吃饭"，他觉得应该加上"……你知道的，就是约翰逊的那个国防部部长"。他对别人将要说出的话语的发展方向有一种不可思议的把握能力，能够异乎寻常地与谈话的发展趋势保持一致，特别是对那些在政治上更有权势的人物。在与佩斯交谈时，海因茨能够迅速接住佩斯刚开了个头的评论，并把它完成。他会先用轻柔的语调附和佩斯的说法，说到一半就牢牢抓住了佩斯的思路，然后抬高语调，用更吸引人注意的、更快语速的语调掌握住话语的主动权，最后直奔主题得出结论，听上去就好像完全是他自己的思想一样。我喜欢跟他说话。可不幸的是，几年之后他在和家人常去度假的阿斯彭附近的山中远足时不幸摔死了。

海因茨与杰里米·伯恩斯坦关系很好。伯恩斯坦是我尊敬的物理学家和《纽约客》杂志的撰稿人，我对他很尊重还因为他比我知道的绝大多数物理学家过着更加完整与均衡的生活。伯恩斯坦曾与范伯格和李政道合写过一两篇论文，但在哥伦比亚大学学术研讨会上，我曾惊讶地看到李政道不断地对他提出质询。从20世纪60年代以后，伯恩斯坦一直为大众写物理学方面的书籍并为《纽约客》撰稿。最初的一篇是在李政道和杨振宁得了诺贝尔奖后，为他们写的介绍性文章。他的文笔朴实、清晰，能够阐明微妙之处。我觉得正因如此，他的书绝不会像那些故弄玄虚的量子力学或宇宙学大众化作家的作品那样畅销。

学术生活最大的乐趣之一就是，你一旦完成了你的教学任务——在洛克菲勒大学根本就没有教学任务！你的时间和空间只属于你一个人。我可以在任何自己喜欢的时间和地点开始工作；也可以决定整个下午都不工作，而去公园跑上6英里，或去博物馆看展览，到了晚上再开始工作。海因茨和我就在《第三类接触》（Close Encounters of the Third Kind）上映的那个工作日的下午去观看了它。这些小自由，加上可以在有趣的地方研究物理的漫长假期，给人一种难以用金钱来衡量的富足感，足可以弥补与商务公司相比微薄的薪水。我的办公室就是我神圣的领地，有人敲门之后除非我说"进来"，否则没人会进来。如果我希望集中精神或想独处一会儿，我会把门从里面锁上，别人也会以为我不在那里，各自行事便罢。我当时以为这种隐私是一种权利，但它是一种特权，远比我认识到的更加珍贵。几年后在贝尔实验室里，在认识到我所有的时间、我的办公室都属于AT&T时，我幼稚地震惊了。我的老板、我的同事甚至是送信人都可以在无须任何道歉或是提醒的情况下，侵入我的时间、我的办公室。当然，在华尔街，这种对我私人的空间和时间的要求只多不少。对我来说，这种学术生活的自由很快就要结束了。不过，在研究物理的同时，我加入了纽约跑步者俱乐部，沿着伊斯特河大街，然后环绕中央公园跑步，在早晨和晚上还可以跟约书亚一起玩耍。这是一段幸福的生活。

我在洛克菲勒大学的两年匆匆而过，我与佩斯的相处越来越不融洽，也感到了他对我并不赏识。也许是他不喜欢我相对缺乏的天资，也可能是我在物理学之外的谈话中不够顺从，这可能被他视为不敬。我首先承认佩斯是一个比我更好的物理学家，但这并不意味着我要在与小说、电影或国际事务相关的谈话中让自己甘当配角。我觉得我的观点应该同其他任何人的观点一样，也有相同的被倾听的权利，但其实这可能并不是一个好的想法。我在洛克菲勒大学第一年结束的时候，佩斯的秘书就已经开始把其他学校博士后职位的招聘广告放在我办公室的文件架上，我知道我在佩斯的实验室里待不到第三年了。

那年夏天，埃娃、约书亚和我在阿斯彭物理中心待了一个月。接下来的1978年9月，我心里明白了佩斯的暗示，开始琢磨自己的处境。当时我33岁，第三个博士后职位的期限已经过去了一半，这种游历何时才能到头？我得出结论，要么必须找到一个有机会得到终身教职的助理教授职位，要么干脆离开物理学界。

1978年的某一天，我突然发现自己对去医学院从而成为一名真正医生的念头很感兴趣。我的想法大概是这样的：物理学界是一个残酷的胜者通吃的天下，大多数功劳都集中于顶尖的一小部分传奇人物身上。如果你不是费曼，你就什么都不是。一个能够胜任但又不是才华横溢的物理学研究者没有什么可以感觉良好的，谁又需要你提供的东西呢？你可以尝试着在某个不知名的小学院里找到一个为数不多的全职教学职位，但你又必须远比我更喜欢教书，一周要上很多小时的课。因此，尽管这种献身于我认为的形而上追求的想法在"当时"想起来是挺好的，但感觉也还是不够。而在医学领域正好相反，我认为只要能够胜任，在相当程度上就能干出看得见的成绩。

我并不是唯一一个这么想的人。几家医学院当时已经开始招收拥有自然科学博士学位但缺少医学预科学位的申请人进入它们的项目。位于科洛盖博斯的迈阿密大学就可以在两年内（包括期间的夏天）将你从理学博士变成医学博士，但为了申请，你需要通过研究生入学考试（GRE）。当时我还没有参加 GRE 考试，因为在 1966 年我申请哥伦比亚大学时，GRE 在南非还没有开始实行。我将自己关在洛克菲勒大学那间不敲门就别想进来的办公室里，没有告诉任何人我在干什么，花了一两个星期来准备 GRE 考试。我复习了本科时的物理知识，用心去记忆自然常数值和原子物理中的能量层级。我重新温习了从研究生一年级开始就没看过的那些科目。最后，考前的那天晚上由于约书亚生病发烧我一夜未睡，然后就在哥伦比亚大学校园里参加了周六整整一天的 GRE 综合考试和物理考试。我考得不错。迈阿密大学派了一个它们正在洛克菲勒大学附近的斯隆商学院凯特林基金会实习的毕业生来面试我，最后我被录取了。

可我并不能这样做——我缺少沿着这条路继续走下去的勇气。要走这条路，我必须搬到佛罗里达州住上两年，而埃娃的父母住在纽约，埃娃作为生物学家的职业生涯似乎要比我作为一名物理学家的前途光明得多，因此没有理由中断她的研究而搬去佛罗里达州。尽管为了保留住录取资格我已经支付了注册费，但我知道我有可能会违约。事实上，几个星期以后，我以家庭困难为由给迈阿密大学的负责人打电话，告诉他们我退出。如果我真的成为一名实习医生，那么我的人生将完全不同,直到现在我仍然羡慕那些在工作中能干出看得见成绩的人。

我在洛克菲勒大学最后一年中,只申请"真正的"物理学职位,就是在那些看重研究工作的学校中可以取得终身教职的助理教授职位,或是一些承诺可以提供较为稳定的长期博士后职位的工作。冬天的大多数时候,我到全国各地去给那些可能会认真考虑聘任我的任何院系或是国家实验室做讲座,最终落实了两个助理教授职位的招聘意向。第一个是位于芝加哥的伊利诺伊技术研究所,它最吸引人的地方在于它很像费米实验室,拥有一台巨型高能粒子加速器和一个优秀的理论研究团队。第二个是位于波尔得的科罗拉多大学,这是一所优秀的大学,它的物理学系非常好,一个理论粒子物理学的工作职位就收到了超过100份申请。我在那里参加了1978年12月的面试,接下来就是等待。几个月后,我听说我在候选人名单中排第三位。时间慢慢过去,首先是候选人名单中排第一的那位女博士后收到了其他地方更好工作的邀请;其次是排名第二位的男博士后(他的妻子也是做学术研究的)已经在东海岸得到一个永久性职位,他为了离家人近一点而拒绝了科罗拉多大学的工作;接下来就轮到我了。

我喜欢波尔得远胜于芝加哥——我有幸在一座美丽的城市中找到了一份好工作。埃娃在短期内还不能在那里找到自己的长久工作,而让她不工作去那里陪我也是不理智的。因此,那年秋天当得知我可能要独自一个人前往波尔得时,我闭上双眼，接受了他们的邀请。尽管这对埃娃来说并不理想，但她同意会在波尔得附近寻找学术机会。我希望有一天她能尽快在波尔得或丹佛附近某家研究型医院中找到一份合适的永久性职位。

这是几年艰苦岁月的开始。尽管埃娃有职业发展需要，我还是希望她能跟我搬到波尔得来，而且我对她没有这样做很生气。与此同时，科罗拉多州政府宣布了一项冻结聘请教师的禁令，这意味着短期内埃娃找到一份永久性职位是不可能的。在过去的6年里，我规律性地自己一个人去新的城市或国家，从事新的工作。但这一次我不仅抛下了妻子，还有儿子。在过去的两年中，我已经成为儿子成长中的一部分，不比任何人少。我多次提出我应该带着约书亚去波尔得。埃娃为此和我争吵不休。7月，我们一家三口去巴哈马群岛中的一个孤立的远离主岛的小岛阿巴科度假一周。我们在那里的第二天，坐着一条租来的摩托艇前往附近另外一个小岛上游览，在结束这次不舒服的游览的返程路上，我收到了消息，让我给南非家中和纽约埃娃父母家中去电话。多年以来，我总是把度假地点的电话号码告诉我在南非的家人，以便于紧急状况出现后他们能联系到我，因此，我立即知道了这个电话的重要性：我母亲刚刚因为肌肉萎缩症去世了，距离她初患此症已经10年了。由于在阿巴科的孤岛上，我们只能从棕榈滩租了一架小型飞机来把我们带回到大陆上。从那儿我们迅速返回纽约，接着我再飞往开普敦参加葬礼。

那年夏天结束的时候，我把我在洛克菲勒大学的办公室收拾完毕。在劳动节长周末开始的那个周五，我出发前往波尔得开始了那里的新工作。埃娃继续她在洛克菲勒大学的博士后工作，同时她也努力寻找科罗拉多州的教学职位。

我已经向约书亚解释我"不得不"离开一阵子，但我会给他打电话或写信。回头看来，我不能确定当时我为什么会认为是"不得不"，我离开是因为我觉得必须继续研究物理。由于过去两年里一直在与成年人对话，早熟的、只有两岁的约书亚似乎是听懂了。当我前往肯尼迪机场时，埃娃把约书亚抱下楼一直把我送到出租车旁，跟我说再见。当我坐进出租车的时候，我看到他在埃娃的臂弯里，朝我前倾着身子，急切地大声喊着："爸爸，别走！"在飞机上，我在一张飞机明信片的背面画了一张自画像寄给他，而且一降落到丹佛机场，我就立即给他打电话。我对离开他感到痛苦，并怨恨自己的处境。

第 6 章

世外智慧

- 双城家庭
- 人生新阶段的思考
- 因果循环
- 物理学,再见

1979 年的波尔得市区是由一些足有六个街区长、几个街区宽的步行商业街组成的，到处都是卖时髦服装和旅行设备的商店，还有卖天然食物的小餐馆。夏天的天气又热又干燥，与潮湿的纽约不同，在这里你只要躲到树荫下就可以立刻感到凉爽。冬天是干冷的。山谷从市里绵延而出直到落基山脉的山脚下，吸引着周末来登山的人们。弗兰克·舒尔特的商店则是长跑者们必去的地方。（尽管在城郊接合部有些不错的跑步场地，但波尔得的所有地方都没有塑胶跑道。）我在加莫夫物理楼里有一间干净的白色办公室。穿过校园，下山走几步路就到了住的地方，这是一栋楼层不高的黑色公寓，房间里面墙上有深色木板，地面上铺着油地毡；公寓已经非常陈旧，尘土很多，但这已经足够好了。

　　波尔得也是那洛巴学院所在地。每年夏天，艾伦·金斯堡来这里为杰克·克鲁雅克诗歌学院讲课。同时，城市里的小街道上会充斥着一群群衣衫褴褛的信徒和他们的领袖。我清楚地记得我在某个宗教领袖招募教众的地方看到，这位 12 岁的"圣人"看上去洋洋自得，还戴着劳力士手表。莫·西格尔当时已经开发出"红色精神"（Red Zinger）这种饮料，还在波尔得成立了诗尚草本茶叶公司。这是在当地嬉皮士中取得商业成功的传奇故事中的一个。这家公司最终在 2000 年 3 月被海恩时富用 3.8 亿美元收购了。校园公告牌和当地报纸上充斥着介绍个人信息的广告：邻家男按摩师、自救、亚历山大技巧及各种各样满足人们愿望的自我修炼机构的宣传。我必须承认，我喜欢这些。

在搬来波尔得之前,我已经获得了能源部颁发的高能物理研究领域青年研究人员奖。因此,那年我没有教学任务,只有一些本科生的习题课需要辅导。我习惯于晚起,可波尔得的时间表比其他地方的要早。很多餐馆只提供早餐和午餐,下午很早的时候就已经完全关门了,这种情况我在纽约从来没有遇见过。每周二早上,我必须从8点钟就开始上课,同样的习题课要一节接一节地连上4个小时。这种工作安排打乱了我那超脱世外的生物钟。在那之前我一直是个晚睡晚起的人,我从来没有能够在周二晚上成功早睡过,而为了能够回到我正常的工作时间上来,我每个周三都是或多或少带着疲惫浪费掉了。

其他时间里,我每天都在办公室里尽力研究我那些模型的各种拓展形式。但因为我与家人和朋友分开,特别是痛苦地把约书亚留在纽约,所以我是在心情沉重地工作着。白天在系里没人跟我说太多话,研究生们都忙着自己的事,而系里的老师们大多数都已经结婚了,每天一大早就开始努力工作,然后回家。随着时间流逝,我在所研究的问题上陷入了困境,而系里又没有对这个课题同样感兴趣的同事能够跟我进行思想碰撞。连续几个月,每次试图攻关的新尝试都以失败而告终,我最需要的是希望。如果某天早上,我灵光闪现想到了可能解决我问题的方法,我就会立即放下工作回家。这样一来,我就可以将失望再推后一天。我宁愿在一段时间内什么也不做,躺在床上,尽情享受一下这个新办法在明天可能会奏效所带来的一线希望。在通常情况下，我的快乐只能维持几个小时，每种新方法都很快被证明行不通。

我第一次到纽约的时候，很欣赏那里的街边生活和美食，并将其视为治疗孤独的良药。在夜晚的任何时候，当你沿着百老汇大街漫无目的地行走在人流中时，总能看到有人朝你走来：有活力四射说着西班牙语的人、流浪者，还有愤怒地诅咒自己的人。而波尔得并不是那么十分生动、有趣，除了我来到这里第一晚发现的那条商业街。那里到处是学生和当地人，当时还没有后来出现的那么多高档连锁商店，有一种小规模的本地化的商业氛围。背着背包和睡袋的嬉皮士就睡在室外小公园里。商业街每个街区中都是一群一群的人，围绕着表演业余魔术的、唱民歌的、弹吉他的、跳肚皮舞的、变戏法的以及表演杂技的，所有表演都到晚上10点钟或11点钟。我几乎每天晚上都去那里，一个人沿着大街不停地来回闲逛，中间有时停下来吃些小吃，或观察来来往往的行人，或观看那些表演。多数时候，我喜欢挤在人群中，看一个聪明伶俐、留着胡子、非常幽默、矮小黝黑的汉子表演杂耍、吞火、吃宝剑，他喜欢用"咒语"这个词。他每次都把我逗得十分高兴。星期六和星期天，在跑完步或看完一场电影后，我总是再回到商业街上，以至于后来，我开始尴尬于一次又一次地被同一个店主或是服务员看到。我总是形单影只，总是读着一本书。我没有别的选择。

在整个一周里，我很少与系里的其他人说话。从周一到周三或周四，我能做一些物理研究。接下来当周五临近时，我开始变得不安，忧心于又一个只有自己形影相伴的周末；当我开始浏览当地的报纸，为当天每个时段准备干什么做计划——先在"美好地球"餐厅的公用中心圆桌上吃点薄煎饼，然后跑步、做些工作，去商业街转转，晚上再看场外国电影时，我的工作热情也越来越少。

我形单影只的个人生活强化了理论物理学家和学者研究工作的孤独感。为了进行持续的研究或计算，你可能老是拿脑袋往墙上撞，试图压制需要人陪伴的想法。我厌恶独处，并羡慕那些日常工作中可以和其他人打交道的人。多年以后，我发现宽客的日常生活十分富足且不像学者生活得那么孤单。可以想象得出作为宽客每天的工作：要与其他宽客讨论，阅读理论，与交易员交流，进行软件编程，与客户谈话，向聪明但不懂数学的交易员讲解复杂的概念。直到我经历了这种生活，我才开始相信投资银行比大学还像大学。

到达波尔得后不久，我去了那洛巴学院。自从我对史代纳《更高世界的知识》(*Knowledge of the Higher Worlds*)产生兴趣后，我将其当作法宝一样带在身边，时不时读读其中的片段，偶尔做做书中建议的精神练习。我以前从来没能真正认真按照书中的建议行事，但我慢慢认识到需要一个环境和一所学校来让人全心全意地投入进去。因此，我决定参加一些冥想入门课程。

这些课程由一些佛教信徒讲授，他们虽然并不时髦，但很务实。他们滔滔不绝的讲课内容中有些部分是说，他们的实践行为是与"入世"而非"出世"相一致的。据我所理解，这种冥想需要盘腿而坐，然后观察内心深处想法的膨胀过程，就像不带任何感情色彩观察电影里的人物一样。你不带任何感情色彩地观察自己的幻想、困扰、烦恼、欲望、激情、失望，超然于听到其他人的问题。我喜欢这种做法，但非常难以实现：你会立刻发现自己其实是在焦虑、在谋划，而不是在内省。如果你发现自己这样做了，并不需要为此伤心或是试图抵抗，而是只需将分心本身作为应被观察到的另一种烦恼。我参加这些课程后就开始在周日早上冥想，尽我所能地长时间打坐。常规课程的打坐时间是三个小时，有些人无声地在装修华丽的藏式风格的房间里环绕走动，一声不响地纠正某些偶尔出现的姿势错误。每过一小时，会响一声锣，每个人都会随着老师起身，默默地绕着房间走几分钟，以便放松麻木的肌肉。我从来没有看过自己的手表，时间在别人手上。

老师警告过，在冥想过程中，有时会看到奇怪的幻象或经历骇人的超自然感觉。一旦这些现象出现，你不应对它们过分关注，也不应该将这些幻象视为精神提升的标志。相反，你应该将这些现象当作自然产生的事物，就像涌入你脑海的其他想法或感觉一样。然而，事实上有时房间的墙壁看上去好像是在发光，对着我一闪一闪的，我情不自禁地感到高兴和得意，这时就顾不上老师的提醒了。

在一次入门课程上，我听到教室前排的一个人问了一个问题，这让我想起我看过的史代纳的观点。这个人的名字叫罗伊·赫尔希，他同我一样刚刚来到波尔得。罗伊·赫尔希曾在欧洲跟随一名人智学者学习园艺，这名人智学者同史代纳本人一样，将植物视为有生命的地球上生长起来的有生命的头发。我跟罗伊很投契，有时偶尔在一起吃饭。他消瘦而精神饱满，不像我那些研究物理的同事，他不是事业狂。罗伊吃东西比我见过的任何人都要慢，不慌不忙，不会受到心急火燎的服务员的干扰，也不会对此抱有歉意，一盘意大利面他都能轻松吃上一个钟头。有时他会向我大谈买来食材自己准备食物而非去餐馆吃饭的精神享受，但大多数的晚上我都不能抵挡诱惑，宁愿去餐馆里边吃晚饭边看书，也不愿独自一人回到住的地方。一天晚上，我邀请罗伊来我这里，学着皮埃尔·弗朗伊的《60分钟成为美食家》(Sixty-Minute Gourmet) 上的烹饪方法一起做橙汁猪排。然后我们坐在我的地毯上冥想了半个小时。罗伊说他与一大群人合住一所房子，他在自己的房间里每天都要进行冥想。我羡慕他有那么多空闲时间，我认识他后的大部分时间里他都没有工作。

波尔得有很多精神团体一起"做功课"。罗伊参加了其中的一个，这个团体每周聚会一次，由一个名叫弗朗西斯卡的30多岁、安静而强悍的女人组织。聚会地点就在弗朗西斯卡家里，她向每个人收取10美元或15美元的费用。罗伊邀请我去参加，尽管心存怀疑，我还是决定独自去试试看。

在允许我参加之前，弗朗西斯卡要求我先去她那里进行一次私人谈话。在约定的下午，我离开办公室去她家里，回答了她的问题，并向她倾诉了离开妻子和孩子的生活困难，也谈到了我的那些不满与痛恨。在那之后，我就开始加入她召集的这个团体。

这个团体由各种各样的人组成，从大学生到辍学者，再到中年已婚男人，很明显到那里的每个人都是因为遇到了某些生活上的苦恼。弗朗西斯卡并不富有，她看上去很漂亮，但皮肤呈现出令人不安的嫩黄色，她自己解释说这是因为自己食用了过多的自制胡萝卜汁。在她召集的聚会上，她谈到人生态度，给我们读励志图书，发起讨论，并在聚会的最后播放舒缓的音乐，以便使大家放松下来。这种方式已经过时了，但并不是完全没有用。对于快乐而言，我发现无论是谙于世故之辈还是天真、幼稚之人都需要相同的简单帮助。让人讲授那些看上去十分拙劣的平装励志书［我记得其中一本的书名是《通往宇宙力量的神秘之路》(*The Mystic Path to Cosmic Power*)］，自己又能看穿书里那些老掉牙的把戏——用《圣经》般的语言把简单的道理再说一遍，这种感觉真是让人惭愧。弗朗西斯卡在别人身上花了很大功夫。她将她所知道的你所有的隐私在聚会上当着每个人的面公开，强迫你必须在大庭广众之下面对那些不快乐的问题，并回答你为了解决这些问题而做了些什么。她采取的这种方式是对抗性的，也是不公平的。我不能分辨她是不是享受这种让别人尴尬的过程，抑或是她真的认为这种做法对别人有好处。这让我想起了布莱克《天真的预言》(Auguries of Innocence)中的一句诗——"出于恶意所说的事实更甚于你能想象的所有谎言"。有的时候，聚会的夜晚就在某人对她所说的某些内容感觉非常不好之中结束了，她就会提出与这个人彻夜谈论这些内容。

我们对弗朗西斯卡的私人生活知之甚少。据罗伊所说，在1980年春天的某个时候，她跟着一个男人——可能是为了结婚吧——离开了波尔得，聚会因此就停止了。在她离开之前不久，我跟她在一个素食餐厅里吃了一顿不愉快的午餐。与往常一样，她很积极但又充满杀伤力。"一名物理学家的生活是怎样的？"她问道。我开始抱怨满怀抱负的难处、圈子里的众多聪明人、那些错综复杂的争斗、不得不来回换地方以及疲惫感。"不，不要跟我说你的抱怨，告诉我一些好的事情，那些积极的部分！"她坚持地说。这是有益的。我再也没有见过她。

从1979年9月开始的学年过得飞快。在那年的10月末，埃娃的母亲休了一个星期的假来帮我们，并将约书亚带来看我。约书亚已经两岁零两个月大了，我极其感激岳母带着约书亚的到访。与往常一样，我很愚蠢地怕让约书亚失望，很快就向他解释说，这只是一次短暂的探访，他必须在一个星期以后离开。就像从前那样，约书亚好像全部都听懂了。整整一周的时间，我们去游乐场游玩，还去了美妙的大兔子玩具店。约书亚在波尔得的最后一天，我给他买了一个突击队员小人儿玩具，在外婆带着他离开波尔得上飞机时，我把这个小人儿作为礼物（也是为了让他分一下心）送给他。接下来，我又是孤单一个人了。当他们回到了纽约的时候，埃娃的母亲知道我会对他们的离去感到不安，就打电话给我报平安。

那年感恩节，我回纽约过长周末。一到那里，我就向约书亚解释我三天后就要再次离开。我们雇的照顾孩子的保姆海尔格每天都照顾约书亚，她告诉我有时她推着婴儿车带着约书亚走在大街上，他会指着路上某个长得非常像我的人问道："那个人是我爸爸吗？"我完全不了解约书亚的内心世界，但我痛心地意识到，在那个世界里我可能就住在他的附近，可我从来没有去看过他。

圣诞节的时候，我回到纽约过紧张的寒假。1月的时候，我飞回波尔得。由于需要独自照顾约书亚，埃娃过于劳累而腰酸背痛，不得不在医院的床上趴了一个星期。在波尔得的周末，我开始阅读斯宾诺莎，从他对生活不幸的逻辑所进行的冷酷和不带丝毫感情的审视中获得某种安慰。1980年5月，我回到纽约过暑假。在我为秋季即将开始的课程进行备课的同时，我也开始考虑是否还要回到那里。

那时埃娃、约书亚和我还住在洛克菲勒大学的博士后公寓中，而且那年暑假也非常感谢洛克菲勒大学给我提供了一间办公室。我考虑过在纽约地区附近申请助理教授的教职，但这种机会太少了，而且我一想到找工作的烦琐就感到疲惫。当暑假过去一半的时候，我意识到我无意于返回波尔得，不想像刚刚煎熬过去的一年那样再熬上一年。

根据托尔斯泰的说法，"业"是指有着因果关系的对罪孽的赎罪行为，看到这句话时我想我明白了"业"的含义。命运要你放弃虚荣、野心和傲慢。心甘情愿地主动做这件事是最好的。但如果你没有，那么"业"，也就是命运日常的运行方式，就会慢慢地、固执地磨平你的虚荣，剥掉你虚荣与自以为是的外衣，就像自动削皮机中的土豆一样，直到你听命为止。

那么我该做什么工作呢？20世纪70年代末80年代初的石油危机与大宗商品价格上涨，已经推高了利率，拉低了国债和企业债的价值，而两者一直以来就是投资组合中的重要组成部分。固定收益圈子中的投资者渴望旧日价格稳定的产品。投资银行投其所好在20世纪80年代末掀起了一场金融产品创新的浪潮——国债期货、债券期权、抵押担保债券、掉期、掉期期权等。这些产品越来越需要更复杂的数学，因此为物理学家在金融领域内就业提供了良好的机会。如果我在1984年离开波尔得和物理学研究，华尔街肯定会雇用我。

但在能源危机早期的1980年，对漂泊于博士后职位之间的疲惫的物理学家唱歌的海上女妖塞壬[⊖]，是一些能源和电信公司，如位于纽瓦克的埃克森石油公司实验室、位于康涅狄格州

⊖ 源自希腊神话，海上女妖塞壬（Sirens）是半人半鸟的海妖，常用歌声诱惑过路的航海者而使航船触礁毁灭。——译者注

里奇菲尔德的斯伦贝谢公司、位于科罗拉多州戈尔登的太阳能研究所（SERI）以及遍布新泽西州的贝尔实验室。它们对1980年的物理学界来说就是"华尔街"。

对我而言，纯物理学研究职业生涯转变最小的就是应用物理学相关的工作，如在太阳能研究所、埃克森石油公司或是斯伦贝谢，从事石油提炼或太阳能加热等方面的技术研发工作。但我对离开物理学界感到失望和惭愧，而且对于物理学的子领域又自命不凡。"如果我不能做纯物理学研究"，我心里想，"而是做应用物理研究，我会受到诅咒的！"如果将我驱逐出修道院，那么在这个世界上我就不再信奉"上帝"，我宁可永远不再有宗教信仰。

回过头来看，那时我明显是错误的（尽管最后命运不管怎样还是眷顾了我）。当你认真检视一件事物，足以将其"质"和"量"统一起来时，任何事情都是很有趣的。当你对某个领域的细微之处足够熟悉，而且开始尝试着将它的形式和它的应用连接起来时，任何领域都是很吸引人的。应用物理学能够提供各种各样的任务，提供一个长期理论问题和短期现实问题的组合，提供一个理论指导实践并从中得到乐趣的机会。简而言之，它能够使人在独自研究的执着境界和与人接触的鲜活世界之间随时更新，从容往来。

叔本华在他的《随笔和箴言集》（*Essays and Aphorisms*）中写道："你能做你想做的，但你不能想要你想要的。"当时我正开始阅读这本书，我认为这句话是对的。我已经不能再像以前喜欢研究物理那样想要去研究物理了。在自我挣扎的过程中，我开始体会到叔本华那冷酷无情、愤世嫉俗的世界观和方法论了，所有这些内容都用凝练的短语表达得如此优美，读起来就像诗一样。我永远忘不了。叔本华愤世嫉俗的分析与优雅的方式远远胜过史代纳那种对真理不加解释而做出的拙朴的表述，而且这种分析与方式又给人一种更加冷静、客观的慰藉。

我在差不多20年前开始进入物理学界，现在却要离开它，而我并不孤单，我只是潮流的追随者，也是客观环境的奴隶。除去自由选择的个人感觉不谈，我曾是1965年开普敦大学史上人数最多的物理专业毕业生中的一员，也是1966年哥伦比亚大学物理学系入校生人数最多的一届学生中的一员。同样地，现在我又成为离开物理界大潮中的一员。我曾认识的几位物理学学生或博士后早已离开了物理学界，当时已在贝尔实验室工作了。另外，埃娃有个做分子生物学研究的熟人，叫露西·夏皮罗，她丈夫哈里·麦克亚当斯就在位于新泽西州默里山的贝尔实验室工作。露西向埃娃建议，我应该去见一下她丈夫。我就利用暑假很勉强地去了一次，在那儿待了一天。我用一个半小时介绍了规范理论及我以往做过的研究，尽力讲得定性一点并尽可能讲得有趣一点，很快我就得到了他们提供的工作机会。据我未来的朋友马克·格尼斯伯格讲，贝尔实验室的人非常喜欢我。马克是来自麻省理工学院的应用数学家，他已经在贝尔实验室工作了，只是我面试那天他不在公司。马克喜欢运用科学隐喻。在以后的很多年中,他都喜欢开我的玩笑,拿我打趣。因为我在面试时表现得比其他人都要好,后来我就被戏称为"千分之一人"(milliDermans)。

在仔细考虑他们所提供的工作机会后,我决定回到那里以便了解得更多一些。因此,在1980年夏天晚些时候,我从第22大道驶上新泽西高速公路,再一次向西驶去。哈里是设在默里山的商业分析系统中心的一个部门总监,这个中心有一群真正的前火箭科学家和工程师,这些人在贝尔实验室不再提供空间科学研究经费后,为了能够延续自己的职业生涯而改行从事商业分析工作。哈里有着广泛的兴趣,并喜欢那里的工作。他告诉我,这里能给我机会去深入研究在其他地方永远也不可能学到的各种各样的东西。对我个人而言,我对为了学习而学习并不感兴趣,我仍对取得成就野心勃勃。

尽管这份工作的报酬远高于科罗拉多大学,但我对物理学研究充满向往。我问哈里,我能否每周工作三天,按劳取酬,剩下的两天我仍在洛克菲勒大学研究物理。哈里拒绝了,他审慎地向我解释道,我所提议的这种工作安排对于他们而言,并不是真正在为贝尔实验室工作。最终,我带着深深的疑虑和负罪感接受了这份工作。我正在背叛我曾经许下的诺言。

当我告诉一位南非的物理学家朋友,我将去AT&T的贝尔实验室工作的时候,他无情地提醒我,11年前的1969年,就在华盛顿特区举行的美国物理学家年会上,我们曾一起上街游行抗议AT&T正在建造的反弹道导弹系统。他指责我，现在我竟然要去为他们工作了。

我给科罗拉多大学物理学系系主任写了一封信，向我不再回去教书而道歉。几个星期后，在夏天就快要结束的时候，埃娃、约书亚和我飞到波尔得，取走我所有的东西。埃娃也许是怕我将自己的处境怪到她的头上，就与粒子物理学组一位试图让我改变想法而留下来的资深教授谈了一次话。但我已经走得太远，甚至不能想象还可以为当年秋天的粒子物理学教学而备课了。我们在科罗拉多温泉度过了一个短暂而又紧张的假期，在那儿看了一场真正的马术表演，约书亚看得非常高兴。之后我们就返回纽约。10月，我带约书亚回到开普敦看家人，紧接着在11月初返回美国，开始了在贝尔实验室的工作。

第 7 章

刑罚之地

- 工业世界：为了钱而非兴趣工作
- 贝尔实验室的商业分析系统中心
- 庞大的科层体系中的一小部分
- 设计软件很美好

每天早上 9 点钟之前，我一定要坐在公司的办公桌前。现在，我已经在华尔街工作了 17 年，这样的时间安排看起来已经是非常晚的了。可在当时，这绝对非常早。如果约书亚不吵醒我的话，我大约在早上 7 点钟起床，吃过早餐，浏览完《纽约时报》，然后从洛克菲勒大学公寓楼地下车库中取车，驾车穿过林肯隧道，上新泽西高速公路，在纽瓦克的 24 号公路向西拐，直奔默里山。这是一个与别人相反的上班路线，路上大概需要一个小时。晚上回来的路上即使遇上晚高峰，也只需要一两个小时。第一天上班的早晨，由于不确定开车到达公司需要多长时间，我提前到达，停在当地的一家麦当劳吃了一个蛋饼，用一种悠然的方式浪漫地感受了一种一无所有的快乐。

我还从来没有从事过有固定时间约束的工作。以前我总是做我想做的工作。现在，我像绝大多数人一样，为了钱而做"上司"想让我做的工作。这才是真实的世界。

刚刚上班前几周，当我开上高速公路的时候，我会有一种深夜品尝威士忌酒般忧伤的想法，浅酌一小口，感受一下自己身处窘境的滋味，还要寻找一些生活的希望。最初，我试图将开车上下班的时间当作一种冥想练习。但在接下来的几个星期里，我完全放弃了这种想法，转为听新闻或音乐。那时我最喜欢的是收音机里的脱口秀节目，在 20 世纪 80 年代的纽约这种节目才刚刚流行。我喜欢的交通广播节目是 WBAI，这个节目有着 20 世纪 60 年代的风格，标新立异，充斥着一些固执己见的社会底层群体，他们能把任何让他们困扰的事情说上个把钟头。我听到过迈克·菲德，上西区一个帮派成员，每周一次用斯伯丁·格雷风格的独白，搞笑地唠叨一个小时，都是他生活中令他痛苦的事情，掺杂着一些短暂的快乐时光。多年以后，他在位于西 81 大道和百老汇大街的莎士比亚书店工作，而现在这家书店早已被超市和互联网搞垮。我还听过玛格特·阿德勒的女性节目，还有关于她在巫术流行之前作为巫师的生活。还有一个男同性恋主持一个一小时的情感类音乐节目，就是在这个节目中，我第一次听到克伦·阿克斯演唱的日耳曼风格的歌舞秀。有时，我会收听古典小说如《磁带上的书本》(Book on Tape) 等。但还是脱口秀更适合我，特别是由不开心的、被压迫的人所做的脱口秀。我也喜欢自我提升类的节目，特别是 WABC 频道在每天傍晚我开车回家时播出的托妮·格兰特主持的节目，她用动听、清纯、流畅的美国口音告诉带着问题打电话进入节目热线的听众"慢慢来，不要着急"。在贝尔实验室工作的 5 年，是我唯一一段听广播能超过几分钟的时间。

那些一直靠工作谋生的人告诉我，贝尔实验室是一座象牙塔。可对于我来说，这里不过是一个赚钱的地方。我在科罗拉多大学大概能赚到 1.8 万美元，可在贝尔实验室刚开始就能赚到 4.2 万美元，半年后又提高到 4.9 万美元。但对于在纽约生活的我们来说，还是显得过少，而且增加的薪水也没能使在世界中迷失方向的我得到宽慰，尽管我努力不把这点表现出来。

从没有过的焦虑和压抑，促使我比其他人更注意 AT&T 各种形式的规定。我每天 9 点钟之前一定要到办公室，一天，在上班路上我车上的气泵出了故障，我能估计到这至少会让我迟到 10～15 分钟。8 点 45 分的时候，我十分惶恐地将车停在高速公路边上的公共电话厅旁，然后给我上司的秘书打电话，告诉她我可能要迟到。而当我半个小时后到达办公室的时候，她尖锐地批评了我，说我认为所有人都会在乎这些事是不是精神有问题。但我是他们雇来工作的，我必须按照他们所要求的行事。我怨恨这种状态，有种强迫症的倾向，更关心规章制度的文字表述，而忽略其宗旨。一次，为了去约书亚的幼儿园，我需要请假一个上午，我试图向哈里解释一下原因。哈里很善意地告诉我，他根本不想知道这些琐事。但我又是太爱抠字眼且不够成熟，不想利用这些非常有益的自由。很多年后，当我离开贝尔实验室的时候，我才意识到在那里我是可以做任何我喜欢的事情的，还可以做上很长一段时间，甚至都不会有人会注意到。我的朋友马克·哥尼斯伯格在 1986 年年末离开贝尔实验室而去所罗门兄弟公司就职之前，就用他工作中的大部分时间来研究期权理论的相关书籍，尝试寻找一种确定美式看跌期权价值的闭式（closed-form）解决方案。我怀疑是否有人完全知道他在做什么。尽管马克的研究可能是一个伟大的发现，但这并不能给贝尔实验室商业分析系统中心带来直接的商业价值。但那时又怎么样呢？

我真的不能记起到底那里是叫"商业分析系统中心"还是"商业系统分析中心"了。他在 5 号楼办公，那里有 100 多人。我们这些前科学家来自各种领域，现在略做培训就为 AT&T 遇到的各种可以用数学方法加以改进的商业问题提供内部咨询了。我们听命于上司吉米·唐斯。他以前是一位应用数学家,大概将近50岁,受到当时某些物质利益的吸引,来领导这个部门。

每个人都不同程度地畏惧唐斯。他似乎将社交活动当成一场竞争性的奥林匹克赛事,将他那旨在迅速将对手扳倒的充满柔道色彩的对话技巧运用得炉火纯青。通过对所讨论的问题做出某种咄咄逼人的、玄妙但又让人摸不着头脑的定论,唐斯完成了"比赛"。让我懊恼的是,他手下的那些资深员工还四处宣传他那些令人费解的言论。我最近听说罗杰·洛文斯坦——一名供职于《华尔街日报》的记者,同时也是《当天才陨落之时》(*When Genius Failed*)一书的作者——评论约翰·梅利韦瑟是"除非占尽优势,否则绝不出手"。唐斯相信自己在任何地方都占尽优势。他在每次交换意见时都要占主导地位。你所知道的任何事实,你所具备的任何兴趣,都是一个表面没什么特别但其实内藏暗箭的攻击,需要他进行报复,把你打倒。如果马克·哥尼斯伯格对解决热传导中一个边界值问题发表了意见,那么唐斯就会用南方人那种拿腔拿调的语气,谈起在20年前他用傅里叶分析做出的一项非常聪明(但却毫不相关)的成果。当他看到我们一群人准备在午饭时间去跑长距离长跑时,他立刻会加入我们,尽管他已经吃过午饭了。他会速度非常快地向前冲,决心超过我们这些年轻人或是空腹的人,直到因为胃痉挛而速度越来越慢。我在他身边感到不舒服,与他保持着距离。当我们有一次在一起吹牛聊天的时候,谈到冥想是实现忘我和谦卑的一种途径，他有意无意地坚持说，他比我们中的任何人都要谦卑。这种说法中的讽刺意味连我都差点没注意到，当然他就更不会体会到了。我认为让他真正受折磨的是一种被夸大的让人没有安全感的竞争压力，这种压力同样折磨着很多科学家和学者，但却让他变成一个焦虑的管理者。

我的直接上司是罗恩·谢尔曼，他是部门总监哈里手下的四位主管之一。罗恩是一位身材矮胖、和蔼可亲的工程学博士，曾是电磁脉冲（EMP）领域内一篇很重要的实验研究的共同执笔者。这项研究表明，核爆炸所产生的强磁场将会在全国电话网电话线上产生法拉第电流的瞬间增大和热量的瞬间聚集，因此，一次核攻击即使没有人员伤亡，也很可能会融化并毁掉整个电话网。罗恩是我们中心最温和、优雅的人之一，富有幽默感，待人友善，尽管他早年经历过家庭悲剧，成为了两个幼子的单身父亲，但是其中一个儿子已经能够写出很受欢迎的剧本。在我看来，罗恩在贝尔实验室过着令人艳羡的生活，他自己制定自己上班与下班的时间，且不受别人约束。他兴趣广泛，年复一年积累着更多的学位：先是工程学博士学位，接下来是高级管理人员（Executive MBA，EMBA），最后我想好像是个法律方面的学位。在贝尔实验室，行政助理和秘书类的岗位很少，罗恩会在我准备下班时，把一堆文件交给我，让我复印给小组里的每一位同事，而他似乎可以从中得到一丝快乐。有时，他会让我在小组讨论会上做会议记录，并称赞我写的字好。不幸的是，这让我感到自己很重要的同时，也感到自已很幼稚。

罗恩和我不过是巨大科层体系中的两个节点。在贝尔实验室和AT&T还没有分开时,这个巨大的科层体系不但包括整个贝尔实验室,还包括AT&T、西部电力公司以及天知道还有哪些属于整个贝尔系统的组织。每个主管下面有三四个MTS(技术人员,譬如我),每个部门总监(如哈里)下面有四五位主管(如罗恩),每位"吉米·唐斯"下面又会有四位"哈里"。从这里开始,整个组织架构向上延伸到越来越高的层级,最终把整个公司都包括进来。我曾经想过,如果他们再将公司扩展四个层级,或许他们就会把整个美国的成年人都变成雇员了。

每位新来的员工都会逐渐凭直觉意识到这种报告层级。当你第一次进入公司,很快就会有人向你解释说,贝尔实验室组织架构里的职位要比AT&T组织架构里差不多同等级的职位高半级。这也就是说,我们这些位于贝尔实验室底层的技术人员事实上"几乎相当于AT&T里的主管"。我在贝尔实验室的五年中,经常听到有人大声说"我刚刚参加完一次四级会议!"我一直没有搞明白,这种说法到底是指这个会议非常重要,需要有一位来自高高在上的第四层级的人出席来体现其重要性,还是指会议议题涉及广泛,需要同时有四个层级的人参加呢?职级越低,级别越高,你会为这些职级高的人身上散发出的神秘色彩而颤抖。吉米·唐斯常说,除非你自己得到提拔,否则你永远不会理解比你高一级别的人的行为,比你高两个级别的人的行为注定永远就是个谜。这种说法听起来有种卡夫卡式的怪诞意味。华尔街整体上（特别是高盛）让我印象特别深刻的是，当我在这些地方工作五年以后，并没有因为职级高低差距悬殊而带来恐惧感。那时在高盛，如果业务上需要，你是非常容易接近那些重要（也是很富有的）人物的。举例来说，在我进入高盛的第一年里，我就曾与鲍勃·鲁宾谈过好几次话，那时他还是固定收益部的总监。

整个贝尔实验室系统是一个庞大的科层体系，大概有100万的工作人员，从架线工到律师。贝尔实验室有着自己内容丰富得像百科全书似的各种各样的规章和制度。我有一次亲眼见到一位主管在我为了一件临时任务需要向纽约打电话时，把行为手册翻了个遍，想找到这件事的合适处理方法。就像军队一样，贝尔实验室把你身上所有有关特长、学位或荣誉这些外在的装饰物都全部剥去，然后赋予你它自己的装饰物——主管、部门总监、中心主任，以及再往上的一些头衔。不知为什么，大家都理解公司卡上不能印上外面的学术头衔。安迪·索尔特豪斯是一位前物理学家，也是一位对天文学充满兴趣的业余爱好者，喜欢观测小行星，他比我先加入贝尔实验室。他对这种现象的解释是，这有助于缓解紧张关系，否则一名带有博士学位的技术人员向只有硕士学位的主管汇报工作时会出现尴尬。○

○ 在华尔街，直到20世纪90年代晚期，有博士学位的工作人员还很少在名片上列出学位，因为这样做很容易让人觉得他们不是商业人士。基于同样的原因，宽客和程序员们花了很长时间才开始经常性地在名片上列印电子邮件地址。在1996～1999年随着网络公司的兴起，博士学位才逐步受到重视。

从地理空间上说，商业分析系统中心坐落在久负盛名的默里山建筑群北部边缘地带简陋的活动房屋中，这片区域也是贝尔实验室最有趣，也是最有学术气息的部分。从逻辑空间上说，我们是网络系统区域90号的一部分。而10号区域虽然是数字最小的，但却是皇冠上的明珠，是一个纯粹的研究中心，那里有着一流的科学家和工程师，从事着最尖端的研究工作，他们没有向政府寻求经费支持的负担。在那些没有放开竞争的日子里，AT&T公司是因政府管制而产生的垄断企业，它可以凭自己的需要制定价格，让消费者买单。

10号区域在计算机科学和物理学方面的科学家绝对是世界级的。在那里，布莱恩·柯尼汉、丹尼斯·里奇与合作者们共同研发了现在名扬四海的C程序语言和UNIX操作系统，后来还设计了一整套应用程序，他们还给这些应用程序起了一些呆里呆气的名字，如"awk""ed""sed""finger""lex"以及"yacc"。10号区域在使人们广泛接受程序既是工具又是文本的观念上发挥了重要作用，程序语言写出来不但为了控制电子机器，还是为了让人读懂，为人所用。在贝尔实验室，人们以计算机编程为傲，并将其视为一种艺术。在物理学和工程学方面，贝尔实验室拥有实验方面和理论方面的强大研究力量，在电子学和信息理论方面都做了大量研究，使得后来通信领域的很多进展成为可能。巴丁、布拉顿和萧克利就是1947年在贝尔实验室发明了晶体管；克劳德·香农于1948年在《贝尔系统技术杂志》(*Bell System Technical Journal*)上发表了里程碑式的论文《一种关于通信技术的数学理论》。这里也做基础性研究——由于发现了罗伯特·赫曼（Robert Herman）所预测的宇宙大爆炸后遗留下来的宇宙射线，彭齐亚斯（Penzias）和威尔逊（Wilson）获得了诺贝尔奖。我在贝尔实验室的工作期间，霍斯特·斯特默（Horst Stormer，现在在哥伦比亚大学）对量子霍尔效应进行了研究，最近他凭借这项研究与他人共享了诺贝尔奖。就在1984年我要离开贝尔实验室的时候，费曼来这里做了一次关于量子计算的讲座，当时这项技术刚刚起步。10号区域的经济学研究团队（后来解散了）同样声名远播，罗伯特·莫顿（Robert Merton）于1973年在《贝尔经济学与管理科学期刊》(Bell Journal of Economics and Management Science)上发表了他的权威论文"理性期权定价理论"。

10号区域里的人有着明显的自由，我羡慕那里的每一个人，并对自己都能感觉出来的不自由感到懊恼。我连续好几年与他人分享一辆小型货车上下班，往返于曼哈顿和默里山之间，因此得以接触到其他一些像我一样在贝尔实验室做应用研究的技术人员。我注意到那些从研究生院直接到贝尔实验室工作的工程师，能很快习惯于这里的官僚习气和不被重视的感觉，他们不知道还有比这更好的。但是我们这些曾经是独立科学家的人，总是对这里的行政机构氛围而感到恼火，我们中的很多人最后都离开了。

比尔·托伊是几年后我在高盛的合作伙伴，他曾是一名实验粒子物理学家，他的博士生导师是杰里米·弗里德曼

（Jerome Friedman），弗里德曼因为在深入质子内部的非弹性电子－核子碰撞实验中发现夸克的结构而获得诺贝尔奖，也正是这一实验启发了我的博士论文研究。比尔在进入高盛之前也是在贝尔实验室工作，他经历了与我一样的困惑。我们这种人的问题在于，我们希望取得某种成就。而贝尔实验室则更适合那种对摆弄最先进的昂贵仪器设备感兴趣的人，但我却不是这样做事情的，我的满足感来自创造出一些什么东西。可在5号楼里，我所参与的一些项目最终都令人困惑地陷入了绝境。你做了些工作，写了一些内部报告，哈里向吉米·唐斯做了汇报，然后唐斯宣布这个项目因为某个不明所以、神神秘秘、说不清楚的原因而失败或成功了。由于所有权属于贝尔实验室，我们写的报告是不可以对外发表的，可通常是，公司内部也不会有人真正用到这些研究成果。我越来越觉得"信息需要自由"这句话说得真是太对了。

我憎恶贝尔实验室中对管理层的顶礼膜拜。我进入贝尔实验室的时候已经35岁了，一到那里我很快就意识到除非成为管理者，否则在90号区域内是得不到尊重的。在我以前研究物理的生涯中，才干和技巧就是一切——你会对那些为了成为行政管理者而停止创造的人感到遗憾；可在贝尔实验室，才干似乎是一种商品，是一种可以供管理者购买和再分配的原材料。事实上，主管们是禁止从事"技术工作"的，理由是这些工作会与下属竞争从而降低士气。因此，管理者们就成为了公司内部的调配专家，他们似乎已经放弃了自身的能力，而去适应只在这家机构、只在当时才有价值的管理体系。

在贝尔实验室，我感觉自己年龄太大了。我的同事认为所有40岁以上的技术人员都在走下坡路。我也违背了自己良好的初衷，开始这样看待他们和我自己。我难以想象这样的日子再过20年会变成什么样子。当我最终去高盛工作的时候，我发现高盛会欣赏过硬的技术和才干，我对此感到宽慰和兴奋。交易员、销售人员、程序员、期权专家，他们都靠自己的双手工作，发家致富。

同样也是在贝尔实验室，我第一次体会到了什么叫政治正确。那时还是在1981年，我们每年都要离开公司参加一次为期一天的集体治疗性质的会议，会议由外部咨询师负责组织。在那里，我们接受色彩和性别敏感度的训练。我们还玩集体游戏，就是那种必须当着大家的面宣布把自己看作哪种动物，并说明原因（一个在其他方面都很温顺的女同事，将自己说成是狮子，原因是狮子是以杀为荣的雌性动物，一年之后她就成了我的主管）。我们听音乐并描述音乐所唤起的感觉。我们还表演假装工作场所出现危机的小品。以其中一个情节为例，我们被告知一群男技术人员和女技术人员去离公司不远的餐厅吃午餐，其中没有他们的主管。在餐馆里，其中一个男技术人员讲了一个黄色笑话，其中一个女技术人员觉得受了侮辱，那么女技术人员应该：(a) 保持沉默；(b) 向这名男技术人员提出抗议；(c) 在返回贝尔实验室后向主管报告此事？我记不清正确答案是哪一个了。

你被认为应该在这些工作之外的会议中向同事和主管坦诚你自己的私人想法，然后第二天回到单位再与他们一起工作。这种对个人隐私的侵犯表面上的合理理由是，你的性格和个人看法可能会影响到工作的质量，因此公司关注这些也是合情合理了。我憎恶这种将个人生活和公司生活混在一起的做法，原因很简单，我受雇于公司并不意味着我每年一次都要在公众面前讨论我个人的内心烦恼，而且我也特别不喜欢听到别人的烦恼。在20年后互联网泡沫快要破裂的时候，有段时间我也为高盛感到悲哀，因为它也开始充斥着江湖郎中沿街叫卖似的咨询师，成功兜售那些时髦的、专门针对团队建设的培训。

同时，在5号楼里人们处处表现出野心勃勃的样子。跟我们其他人一样同是前科学家的几位女同事，开始热衷于阅读并遵从《为成功而着装》(*Dress for Success*) 之类的书。她们开始穿着带着垫肩的男性套装，系上丝绸领带。一位女技术人员警告我永远不要穿棕色套装，她说话的语气非常认真，以至于我以后真的都不敢再买棕色西服，怕她万一知道什么重要的潜规则。可是，有一天她在倾诉她个人生活的时候却在我的办公室里失态大哭，似乎没人知道我应该表现得公事公办一些，还是应该表现得富有同情心一些。我在贝尔实验室待到一半的时候，因为贝尔系统的解散和贝尔子公司的分拆，贝尔实验室本身有一部分被分租出去了。我仍留在 AT&T，而我的一些同事则被派去贝尔通信，这是由贝尔电话公司新成立的一家电信实验室。

贝尔实验室工作的低效率与令人恼火之处可以写满一本书，最能体现其官僚作风无聊本质的愚蠢之处是在 1984 年，有一次从上层某处发起，要求我们在每周都要填写的考勤表上再填上加班时间（在公司或在家），然而加班根本就没有加班费。这不过是诱导你哄骗领导说你在正常工作时间之外又做了多少工作而已，以此讨好领导。这种荒唐事真抵得上斯科特·亚当斯创作的"呆伯特"（"Dibert"）讽刺漫画。而亚当斯本人就在太平洋贝尔公司工作过几年。

但是，在贝尔实验室的生活也有好的方面。中心里充斥着前科学家和数学家，他们中的一些人是顺应 20 世纪 70 年代末期的"时代潮流"而从学术界退出来到企业工作的。其中有些粒子物理学家我以前就认识。我与马克·格尼斯伯格逐渐交好，他对任何形式的难题都兴致勃勃。我去贝尔实验室面试那天，他正好不在。但我正式开始工作后不久，对很多相同事物的共同反感把我们联系在了一起。我离开贝尔实验室转投高盛 6 个月后，他步我的后尘离开贝尔加入了所罗门兄弟公司。马克、我还与拉里·凯格利斯交上了朋友。凯格利斯是一位与我年纪相仿的物理学家，几年前当他还是宾夕法尼亚大学广义相对论博士生时我就遇见过他。史蒂夫·布拉哈是另外一位前粒子物理学家，过去 7 年里我在各种学术会议上经常遇见他，他放弃了威廉姆斯学院的博士后职位，也来到了中心工作。几年后，他也离开了贝尔实验室，成为一位波士顿地区的软件咨询师和作家。

马克、拉里和我经常混在一起。有一次,我拉着他们去位于纽约的伦理文化协会,听秋阳·创巴仁波切本人的一场讲座。拉里像我一样受到讲座内容中不同寻常之处的吸引,并对莱克分析法产生了兴趣。几年前我曾看过马克维耶夫关于莱克的有趣影片《W. R.:有机体的秘密》(*W. R.: Mysteries of the Organism*),很欣赏影片中斯拉夫式的感受力和在性压抑与政治压抑之间的巧妙平衡。现在我正在阅读莱克学说的追随者迈伦·沙拉夫所著的讲述维尔姆·莱克与众不同、令人难忘的一生的传记作品《愤怒在地球上》(*Fury on Earth*)。

贝尔实验室的生活是相对松散的,我们常去第22大道的低档新泽西小饭馆吃午饭,可以吃很长时间。当我们偶尔带着来面试的人出去吃晚饭时,一定会去L'Affaire。这家餐馆不落俗套、复杂难懂的名字就等于告诉你经营这家餐馆的是什么样的人,它卖的是什么菜,以及什么样的人才会去吃。有一次我们在外面用过漫长的一餐后,外面下起瓢泼大雨,马克、拉里和我坐在停车场我的车里,开始琢磨起一道在中心里广泛传播的、著名的组合问题。

拉里是一位认真的马拉松爱好者,他和我都是贝尔实验室里一小群热衷于跑步的人,每个星期我们都会利用午饭时间长跑几次。我们会下楼去一间小淋浴室,这间淋浴室是归大楼和运动场管理员使用的。我们在那里换衣服,然后去草地上做热身运动,跑上30~45分钟,调整一下,做一些整理运动,洗个澡换上衣服,然后去自助餐厅吃饭。整个过程差不多要用两个小时，占工作时间中的很大一块，特别是如果工作时间安排是朝九晚五的话，但似乎没人会在意。我在此前后都没有这么健康的身体状态，也没有跑得这么快过。

我们在小组内部也偶尔搞一些教育性质的学术交流会，有一次是在1981年年初的时候，拉里介绍了布莱克-斯科尔斯理论，我在那之前从来没有听到过。当听到期权的收益居然也涉及在粒子物理学研究中曾用过的海维赛德（指标）函数中的代数和微积分时，我开始有些感兴趣了。后来我读到过一篇伯克利大学的马克·加尔曼的早期论文，他对同样的这些关系进行了分析。但期权理论与我们贝尔实验室中的工作关联不大，我暂时的兴趣很快就消散了。我不明白什么是对冲或风险中性，也不关注股票市场。

几年后，拉里、马克和我被派往麻省理工学院参加一个为期两周的管理人员暑期金融培训班，斯图尔特·迈尔斯给我们上课，用的是他和布雷利合著的教材。我们住在大学宿舍里，尽情享受远离公司生活的自由，下午晚些时候在麻省理工学院的跑道上跑步，晚上在剑桥吃晚饭。迈尔斯的课程主要是讲资本资产定价模型，我着迷于金融理论与热力学之间明显的相似之处。我看到了热能与金钱、温度与风险、熵与夏普比率之间的或许过于牵强的联系，但那时我还没有想清楚如何利用这种相似之处。课程非常短暂、密集，我们在学习方面也没有花足够多的时间。课程的讲师之一是泰瑞·马什现在是伯克利大学的教授，也是金融软件公司匡拓的创始人之一。那时，他才刚刚小有名气。多年后,当我参加专业金融会议或要在伯克利哈斯商学院做讲座时,总是乐于去拜访他。

我只是将 AT&T 视为一份工作,而且是一份令人失望的工作。可哈里却有着强烈的精神使命感,认为我们都在为提高人类通信事业贡献一份力量。那时我每想及此总是想笑,但在某种层面上也许他是对的。不管怎么说,他、马克和我都憋闷得要死,都在 5 年内离开了那里。

我在贝尔最喜欢的事情就是创造软件的美妙。不了解的人将其称之为"编码",好像有些机械的意味,表示仅仅是不动脑子地将一种符号转换为另一种符号。喜欢它的人常自称为"程序员"。不管怎么称呼,我发现编程是最纯粹的活动之一,是真正的利用语言的建筑。然而我在科学界和商业圈的朋友们竟然奇怪地对编程一致反对——他们认为编程远远没有研究物理或是赚钱重要,但我就是喜欢编程。

当你编程做得不错的时候,你是在尝试着设计一种机器去完成某项任务。你利用人造的编程语言设计,如 FORTRAN、Lisp、C++ 以及 Java。编程无异于让一位朋友帮你完成某项任务,最大的不同是计算机比任何朋友都要抠字眼,因此这项任务的每一个细节都要描述清楚,就好像这台计算机对整个世界一无所知一样。

在 1980 年我到贝尔之前,我从来没有意识到编程能够如此美妙和具有挑战性。我从来没有用过计算机终端。在我求学和博士后期间，我所有的编程都仅仅是为了一次又一次地获得复杂数学公式的计算数值。我认为计算机不过是过于美化的计算器而已。唯一一次例外是1965年在开普敦大学时，我用打孔卡片向机器里输入一个词汇，从而创造出随机生成的短诗。我以前一直将那次尝试当成是一种儿童游戏。

但在1980年的AT&T，整个公司都在用C语言，C语言是一种既优美又实用的计算机语言，10年前由丹尼斯·里奇（Dennis Ritchie）在默里山发明出来。他原本是将C语言设计成一种高级工具，用来编写UNIX操作系统的可移动式版本的。UNIX操作系统也是由肯·汤姆森（Ken Thompson）和里奇在默里山发明的。㊀现在，从电话机交换系统到语言处理软件等几乎所有东西都是利用C语言在UNIX系统写出来的，都有着不可思议的样式。最终，甚至通常只对小数点后有几位数感兴趣的物理学家也开始放弃难看实用的FORTRAN语言，转而选择有着诗歌风格的C语言。编程当时正处于革命的最后阶段，而我才刚刚开始学习。

编程革命的信条要求程序语言必须是人们能够理解的信息文本。而在此之前，情况并非如此，因为计算机程序要储存在

㊀ 利用C语言这种高级语言来编写操作系统是一种新的想法。最初，操作系统是在每一台新机器上用特殊的、低级的、难以阅读的、简单的"汇编语言"或"机器代码"从无到有、费尽心思写出来的。使用标准的C语言而非每台机器的特殊机器代码在新生产的计算机上编写操作系统时，仅仅需要在机器上运行C语言，然后就可以很快创造出一个UNIX版本的系统及所有工具。

昂贵且有限的计算机内存中，程序员一般只关心将程序写得尽可能简短、精炼。程序员以编写简要、凝练、隐晦甚至令人费解的程序为荣。只要计算机运行得够快，设想能够得到执行就可以了，形式不重要，内容才是王道。因此，计算机程序非常容易出错，而且不容易让人理解、修改——不言自明的是，程序只是为了计算机而写，使得计算机可以机械地执行命令。因为编写非常困难，一个计算机程序通常能够占用相当长的时间，在存续期间内，程序的维护、修改、升级成本都非常高昂。这也是计算机千禧年问题（Y2K）为什么令人担忧的一系列背景。

当编写程序时，你在做些什么呢？你尝试着利用一种语言描述一个想象的世界，并要尽可能准确地说清楚它的细节。你尝试着在一台机器上创造这个世界，而这台机器只能理解和执行简单的命令。你只能通过准确的指令实现这一切，通常需要长达几十万行的指令。你的指令序列将由毫无理解能力、做事机械的计算机毫无歧义地予以执行；同时，你的指令序列还要能被自己和其他程序员阅读、理解、记忆和修改。就如同是个力图解决形式与内容之间的张力一样，编程必须解决内容的可理解性与形式的简洁性之间的矛盾关系。为此，你所使用的语言就至关重要了。

在贝尔实验室，人们将编写代码本身视为需要工具的任务。他们鼓励程序员将每一个他们负责处理的具体程序都视为一类更通用的应用程序的一个实例，并由此利用计算机来设计出这类应用程序。也就是说，他们设计程序来编写部分或是全部程序。贝尔实验室的 UNIX 团队出于热爱而非责任开发出一整套编辑和分析工具,用来帮助人们撰写、检查和修改程序。在汤姆森和里奇的 UNIX 编程环境中,计算机不仅仅是执行程序的自动装置,还是更重要的、用来创造程序的一种工具。计算机不仅仅是锤子,还是一座熔炉,用来设计出下一代的锤子。

贝尔实验室的技术人员不但是在生产程序,他们还考虑程序需要完成的很多子模块任务(如阅读输入指令、解方程、设计输出格式等)。然后,他们写出短小、专用的编程语言,这些编程语言能够用来生成更大程序中的不同子模块任务。最后,他们用这些小的语言设计出整个程序本身。他们总是能从任务中归纳出工具来。

因为 AT&T 是一个政府管制的企业,禁止通过与 IBM 和 Digital 等公司竞争来销售软件以获取利润,贝尔实验室就将这些工具免费发布给各个大学。这种扩散传播产生了整整一代程序员,他们认为编程不只是一项例行工作,相反,它是一种以计算机为媒介的文学创作上的努力。程序看上去的清晰表达、优美文字、良好结构与程序的高效运行同等重要。

柯尼汉和普罗格在 20 世纪 70 年代写了一本著名的、影响广泛的书,叫作《编程风格要素》(*The Elements of Programming Style*)。这一书名是向斯特伦克和怀特那本如何写好文章的经典论著《风格的要素》(*The Elements of Style*)致敬。这些成果正式把编写程序和编码开发看作一门艺术的潮流中的一部分。

当我进入商业分析系统中心时，这种文化已经广为流传了。所有新进雇员都要学习 UNIX 操作系统及其 Bourne 指令解释的脚本语言，还需要学习用来编程的 C 语言、用于统计分析的 S 语言以及线性格式的文本编译程序"ed"。我现在还记得在比尔·乔伊的图像文本编译程序"vi"刚发布不久，学习使用它时的那种兴奋之情。值得称赞的是，中心组织了一系列相当于大师级的计算机科学课程，几乎全部由来自于纽约哥伦比亚大学的教授讲授。我从约翰·肯德那里学会了软件设计和运算法则，约翰是一位举止温和、低调克制的视图软件专家；我们从戴维·肖那里学会了数据库理论，他后来创立了投资公司 D. E. 肖公司和第一个免费电子邮件服务提供商 Juno。在 D. E. 肖公司里，戴维聘用了杰夫·贝索斯，后者后来离开后创立了亚马逊网站。

戴维当时已经是一位行事随心所欲的企业家了。他运营着一家软件公司，同时在斯坦福大学研究着计算机科学。当我遇见他时，他仍然保持着一种不修边幅的学者风度，与其在商场上的自信完全不相匹配。他是现在无处不在的资本家学者的早期典型。他的后裤袋中装着一个小小的、跟他体型很相配的皮质日记本，里面记着他的各种时间安排。这种日记本是宾夕法尼亚州生产的，很有美国中层管理者的感觉，带着用线圈穿起来、以月为单位的插页，上面留有空白可以列出约会和待办事项。这种本子看起来完全是一派毫无学者气息的公事公办的样子，仿佛是后来很快就开始流行的欧洲 Filofaxes 牌记事本以及

10年后的美国产商务通的早期版本。

显然，戴维是一个很有想法的人。那时他就开始计划设计一种被他称为"NonVon"的计算机，这种计算机有很多小型处理器和存储器组成。这一设想是对带有一个大型中央处理器的标准计算机的颠覆，标准计算机的设计自从约翰·冯·诺依曼和20世纪40年代的电子数字积分计算机开始就已被广为接受了。戴维的自信激起了恐惧与嫉妒。约翰·肯德曾半开玩笑似得对我抱怨说，在竞争哥伦比亚大学有终身教职的他和其他副教授们，都在努力争取十分有限的政府资助来做研究的时候，戴维总是在谈论着那些规模宏大得多的、野心勃勃的计划，实现NonVon的计划最终将需要几十到上百名人员。约翰认为，与戴维那宏大的愿景和近乎吹牛的、不假思索的自信比起来，他和他同事在获得终身教职方面已经没有什么机会了。

对于戴维恢宏的"世界观"，约翰的看法是对的，但对于戴维追求卓越所走过的准确路径，约翰的看法可能是错误的。此后不久，戴维就离开了哥伦比亚大学，前往摩根士丹利传说中的南捷罗·塔泰格利亚团队工作，从事配对交易⊖。当这种努力最终结束的时候，戴维创立了D. E.肖投资公司。他的新公

⊖ 配对交易是指寻找一对相似股票的价格价差变动在统计上显著的变动规律。如果你认为你找到了这种现象，就可以在价差扩大时卖出相对昂贵的股票，买入相对便宜的股票，然后在价差缩小时进行反向操作。自从塔泰格利亚在摩根士丹利取得声名显赫但昙花一现的成功以来，交易公司、对冲基金和它们所雇用的科学家们就开始经常性地、满怀希望地试图建立由模型驱动的这种所谓"统计套利"的赚钱机器。

司将自身视为科技与金融交叉领域的专家，制造用来寻找交易机会的高速计算机系统，并呵护这种系统建造者的名声。1966年的《财富》杂志称其为"今日华尔街上最具诱惑力、最神秘的一股力量"。我认识华尔街的一些招聘经理，只要是从 D. E. 肖公司出来的任何人，他们都愿意给面试机会，目的就是想了解这家公司不为人知的操作内情。1977 年，我受邀介绍戴维作为一次会议午宴的演讲嘉宾，我介绍到"……你可以将 D. E. 肖投资公司视为蝙蝠的巢穴，而将戴维看作蝙蝠侠，他注视着世界，自己却隐身于黑幕之后。"但建造一台无风险的赚钱机器，特别是很大规模的机器，并不那么容易。世界上并没有那么多不承担风险就好赚的利润。最终的结果是，为了让更大规模的资金获得同等水平的收益，就需要采用风险更大的策略。1998 年，与美国银行合作的 D. E. 肖投资公司，据称由于采用了同搞垮长期资本管理公司、令许多其他对冲基金或投资银行损失惨重的相同的投资策略，损失了将近 10 亿美元。

与此同时，1981 年的时候，我参加了贝尔实验室提供的计算机科学课程，学会了编程的实用技术。我特别着迷于语言设计和编码撰写，花了大部分时间来创造特别的计算机语言，以便于使用者解决特定问题。

在高级语言中，像 Java、C 语言甚至是传统的、已被摒弃的 FORTRAN 语言，利用它们，你可以轻松写出简短精密的命令，指挥计算机完成复杂的操作。你编程的方式可以非常接近于一个受过教育的人思考和谈论数学的方式。但是计算机的中央处理器却像是极简单的大脑，实际上只能执行逻辑和数学运算，是一个"低能的天才"（idiot savant），被设计为只能"理解"并对简单的儿童语言做出反应。这就像你想告诉一个只掌握了简单儿童语言的小孩（但却对超长的命令串有着非常好的记忆力），去牵着狗散步。你不能只说："带着狗去散步！"这种说法集中了世界上过多的知识；相反地，你必须将这种高级的、不够具体的指令翻译成一系列非常初级的、按顺序排列起来的一系列动作，每个动作都要用儿童语言描述出来。你必须这样说：

牵狗来；

找到拴狗链；

把拴狗链系在狗脖子上；

握紧拴狗链；

打开前门；

跟着狗走5分钟；

如果狗离开人行道，就用拴狗链将它拉回来；

……

回到前门；

进门；

给狗松开拴狗链。

如果你想设计一种高级语言，让它的使用者发出如"遛狗"这样的高级命令，你必须提供一个编译程序，将这一命令翻译成中央处理器能够执行的简单语言。很显然，翻译过程中的一个错误,或仅仅是某处还不够明确,狗和小孩就永远也回不来了!

当20世纪50年代末,IBM的约翰·巴克斯和他的团队开发FORTRAN语言,也就是"公式翻译"语言的时候,他们希望让程序员用这种语言来运算复杂的数学公式。编译程序必须将FORTRAN语言命令翻译成按顺序排列的儿童语言一般的机器编码,以便简单的计算机逻辑电路能够执行。编译程序不但需要将合理的命令翻译成儿童语言,还需要拒绝翻译不合理的或意义不明确的命令。如果你让它编译"狗这条!带散步"这样的命令,它必须要喊"犯规",简而言之,编译程序要理解语法。

语法就是合理的句子要满足的一整套规则。成年人不用思考就能本能地认识到语法,但计算机必须按照规则来。巴克斯开发出一种数学形式,用来表述、分析语法,有助于完成语言翻译任务。这种形式在那些简单的编程语法上,也就是在不如自然表达的语法复杂和微妙的编程语法上很好用。巴克斯的这种形式被称为"巴克斯标准格式"(BNF),为创造语法上相一致的计算机语言提供了一种方法,可与诺阿姆·乔姆斯基发现的"生成语法"相提并论。利用"巴克斯标准格式",我学会了如何设计短小的语法上相一致的计算机语言。

BNF可帮助你界定你的计算机语言的语法。它能让你设计出一种编程语言,对你的语言做句法分析并只接受那些语法上正确的句子。但到此为止,任务只完成了一半。任务的另一半就是完成编译程序的余下部分,将语法正确的句子翻译成儿童语言。这是一种极其乏味和困难的任务,对于人们赖以研究数学或控制航天器的程序而言,翻译上的一个小错误都是潜在致命的。

UNIX 操作系统对于程序员而言具有令人激动的开放环境。它含有两个我见过的最美好的工具程序:分别被称为"lex"和"yacc",它们让我毫不费力地创建编译程序。lex 是"词汇分析器"的缩写,yacc 代表"目前为止又一个编译程序的编译程序"(Yet Another Compiler-Compiler)。像很多 UNIX 工具程序一样,人们用短小、可爱的首字母缩写形式来命名"yacc"。你可以利用 lex 来创建子程序,识别你语言中的所有单词;可以利用 yacc 来创建另一个子程序,识别并分析合理的句子,然后执行你认为合适的命令。lex 和 yacc 都是"非过程性"程序,你不需要写下词汇分析和句法分析的所有细节。相反,你只需要告诉它们你希望识别怎样的语法,它们就会编写出程序来完成这项任务,所利用的算法规则可以回溯到计算机先驱艾伦·图灵和史蒂芬·克林使用过的匹配模式。有 lex 和 yacc 作为帮手,我学会了创建我自己的计算机语言。

费曼图出现之前,只有像施温格和费曼这样的天才人物才能计算出量子力学的各种可行性,费曼图出现后,平凡的物理学家都可以不费脑子地进行计算。与此类似,这些句法分析工具允许普通程序员毫不费力地设计出计算机语言,而此前这样的工作需要付出极大的努力才能完成。

我过去总是将计算机应用等同于数值计算。现在，当接触到计算过程中的语言方面后，我非常遗憾以前没有认识到。我幻想着能够逃离商务分析系统中心的工作，而成为10号区域内一名真正研究计算机的科学家。我还曾尝试着调换部门，但我既没有相关证书又无工作背景，这几乎是不可能的。

尽管如此，我在贝尔实验室5年的大部分时间里，都在从事设计编译程序的工作。我花了好几年的时间设计并运行了一种我称之为"HEQS"的语言，也就是"分级方程式计算器"（Hierarchical Equation Solver）。这是一种关于方程式的语言，为那些知道如何列出方程式，但又缺少足够的数学知识或时间来解方程的商务人士而设计的。这一名字体现了UNIX操作系统工具程序所必备的短小、可爱，但它还是"邪咒"（hex）的音近义异词，简明地反映了我暗地里对在5号楼那段生活的病态看法。

与lex或yacc相似，HEQS是非过程语言，使用者可以说出他们想要做的事情（如"求解这些方程"）而不需要明确列出完成任务的过程（相反，FORTRAN语言和C语言都是过程语言，需要程序员极其痛苦地列出如何执行任务的详细细节）。在HEQS的最终版本中，你可以让它求解上千个代数方程（线性、非线性或二者都有），它也会告诉你因为在你输入方程式时所犯的哪些错误使得求解进行不下去。HEQS还为分析一组方程式提供了工具，使用者可以检验输入和输出之间的关系，从而弄清楚一个变量值的改变通过怎样的链条影响到另外一个变量值。从本质上说，HEQS 使 AT&T 中的商务使用者把时间花在阐明他们的业务活动或是会计模型的关系上，而不必担心怎样去进行计算。

6 年后，当个人计算机被广泛使用后，像 Visicalc 和 Lotus 这样的电子制表软件为完成相同的工作任务提供了工具。而在那之前，AT&T 总部的各种商务人士都是利用 HEQS 来进行模型计算的，我们中心的很多程序员也将 HEQS 用在所开发的应用程序中，作为一种计算方程式的工具。在《AT&T 技术杂志》（*AT&T Technical Journal*）的一期中，我对 HEQS 进行了介绍，很高兴借此涉足研究领域中。㊀

我通过研究 lex 和 yacc 来设计 HEQS 编程语言和它的编译程序，独立完成了 HEQS 的开发工作。当使用者输入想要求解的方程式后，我所开发的程序就会将这些方程式进行分组，重新分成更小的、可以同时计算的方程组，从而使得一组方程式计算出的结果可以作为进行下一组计算所需要的输入值。受到我在贝尔实验室上过的计算机科学课程的启发，我意识到我可

㊀ 那时，我也开始参加各种各样的计算机科学研究讨论会和技术会议。在这些会议上，我总是惊讶于计算机科学研究和物理学研究的差异。在物理学中，学术研讨会上发言人全部是在讲所取得的成果，而在计算机科学中，发言人讲话的主要内容则是关于计算机系统的研究计划、新计算机语言的提纲以及还没有实施的设想。发表研究成果的门槛似乎是很低的。

以将一组方程式里的每一个变量都用一个定向坐标图里的点来表示，这样一来，重排方程式就相当于在坐标图里把图形分解成有着紧密关系的分向量。我天真地以为在做真正的数学研究，并以此为荣。

不管到了哪里，我都有很多可以求助的资源。我发现10号区域的计算机科学技术员克里斯·冯维克曾经写出一套求解联立方程组的 UNIX 工具。他在斯坦福大学完成他的博士论文时就开始这方面的工作了。那时他的博士生导师是唐纳德·努斯，努斯是著名的四卷本《计算机编程艺术》(The Art of Computer Programming) 的作者，也是广为使用的、已成业界标准的数学公式排版和词语处理的计算机语言 TeX 的发明者。我在贝尔的那个粒子物理学家朋友史蒂夫·布拉哈告诉我说，努斯是他大学寝室室友。当我和克里斯在一起工作时，我对克里斯专业的编程技巧印象深刻。我只是一个业余爱好者，主要靠小聪明，而克里斯才真正是个人物，是在他专业领域内工作的研究人员。我觉得自己注定只能是一个业余爱好者。

HEQS 是一个很好的想法。很快，中心里的人们就开始用它来求解规模更大的方程组，这时 HEQS 就需要比我所能提供的更加精巧和高效的设计了。我的 HEQS 版本只能让使用者用数字（数量）和一维向量来表示金融时间序列。于是，我的一位同事爱德·夏普德被派来和我一起工作，我们计划重写系统来加入多维矩阵变量，以便能够表示更一般的金融时间序列。当我与家人去火岛沙滩上度过两个星期的假期时，爱德突然完全投入系统再设计和重写整个系统的工作中,却没有提前通知我。当我回来后,面对这样一个"既定事实":系统已经是全新的、增强的、带有 APL 语言风格的,几乎识别不出来了。现在,爱德的版本可以应用到复杂的动态链接数据结构里,这种结构的细节,我想我这辈子都掌握不了。爱德还聪明地修改了 HEQS,当你交互使用它来开发、求解金融模型时,你可以利用它生成一个 C 语言程序,从而可以以快上好几倍的速度求解方程式。

编程对于爱德而言就是一件自然而然的事,而我从来就没有过这样的感觉,他在编程方面的娴熟程度也令我很沮丧。1984 年年末的某个时候,爱德离开贝尔加入了一家保罗·艾伦创立的位于西雅图的 Asymetrix 公司。我在贝尔余下的日子里,成了我们成功的牺牲品:我常常要埋首于他的编码中,对留在那里的漏洞修修补补,而产生这些漏洞的算法我从来没有写过,也从来没有完全弄懂过,这种工作一次就要花上好几天工夫。

差不多也就是在看爱德所设计和编写的代码时,我意识到很多物理学家是如何误解非学术世界中工作和职业的性质了。物理学家总是认为自己很聪明,一旦自降身段从事了"外面世界"的工作,他们的聪明才智能让他们只需朝九晚五地工作,还能超过其他同事。但是在很多非学术工作中,总是有这样一些人:对他们来说,特定的工作并不是一种妥协,而是一份激情、一种投入,他们非常认真地看待这份工作。是他们,而不是那些聪明但漫无目的混日子的物理学家,给卓越确立了标准。

对我而言，HEQS 的最终结果令我满意。克里斯·冯维克和我最终写了一篇关于 HEQS 的文章，发表在软件期刊《编程：实践与经验》1984 年的某期上。我为能再次发表论文，为正在"搞科学研究"而感到欣喜若狂。即便现在，当我在网上偶尔看到有人引用这篇文章时，仍能感到一阵兴奋，尽管这些引用中的大部分是由于克里斯一直在从事非过程性语言研究的缘故。最近，我非常高兴地发现，贝尔实验室的后继者朗讯公司仍在他们的网站上以 89 美元的价格销售 HEQS。但在这 Mathematica 和 Excel 的时代，我不能想象还有谁会买它。

1980～1985 年在商业分析系统中心工作期间，我几乎没有学到什么商业或金融知识。相反，我在那里学到的软件工程技巧却对我非常有好处，为我后来 1987 年在高盛设计固定收益金融模型中的很多工作奠定了基础。

尽管受过良好教育，我在贝尔实验室仍时常感到委屈和卑微。在那里工作约一个月的时候，我带着只有 3 岁大的约书亚去我们还住着的洛克菲勒大学的草坪上玩。他喜欢把鞋脱掉，光着脚在草地上跑来跑去。在他玩的时候，我坐在那里反复思考我都在做些什么。他突然跑过来，看着我问道："爸爸，你为什么伤心啊？"我那时就知道了，我每天早晚往来于家和贝尔实验室之间不过是暂时的。我只是不知道，该怎样来结束这段旅程。

第 8 章

休止时间

- 华尔街在招手
- 面试投资银行
- 离开贝尔实验室

怎样才能离开贝尔实验室呢？5年来这个念头每天都在困扰我。而且，作为一个爱抱怨的人，我每天回家后都对我的困境愤愤不平、唠唠叨叨，给所有愿意听我的《出埃及记》的人平添烦恼。这个故事是讲我是如何离开学术的富饶之地，而生活在商业分析系统中心这块法老统治之下的地方。我讲述那些强加给我的繁重劳动，策划着如何获得自由。每一天都是《失落的天堂》(Paradise Lost) 和《寻找失去的岁月》(In Search of a Lost Time)。我知道我的妻子快被折磨得疯掉了。

当我带着3岁的约书亚参加中心举办的圣诞节聚会时，我担心他会露我的馅儿——我在家里有好多个晚上，那么多次在他的耳边用轻视的口气描述我对上司和同事的不满之情，我担心在我介绍上司和同事给他时，他会听出某个人的名字，然后重复我说过的话。在那天早上开车去往默里山之前，我警告他不要重复我说过的关于任何人的任何话。当然，约书亚没有让我难堪。

在那个聚会上，马克·格尼斯伯格跟我谈起一次约会，有人带他去看了一场他非常讨厌的电影。我们知道我们关于电影的口味正好相反，于是，他对电影剧情讲得越多，我就越肯定我会喜欢这部电影。聚会一结束，我开车回到纽约后就立刻看了这部电影——路易·马勒的《与安德烈晚餐》(My Dinner With André)，里面有安德烈·格雷戈里和华莱士·肖恩。电影中有一段无拘无束的餐桌上的对话，对比了自我实现的神秘追求与日常生活中平凡的欢乐和失望，引起了我强烈的共鸣。它让我想起当我第一次希望成为物理学家时，曾有过的那种对于未来憧憬的感受；它也让我想起在波尔得法界学院冥想时，曾感觉到的对幸福的体验。在那个12月的下午，《与安德烈晚餐》激发了我对未来生活的巨大希望，让我感到了提升般的救赎感。这部影片让我回味了很长时间，差不多一个多星期才慢慢淡去。两个月后，为了弄清这部电影给我带来的绝佳感觉是否纯属偶然，我又去看了一遍这部电影，这次感觉更好，尽管这次的余味只持续了几天的时间。马勒、格雷戈里和肖恩将那种希望和绝望的中间地带刻画得非常成功。几年前，我还看过他们的《泛雅在42街口》(*Vanya on Forty-Second Street*)，第一次观影和第二次观影都同样令人感动。

我很天真，认为"向钱看"是有失尊严的，但其实"向钱看"是贝尔实验室所有应该要完成的工作的基础。尽管在物理学研究过程中经历了种种世事变迁，但那时我是出于喜爱而工作，可现在我是为了钱而工作。尽管贝尔实验室位列1985年美国最值得工作的100家公司之一，但它却在我自己列出的曾经工作过的最糟糕公司名单上位居榜首。我认为我的宿命就是，经过现实生活的磨砺之后，我对生活和工作的那些自命不凡的幻想被痛苦地从身上打磨掉了。只有这个过程完成之后，我才能享受在高盛的生活。如果我在研究生院毕业后直接进入高盛工作，我也会痛恨高盛那强烈追逐金钱的"铜臭味"，就像痛恨贝尔一样。

与此同时，我还为改变我的生活所困扰。在商业分析系统中心,有个软件研究小组,小组里有一群杰出的程序员。戴夫·科恩在我手下做过好几个职位,当时正忙于设计现在很流行的 UNIX 系统 Korn 外壳(shell);艾姆登·甘斯纳和乔纳森·肖皮罗都在一般意义上的面向对象程序语言上,特别是在斯特朗斯特鲁普的 C++ 语言环境上,满怀热忱地做出过贡献。我曾尝试调职到他们小组里,但唐斯坚持认为我只有跟他们在一起才能做有兴趣的研究的想法太狭隘了。也许,幸好是这样吧。尽管我羡慕艾姆登那种冷静、不受外界影响的工作方式,但无论如何也无法效仿。他在调试程序过程中从来没有寻求过别人的帮助,但能认真阅读所需要的任何操作手册,并耐心地深入钻研,一直努力到把问题解决掉为止。可我碰到问题时,一有机会就要寻求别人的帮助。

即使我的上司十分宽容地允许我每周一天在家里远程办公,我仍为自己不敢放开手脚而生气。我渴望学术研究式的生活,并考虑如何重蹈覆辙,琢磨着怎样才能再跟洛克菲勒大学的巴齐·拜格或是哥伦比亚大学的诺曼·克莱斯特,读一个长期的物理学博士后。

接下来,在 1983 年晚些时候,华尔街开始向我招手了。

对我未来生活的第一个提示是来自偶尔收到的纽约城里猎头公司打来的电话。很快,我们都知道了他们传说中的名字——乔里·马里诺、史密斯·汉雷公司的瑞克·华斯特姆、Analytics 公司的丽塔·莱斯,Pencom 公司的史蒂夫·马克曼,这里只列出了猎头公司在贝尔实验室打猎的部分猎人的名字。他们中的很多人直到现在仍活跃在业界，还在《纽约时报》周日版或互联网上发布广告。当你还在工作的时候，有人出乎意料地、冷不防地给你打电话，问你是否需要一份工资达到15万美元的工作——对于一个工资不到5万美元的前物理学家而言，这在当时是一大笔钱——接下来他们就很急迫地要求你在机会被别人抢走之前立即赶往他们的办公室。这些招聘人员可能会向你吹嘘他们听过你，事实上，他们只是听到贝尔实验室里某些熟人提到过你的名字，或是他们从某个对公司有意见的员工那里骗来贝尔实验室的内部通讯录，从上面找到了你的名字。有几次，我在他们的命令下提前下班，开车返回曼哈顿区见他们中的某一位。我那时身穿破旧得很罕见的海军运动夹克，系一条20世纪60年代风格的针织领带，努力要装出很商务风格的味道来。我没有西装。猎头会让你等上几个小时，就像当时我在美国公共广播公司电台中看过的节目里，波多黎各看门人的"上帝"那样。很多猎头公司是非常盛气凌人的，傲慢专横，举止粗俗，而我们又没有人掌握足够的情况，难以质疑他们所声称的手里攥着通往天国的钥匙的说法。

1983年末，我去华尔街的一些公司进行了几次非常不满意的面试。我对期权理论一无所知，并且将自己视为软件编程人员。那时，华尔街的信息技术还是那些只学过COBOL、FORTRAN或MIS等高大型主机之人的领地，你闭上眼睛都可称王称霸。在贝尔实验室，我已经学会了如何设计、运维程序，其复杂程度远超华尔街上那些早就不再做研究的科学家和编码人员的水平。在面试中，出于我在 HEQS 上的开发经验，我将自己介绍为能够设计出一种计算机语言以满足华尔街建模需要的人。

我最初参加的那些面试中，有一次的面试官是扎克·科布列涅克。他现在是高盛前合伙人，当时他是高盛量化策略小组中一名很有男孩子气的成员，7 年后我成为这个小组的主管。当时，这个小组是由戴维·温伯格领导的，他后来不久去了芝加哥的 O'Connor 公司。扎克似乎对给他们的 VAX 系统找一个管理员更感兴趣，而这样一个职位我兴趣不大，因此我拒绝了余下的面试流程。

几个月后，另外一个猎头将我介绍给所罗门兄弟公司，去面试一个连干什么都没向我解释过的职位。我用了不到 10 分钟的时间向我的面试官介绍了我能给他们带来的好处，我说我可以用 HEQS 求解那些含有联立代数方程组的金融模型。在接下来的谈话中，面试官被中途进来的同事打断，他突然站起身来，敷衍地道歉，然后就离开去忙一件据说很紧急的事情。无论是他还是猎头都没有再打电话给我。尽管我努力了几次，但我一直没能联系到安排我去面试的那位人力部女士，她总是在忙。一段时间里，我以为他们真的是非常忙碌，最后我才想清楚，这不过是他们拒绝我的方法而已。我从来没有弄明白为什么他们不直接告诉我他们对我完全不感兴趣，这样岂不是更简单一些？

接下来在1983年年底,当埃娃怀上我们的女儿桑娅的时候,我认识的一个猎头给我安排了一次面试,是面试高盛固定收益部中斯坦·迪勒领导的金融策略小组(Financial Strategies Group,FSG)。在那里,我遇到了拉维·达塔特维亚,他以前是贝尔实验室的工程学博士,不久前刚刚进入华尔街。

斯坦的小组主要解决高盛对量化模型的新需求。传统上高盛是一家行事如绅士的投资银行,主要关注股票首次公开发行(IPO)和大型机构客户的股票交易业务。那时,高盛刚刚开始涉足所罗门兄弟公司的业务领域,也就是喧嚣吵闹、更贴近老百姓口味的债券和抵押贷款领域。股票交易是简单的、拼胆量的、需要承担风险的业务,对智力和技术要求不高。债券则更加复杂,涉及数字、计算、代数甚至还有微积分。就像我的交易员朋友所说的,股票交易中聪明人根本没有竞争优势。

股票市场中的技巧是,在几千家不同的上市公司中,对一家上市公司每股股票价值给出合理定价。而债券市场中尽管证券数量较少,但每只债券都非常复杂,有时还容易把人搞糊涂。债券市场上的大家伙是美国政府国债,正是因为美国政府的借款需要,产生了可以用来交易的、永远具有流动性的短期国库券、中期国债、长期国债。政府债券的突出特点是具有各种到期期限和利息率且有美国政府的信用保证,它们永远不会发生违约。外国政府也发行国债,其中有些国债就比另外一些违约风险更大。企业债的风险就更大一些,企业可能会出现现金流中断,这样就不能按照承诺到期支付。有些债券会被"提前偿付"——企业拥有选择权,当利率降低时,企业可在债券到期前提前偿付借款金额,从而避免继续对借款支付较高的利息。房屋所有人的抵押贷款也是最危险的债券之一。它们也存在突然被提前偿付(就是提前还款)的风险,房屋所有人可能会卖出他们的房子,也可能不再需要他们借来的本金,也有可能是利率降低后,房屋所有人发现存在着其他更便宜的融资渠道。

所有这些复杂性都使得确定债券的正确价值非常困难,也促使华尔街向擅长数学建模的高手敞开了大门。所罗门兄弟公司的固定收益部依靠马蒂·雷博维兹领导下的声名远扬、令人羡慕、经验丰富的债券组合分析(bond portfolio analysis,BPA)小组来提供数学分析。高盛逐渐意识到,它们也需要类似的业务。金融策略小组和它的领导者斯坦·迪勒就成了它们手中的制胜法宝。斯坦·迪勒以前是哥伦比亚大学经济学博士,也是最早转行进入华尔街的学者之一。

每个人考虑的问题都是利率波动性的陡然提高。在20世纪80年代之前,投资者都是按照固定不变的方式将投资分配于股票和债券。传统上,投资者将债券投资视为安全的,而将股票投资视为有风险的。接下来在20世纪70年代末,也就是我在波尔得教物理学的时候,美国利率迅速提高,金价和油价也在高涨,以前被认为不会发生波动的债券开始变得有风险。所有人都知道在股票熊市期间,投资者可能要承担40%的跌幅,但很少有投资者意识到,相同的情况也会发生在国债上。

投资银行的交易柜台通常会持有大量债券存货,以便提供给他们的客户,结果却发现他们的投资组合价值在急剧下跌。在固定收益证券的内在风险不断加大的同时,一种管理利率风险的新方法开始在业界流行起来。交易柜台希望将它们变化的、复杂的债券组合头寸用便宜的、流动性好的国债期货进行对冲。对冲和风险管理成为新鲜事物,无论是对于像高盛这样的金融产品批发商,还是对于机构投资者而言都是至关重要的。

在股票交易的世界里,会算术就足以应付了;除非操作中用到期权,否则最简单的代数知识就足够了。相反地,在固定收益的世界里,投资者根据收益率计算债券的价值。如果你按当前市场价格买入债券并持有到期,将收到债券所产生的所有利息和本金,据此计算的债券剩余期限内的平均百分比回报就是收益率。只要你开始思考债券价格与其收益率之间的关系,那么代数、数列、级数、微积分等这些数学知识的阴云就会立刻黑压压地出现在教科书后的附录中。一只股票仅仅就是一只股票而已,但即使是最简单的债券都是一只衍生品证券,其价值取决于利率。

因此,20世纪80年代早期的债券交易员突然之间就需要掌握金融分析和数学技巧来理解一个包含了成百上千只债券的投资组合,以及这个组合的特征。他们还需要具备计算的能力。纸、笔、含有收益率表格的书籍甚至再加上一个掌上计算器,这些对于要考虑方方面面的情况来说都简直太慢了,也太不方便了。只有在一台电脑上,你才能实时估计很多不同证券的价值、敏感度和风险。

20世纪70年代末,人们还买不到商业用途的风险管理系统,像电子表格这样自己设计的分析工具也不是非常普遍。绝大多数信息技术领域内的程序员不能处理债券交易用到的数学,而绝大多数交易员又不能进行编程。交易部门只能求助于一些能帮助他们建立风险管理工具的多面手,从低端的数据库到金融估值模型再到高端的用户交互界面。

这个领域内的多面手不大可能是MBA或金融学博士,因为虽然他们了解足够的数量金融学知识,但他们中的绝大多数人都很鄙视编程和数学,将这些技巧视为廉价、惹人烦的技术,完全可以花钱请别人来完成。而数学家也同样倾向于回避编程,更喜欢去研究算法分析。至于计算机科学家,尽管他们懂得离散数学和布尔代数,但总觉得一直研究数学也不好。

物理学博士或工程学博士则恰好满足对多面手的这些要求。首先,金融数学与物理数学非常相似;其次,物理学家并不缺乏实践训练,也没有那么多所谓的尊严,他们做自己的数学和编程研究,愿意这样做是研究生和博士后这个群体的一个核心特点。

这些可能就是为什么斯坦的金融策略小组几乎都是由前物理学家、前应用数学家和前工程师组成的原因,这些人中很多人都有博士学位。斯坦雇用的人都来自同一文化背景,那就是你自己要完成自己的脏活、累活——发展自己的理论,进行自己的数学计算，接下来写出自己的程序。几年后，当我给我的团队招募人员的时候，也愿意照搬这种雇用的模式。倒不是因为我没有自己的标准，相当程度上是因为我从内心深处认同这种明智的方式。

当我开始在华尔街参加面试的时候，斯坦已经是最著名的一线宽客了。20世纪80年代初，《福布斯》杂志上有一篇关于他的文章，题目叫《迪勒的佼佼者们》，以一种要人领情的、讨好的口吻提到了记者所遇到的笨手笨脚的、来自国外的、埋首于工作的宽客们。斯坦以雇用外国人著称，我曾听过有人暗示斯坦喜欢不善言辞的技术爱好者，这样他就能有效管理他们的工作并提交他们的工作成果，但我认为这种说法是不公平的。无论当时还是现在，绝大多数宽客都是来自海外，因为移民通常利用实用的工作找到通往成功的捷径，而偏爱管理学院和商学院则是下一代的事情了。

斯坦偶尔会就他所领导的小组的工作成果撰写一些冗长的研究报告，这些原创的、富有创造力的文章用与众不同的、非正统的、有着鲜明个人色彩的语言风格表达出来。㊀这些文章非常有洞察力，也比较直观，但难以归类且总是缺乏针对性。对于20世纪80年代早期的华尔街而言，这些文章太过技术

㊀ 很多年后，我注意到，斯坦几乎是他所写的那些报告中的唯一一位作者，只是在致谢中对那些为他工作的人表示感谢，但从来没把这些人的名字放在作者行中。根据我在物理学界的经验，我从来不太担心与合作者分享荣誉，这样做基本上不会对合作者有坏处。

化，又缺少真正金融学术文章的严谨性，作为一篇商业用途的报告又到不了硬推销的程度。结果是，斯坦没有取得他应得的影响力。但他在抵押贷款组合嵌入期权领域的工作还是非常具有预见性的，奠定了未来越来越多进入这一领域内的金融学者们将要做出更加规范且严格研究的基础。

当我去见他们的时候，迪勒和高盛已经组建了一支在金融、数学和编程方面技术娴熟的队伍，他们要我加入。我认为是我的软件技巧和物理学才能吸引了他们。斯坦在将金融模型嵌入投资组合交易系统方面是真正的开拓者，他对专业软件工程重要性的认识要比他所处的时代整整领先了10年。1985年离开高盛后，斯坦在贝尔斯登搭建完成了AutoBond系统，这是一个早期的抵押贷款组合估值系统。目前，他运营着Polypaths公司，主要生产固定收益组合分析软件。

现在，交易系统的环境已经完全不同了。个人计算机非常普遍，电子表格用起来非常方便，风险管理软件也越来越多，数十家公司可以提供从零配件到全部系统的所有东西。尽管如此，大型银行还是自己开发软件，以便于最新的金融产品一上市，就能进行簿记、估值和对冲风险。但即便是今天，风险系统还是相对专业化的，每个系统只针对一个或最多两个产品种类。对于能够处理所有种类证券的系统或语言而言，仍有广大的发展空间。大型公司都要交易抵押贷款、掉期期权、外汇产品、股票、贵金属、能源衍生品等品种。

我再次去高盛，却不知道该看些什么。《纽约时报》上的一篇关于换工作的文章，建议求职者问他们的潜在雇主，10年后求职者将会在干什么。在我第二次拜访高盛快结束的时候，我再一次与斯坦坐在一起。他向我解释道，华尔街是你能最终一年赚到15万美元的为数不多的几个地方之一，而不需要像会计师或医生那样在工作之余去做小买卖。

我说："如果我来这里，从现在开始的10年后，我将在做什么？"

斯坦马上被激怒了。

他宣称："10年后，你将继续做你现在做的事情，只不过赚得更多罢了！我招进来的人别老想着做别的事，我可不想被这样的人耍来耍去！"

我那时不能理解到底是什么让他这么生气。10年后，我明白了他的恼怒。投资银行里的宽客干了几年本职工作后，开始逐渐嫉妒那些处在掌握方向地位的、赚得更多的交易员和销售员。斯坦当时肯定以为我申请加入他的金融策略小组，是带着迂回计划的，准备以后转行去做交易。斯坦最不希望看到的是，一个还没有开始工作就盘算着以后离开金融策略小组去做业务的新雇员。

10年后，我发现我自己的立场也与斯坦一致。尽管立场一致，但我有所克制。我也强烈谴责面试到的那些野心勃勃、心机深沉的人，他们试图将我领导下的量化策略小组当作跳板以便转到交易领域去。"为了尽职，我会做一段程序员工作"是他们标准的套话。对我来说，这会让我对他们兴趣全无。我赞同他们的抱负，但我有自己的责任，就是需要那些渴望从事艰苦、细致的分析工作的人。这里指的就是编程。

现在，转行非常容易，很多博士成功地直接拿到"业务端"职位，尤其是在小型银行和对冲基金里。但就像现在这样，盼着转行到业务端的宽客们，开始经常鄙视自己以前的专业技巧。尽管斯坦本人肯定从未想成为交易员，但他肯定非常理解这种自厌情绪，这种想成为其他人的想法。《福布斯》记者问过斯坦，他所拿到的学位。"博士，"斯坦回答说，"但别告诉我的上司——他们会在我的薪水里扣掉50万美元的！"

1983年年底，我为斯坦给出的录用通知感到踌躇，那时我正和怀着我们女儿桑娅的埃娃以及约书亚在寒冷的新罕布什尔滑雪度假。像以往一样，这让我心神不宁，权衡各种选择，给世界上所有认识曾在高盛工作过的人的朋友打电话。我思虑再三，仍无法做出决定。

通过在IBM工作的朋友唐·温加滕，我联系到了一位从沃森实验室出来的科学家，他曾在斯坦手下工作过一年，开发过一种用于操控金融时间序列的内部计算机语言。我在高盛遇到的某人曾告诉我，他发现华尔街对于在学术界做过研究的人是难以忍受的。

"到底是什么样子呢?"我问他。

"别去!"他干脆地说,努力向我解释那里的环境,"除非你愿意成天为你没做的事情被别人呼来喝去的。"

那几句话解决了问题。我知道我不会接受这份工作了。在准备好离开之前,我还需要再多吃些苦头。

在商业分析中心,我又度过了艰苦的一年,与人合作开发 HEQS 更高级的版本。接着,一年后,我又重新开始找工作,面试了很多地方。有一次,我参加了在第一波士顿的杰夫·博洛领导的 IT 小组的面试,就在 1985 年飓风袭击纽约的那天,他们给我发了录用通知,告诉我可以赚到与贝尔实验室相同数目的薪水。我拒绝了。另外一次,有个猎头介绍我去一家位于中城区的医疗软件公司。当我穿着我在 AT&T 的工作服:海军式夹克、灰色法兰绒裤子、白衬衫和针织领带出现时,办公室的门打开了,出现了一群光着脚,穿着短裤和 T 恤的二十几岁的年轻人。他们对我进行了 C 语言编程笔试。我现在还能回忆起,其中一个问题是写一段合并两个文件的程序,另一个问题是让我解开一个故意迷惑人的嵌套"#define"C 语言宏。我对在那里工作没有兴趣。

到 1985 年年中的时候,我准备好了。我给最初介绍我去拉维·达塔特维亚和高盛的猎头公司打电话,告诉他们我现在对 12 个月之前拒绝掉的工作职位感兴趣。我没有得到回音——那位猎头似乎没有与高盛的人力部门保持联系,不能给我安排面试。随着时间消逝，我逐渐失去耐心。有一天，我直接给金融策略小组的拉维打电话。他还记得我，并把我叫到公司，经过一整天的面试流程后，我再一次获得了软件方面的工作职位。在已经过去的一年半时间里，斯坦已经令人遗憾地离开高盛转投贝尔斯登了。这一次，我没有过多考虑就直接接受了这份工作。

1985 年 11 月，我离开贝尔实验室去高盛。在我的告别聚会上，拉里和马克都做了亲切的致辞。我在贝尔关系最好的朋友们，也都在私下里寻找离开的机会。像我一样已经快 40 岁的拉里，也在做决定的过程中。作为前物理学家和 AT&T 的商业分析员，他现在更愿意成为一名医生。那时他正利用晚上的时间参加生物学课程，并在准备医学院入学考试。一两年后，他去了西奈山医学院，现在是哥伦比亚的一名精神病学家，利用正电子发射计算机断层扫描（PET）从事脑科学研究，真正融合了物理学和医学两门学科。马克不到一年就找到了一个工作职位，为鲍勃·柯普拉许工作，鲍勃是所罗门兄弟公司债券组合分析小组负责期权研究项目的负责人。

在告别聚会上，我的第一个也是最具特色的主管罗纳德把我拉到一边聊天。他告诉我，于在华尔街工作所需要的计算机知识而言，我在这方面的积累已经足够了。这似乎是不言自明的，但世界变化太快了。当我到华尔街时，那里确实落伍，还是大型主机的天下，个人计算机也不普及。我在贝尔实验室所受到的 UNIX 软件开发训练，只能让我略微领先于华尔街那些普通的 IT 人员，但也只是四五年的时间。

第9章

百变金刚

- 高盛的金融策略小组
- 学习期权理论
- 成为宽客
- 与交易员互动
- 新的性情

"这还是你刚进来时得的那场感冒吗?"在拥挤的电梯里,一位女士唐突地向我问道,她那干干的鼻子朝下,正对着我湿湿的鼻子。这是 1986 年 1 月的某个时候。

对于高盛新雇员来说,工作的第一天通常都是周一,我在高盛的第一天就是从 1985 年 12 月 2 日开始的。那天早上,我参加了入职培训,听到了对公司的简短介绍,选好了我的健康和生命保险计划,拿到了员工卡,留了指纹,最后还用免费午餐券在自助餐厅吃了午饭。那时的高盛只有 5000 名职员,那个地方还给人一种很亲切的感觉。

我在 11 月底离开贝尔实验室,只有几天的时间放松一下。第二天,天气就骤然变冷。11 月 29 日是星期五,我去河岸大道跑步,担心以后中午吃饭时间不能锻炼,我该怎样来保持良好状态。周日早上的时候,我就开始咳嗽、发烧。想到上班第一天就要请假实在不大好意思,我就带着感冒参加了入职培训。

接下来的几个月中,由于缺少休息,我一直没有恢复过来。过去的两年时间里,我家里祸不单行:我岳父在 1984 年年初突然去世,我父亲在 1985 年去世,而仅仅几个月后我的岳母又处于胰腺癌晚期。埃娃一边照顾她母亲,一边努力在实验室做研究,于是我就在晚上和周末照顾桑娅,承担着满足一个两岁大孩子愿望的重担。我们晚上睡觉要被打断很多次,要起来喂奶,换尿布。我们都疲劳不堪,心情沮丧。

6 个星期后,令人恐惧的凌晨电话从一个出乎意料的地方打来，我在南非的姐夫又突然去世。几个星期后，关于埃娃母亲的电话也打过来了。

持续了几个星期后，我的"流行"感冒发展成一直咳嗽和流鼻涕，让我晚上睡不好觉。在一个寒冷冬天的周五晚上，我开车带着约书亚和桑娅去东汉普顿，和几个朋友在那里过周末，这样埃娃就能不受打扰地陪护她的母亲了。周日晚上10点钟左右，我实在是受不了了。我最需要的就是休息。我半夜离开了家，在办公室留了便条说我病了，直接住进了林肯中心的帝国酒店。然后，我吃了一片安眠药以确保我能够睡着，在床上躺了整整一天半。神奇的是，这次休息起了作用。我停止流鼻涕了，原本持续不断的咳嗽也消失了。到了周三早上，我返回办公室开始工作，至少就我的身体健康来说已经恢复得差不多了。

尽管我生病了，我仍快速地学了大量东西。我的主管拉维·达塔特维亚有着争强好胜的、犀利的性格，他还喜欢用尖锐、简短的语言刺激别人，故意要看别人有怎样的反应。但他是一个卓越的指导者：对金融理论有着深刻的直觉，也明白交易和销售业务是如何运作的。

当我去高盛金融策略小组时，我原以为我是在那里承担债券交易软件工程方面的工作。但在1985年，场外债券期权业务开始出现，而拉维负责满足这方面的需求。我刚上班没几天，他就把我介绍给债券期权交易部门，让我研究这些债券期权的估值模型。星期五时,他给了我一份著名的考克斯－罗斯－鲁宾斯坦(Cox-Ross-Rubinstein)二项式期权模型的论文复印件,告诉我要在周末读完。这是一个难得的机会,我开始研究一个非常有意思、悬而未决的商业问题,正是这一问题的解决成就了我的名声。同样重要的是,我与交易员们建立起了联系,他们对理论和模型有着真正的源于实践的兴趣。

债券期权交易部门由皮特·弗洛伊德领导。皮特是一位30多岁,由律师转行来做期权的交易员。皮特对期权理论的精妙之处有着深刻、实用的体会,但他的大部分时间都忙于给鲍勃·鲁宾写商业备忘录。鲍勃那时还是固定收益部门的主管,很快就变成高盛的公司领导之一,最终他搬去华盛顿当了克林顿政府的财政部部长。我很享受与皮特交谈,在我们谈话的过程中,有时他会将手放在我的肩膀上,并将胳膊的全部重心落在我肩膀上几分钟。这还是我第一次从触觉角度体验当雇员的感觉。在贝尔实验室,主管不会与你发生过多的身体接触,而在高盛,高级管理人员习惯用一种父爱式的甚至有些居高临下的方式紧握你的手臂或肩膀,即使他们比你还要年轻。

皮特领导的小组内最引人注目的成员是戴维·加贝茨。他以前是一名地理学研究生,后来成为债券期权交易员。在12月底固定收益部在南大街海港酒家举办的一年一度的圣诞节聚会上,他和我以朋友相待。那次聚会是在爱炫耀的华尔街鼎盛时期举办的、令人难以置信的喧嚣聚会。大虾和可以塞满整张嘴的大块牛排摊在桌子上。我们随着一群交易员组成的摇滚乐队起舞。这与我在贝尔实验室已经习惯的那种像小孩子交朋友般端着纸盘子吃巧克力蛋糕等聚会的风格完全不同。戴维把我夹在他的胳膊下面，就在天寒地冻的 12 月的夜晚，尽管我仍病着，戴维依然拉着我陪他步行回家。我们从海港酒家向北穿过下东区大踏步走了几英里，在午夜的黑暗中都能看到彼此呼出的白气，直到最后我总算拦了一辆出租车载我走完剩下的回家之路。戴维性格冲动，充满活力，行事奔放，热情似火，快人快语，愤世嫉俗，总是因为一些不满意等原因给鲍勃·鲁宾写信，信里威胁着他要辞职离去，寻找更能施展抱负的地方。我初来乍到，他义不容辞地教我这里的规矩。我们一起在"Fledermaus"吃过很多次中午饭，对交易员来说那里是南大街上最"流行"的地方。

皮特团队中另外一名成员是雅各布·戈德菲尔德，他是个不修边幅的、胡子拉碴的、个子瘦长的、年轻的哈佛大学法学研究生，他从来没有考虑过进入法律委员会，毕业后直接进入高盛成为一名交易员。戴维也拿胳膊夹过雅各布，我们相处得很愉快。雅各布本科学的就是物理，而且自己能够编程设计很多自己的交易工具。雅各布非常聪明，很快就流露出一种不显山露水，又让人印象深刻的神秘色彩，同事们也开始对他另眼相看。他把员工卡紧贴胸前，从所有人那里获取信息而自己却不泄露任何信息，体现了一个完美的交易员所应具有的气质。不像 20 世纪 80 年代那些"宇宙主宰者式"的交易员，雅各布从来不说脏话。

每个人都知道雅各布是鲍勃·鲁宾的门徒,也是他的耳目。毫无疑问,雅各布在晋升方面是上了快车道。

我进入高盛第一个星期里拉维留给我的问题,根植于美国20世纪80年代初的经济情况。高盛是"卖方":我们卖出股票给资产管理者、保险公司、养老基金、共同基金等"买方"机构。70年代末80年代初,当利率高企的时候,很多这些买方机构买入由企业、市政当局、政府所发行的债券,它们能够获得非常高的收益率。但当从卡特总统执政时期通货膨胀达到顶峰,利率达到高点后,80年代中期的利率水平一路稳步下滑。债券支付的利息越来越少,这些基金不能获得前几年那么高的收益水平。为了提高不断下滑的收益率,很多基金公司开始通过间歇性地卖出基于它们持有的特定债券的短期看涨期权,从而提高它们的收入。而提供这些看涨期权能够赚到很多钱,于是在1986年年初的时候,高盛的国债期权业务大幅攀升。

不严密地说,基于债券的看涨期权是一份双方对赌合约,赌的是债券价格在未来约定的到期日时,是否会高过一个事先约定好的执行价格。到期时,如果债券价格高于执行价格,买方赢得赌局,他可以执行期权获得收益。看涨期权的收益就是到期时该债券的市场价格与执行价格之差。看涨期权的卖方要将该债券交给看涨期权持有人,并换回相当于执行价格的钱,尽管该债券现在已经变得更加值钱了。概括来说,就是看涨期权持有人获得债券价格高出执行价格的部分,但债券价格低于执行价格则没有损失。

买方基金公司向高盛卖出看涨期权获得额外收入。拥有价值100美元国债的共同基金，可以卖出基于该债券的一年期看涨期权，执行价格为100美元，期权费为2美元，这样就提高了它们的收益率。只要该100美元的债券本身没有升值，这2美元就是意外之财。但对于期权而言，有一分回报必有一分相应的风险。假如利率下降，一年后该债券价格上涨到106美元，这种情况下高盛就会执行看涨期权，要求共同基金将价值106美元的债券按照100美元的价格卖给高盛。这样就会使基金公司获得2美元的期权费，但在债券价值上损失6美元，净损失为4美元。从本质上来说，基金公司就是在赌利率不会下跌。

高盛的角色就是作为客户的"裁缝"。基金公司可以卖出上市交易的利率期权和国债期货合约进行"打赌"，这些合约在芝加哥交易所里都有挂牌交易。但这些上市交易的投资工具只有有限数量的标准执行价格和到期期限，太过局限而不能与基金实际持有的债券的特定执行价格和到期时间相匹配。为迎合这部分市场需要，高盛从基金公司手里买入场外（OTC）看涨期权，每份期权都是基于基金所持有的特定债券私下商定的定制化合约。这种期权合约的到期日选定在基金公司每个季度需要公告收益的日期之前。如果利率没有下跌，基金公司赢得赌局，它们获得期权费从而提高了它们可以用来公告的收益水平。

就像很多业务发展的早期阶段一样，出售债券期权的公司收益颇丰。交易部门可以为一家基金的特定需求而量身定制一份期权，并据此收取额外的费用。高盛的债券期权部门通过买入价格相对便宜的、交易所上市交易的期权和期货来对冲卖出的定制化期权所产生的风险，两个操作方向上的支付近似匹配。利用交易所上市合约对冲定制化期权有一定风险，执行价格和到期时间的不匹配使得对冲只能近似实现，并不能完全精确对冲掉风险。你可以想象一下，我们部门因为愿意承担和管理这种风险而收取的费用是多少了。

利用一种期权对冲另外一种期权，像高盛这样的公司需要模型来告诉你每一种期权的价值，以及期权对于利率变化的敏感度。拉维让我去学习的、久负盛名的布莱克-斯科尔斯期权模型是针对股票期权的，并不严格适用于债券期权。股票相对简单，它们并不保证未来会支付股利，也没有约定的到期期限，因此它们的未来价格也是不受限制的。而国债就有些复杂了：因为它们承诺到期后要偿还本金，其到期日的价格就限定在面值上了。而且，由于所有的国债都可以被分解成一组到期日不同、更加简单的零息债券，因而这些债券之间就是相互关联的。

我的新上司拉维曾尝试对适用于股票期权的布莱克-斯科尔斯模型进行修订，以使其适用于债券期权，至少能近似地适用于短期国债期权。他已经写了一个计算机程序来执行修正后的模型，现在的债券期权部门就是据此进行对冲操作的。随着他们对这个模型的逐渐熟悉,皮特·弗洛伊德负责的部门发现拉维的模型对于短期期权是适用的,但对于长期期权而言是有问题的。由于没能充分考虑到债券价格长期变动行为,这个模型存在着各种各样理论上的不一致。这只是一个具有独创性的初次加工,快速地做出来是为了让债券期权交易部门尽快开展业务。但现在,无论是模型本身还是它的计算机交互界面都需要做进一步提升。我进公司的几天后,拉维指派我对模型进行扩展,对程序进行改进。这是我第一次与交易员一起工作,正是在与拉维和交易部门的同事一起工作的几个月里,我了解到了作为一名宽客要注重实效,要以业务为导向等。

从交易部门的角度出发,在业务中使用这一模型的最大障碍并不是理论,而是缺乏一个对用户来说形象、方便的界面。每一次销售人员需要对与客户可能达成的期权交易进行估值时,他首先都必须一行接一行地输入债券当前价格、到期期限、利息以及期权的到期期限与执行价格;然后,销售人员还必须输入当前短期利率和假设的债券未来收益的波动率;最后,还要按一下回车键,程序才能根据模型计算出期权的理论价值,并告诉你如何利用标的债券对冲期权的风险。如果你希望计算在不同波动率、到期期限、执行价格水平下的期权价值,你必须重复以上步骤,一而再,再而三地输入所有变量值并敲击回车键。

达成一笔交易可能要花几天的时间。通常,客户会从高盛这里拿到报价,然后打电话给另外一家交易商从而得到他们的报价，对比一下，经过仔细考虑后，第二天，客户会打电话回来继续商讨。在这个节点上，我们部门的同事就要再一次运行估值模型程序，重新输入所有交易中的变量进行估值。这个过程降低了与客户互动的效率，对于迅猛发展的业务来说也实在太慢了。

软件设计方面也有缺陷。拉维的编程是用FORTRAN语言完成的，但科学界和金融学界对编程语言的应用已经迅速朝C语言方向发展，C语言对于协作软件开发提供了更好的工具。拉维指示我要学习期权理论，用C语言再重新编写程序，设计一个更加友好的用户交互界面。这是一个完美的任务，因为它立刻就把我暴露在理论、执行以及业务互动面前。我首先用接下来的几天时间快速浏览了一下股票期权理论，就如最初在考克斯－罗斯－鲁宾斯坦二项式文章中所阐述的那样。然后，我研究了一下拉维的FORTRAN语言版本的债券期权模型，开始在金融策略小组部门的VAX计算机上利用C语言重新编写程序。

在接下来的几个星期里，我研究了多种用户界面，调整设计以便能适应社会和计算机环境。当我遇到困难的时候，拉维就开始变得不耐烦，急躁易怒。我上班仅三个星期后的一天，由于我花的时间超过了他的预期，他提议或许他应该将这份工作交给另外一个人来做。那天晚上回家后，我反常地带着笑容向埃娃诉说了我第一次尝到的华尔街的残酷无情，并得到了埃娃深表震惊的同情。我想向她展示的是，随着我从物理学领域彬彬有礼的小树林来到了资本主义冷酷无情的机舱里，现在的我已经进入这样一种世界，这里比我小10岁或更多年纪的人发现我跑得不够快时，就会把鞭子在空中甩得啪啪作响。但事实上，这并不是那么糟糕——华尔街从来就是能人可以称王称霸、不讲礼貌的地方。对我来说，这算不上什么侮辱。从那时起已经19年过去了，在这19年里，我曾被年轻的交易员呼来喝去，在电梯里被刚当上合伙人的家伙充满鼓励地拍过后背，捏过肩膀，还有一次当着交易大厅里所有人的面，我被一名满嘴脏话的愤怒的女销售员咒骂，被逼着穿过交易大厅。这里普遍缺少对年纪的尊重，使得你也只能对自己的年纪置之不顾，我喜欢这样。

我很快就完成了这个模型的编程工作，开始考虑着给它设计一个友好的用户终端界面。在那些还没出现苹果公司Mac操作系统、微软视窗系统的日子里，可供选择的窗口设计还很少。由于一直受到UNIX设计理念的影响，我开始开发我自己的一套用来进行数据输入和结果显示的工具包。我快速翻阅了UNIX系统中"curses"软件库的操作手册，这一软件库能让你灵活地阅读和编写出每行80个字符、共24行的全屏文本，还能用来设计交互界面。用了一个多月的时间，我就开发完成了Bosco，这是用我儿子约书亚那可爱的名字缩写来命名的一款新计算程序。

尽管新模型更好，但我的新用户界面的反响却更热烈。它使与客户讨价沟通变得更容易了。所有模型的输入变量和输出变量都在一个计算机屏幕上可视，屏幕上的一块区域用来输入数据（如债券利息、到期期限等），另外一块区域用来显示模型的计算结果（如期权的价值、套保比率等）。还有一些区域是用来存储关于客户和这笔交易的相关信息的。要运行模型获得期权定价，只需要按下"计算"按钮即可。要改变输入区域内的数值，你可以移动光标到相关区域，输入数值，再次按下"计算"按钮。与以前命令行界面的FORTRAN语言版本相比，使用者使用这个版本就不需要无数次敲键盘了。更有用的一点是，你可以在任何时候保存潜在交易的所有细节，将其存入一个计算机文件中，便于以后检索。如果你与客户的初次交谈中使用这个程序计算出了一个期权的估价，那么你就可以把所有信息保存在文件里，然后第二天你们就可以从初次交谈中断的地方继续谈下去。

尽管以今天的标准来看是极简单的，但这个程序在当时与部门之前曾用过的程序相比，还是出乎意料的好。交易员和销售人员都万分高兴。每天开始时，通过以模板的形式创建并保存期权交易最常用的相关信息，销售人员就可以快速对客户需求做出反应，用更有效率的方式来接纳更多的客户询价。从那以后，我一直都没有忽视任何一个简单的、设计良好的软件改进对商业所起到的重要作用。尽管对于宽客这一群体而言，真正的荣耀在于建模，但他们也能通过提高交易与销售的人类环境而发挥出极为引人注目的作用。

几年后，当我成为权益业务部量化策略小组的负责人时，我总是尝试给新来的员工创造出像我第一次那样幸运地同交易部门合作的机会。我给他们设定题目，解决这些题目有益于交易员，解决问题的过程中同时需要理论分析和软件实现。通过这种方法，我希望他们能与他们交易部门的最终用户建立起良好的合作关系，学习专业术语以及业务操作模式，融合理论与实务。

像很多组织机构一样，那年12月拉维招我加入的高盛金融策略小组也充满了政治斗争。在我加入高盛之前离开的斯坦·迪勒，据说经常开玩笑说他的头脑在华尔街只能算是二流的。为了取代他，推动业务发展，主管固定收益部的公司合伙人从中西部地区引入了两名金融学教授：一位又高又瘦，讲话速度飞快，超级自信；另外一位则矮很多，讲起话来慢吞吞的。他们的到来并没有取代斯坦在头脑排行榜上的位置。

他们带来的新管理体制与我曾看到过的迪勒的管理体制完全不同。迪勒对金融策略小组的领导看上去有些独裁，但将交易视为一门科学。他突出金融学研究的数量方法，强调软件开发和交易系统的重要性。他招募具有博士学位的雇员——工程学家、物理学家、计算机科学家、数学家，他们中的绝大多数进入公司之前对金融一无所知，都是边工作边学习金融理论和业务。他所招募的人都是能立即上手研究金融、数学和计算机科学的，都对我还一知半解的金融世界具有跨学科的视角。

新的领导更强调管理。他们被授予了自由处置权，于是就开始了一场招聘的狂欢，迅速将原本只有15或20位前科学家组成的策略小组扩展成为一个超过百人的组织。很多新招募的雇员是职业经理人,他们声称自己更清楚如何与交易员沟通。他们肯定非常清楚地知道,他们已经找到了一份美差。只要它存在一天,他们就要精明地尽可能充分利用它。过了一段时间之后,本来主要工作是建模和编程的小组,变成了一个"倒三角形":只有一两位熟悉技术的员工处在倒三角的底层,支撑着在他们上面的一大群管理人员,这些管理人员将技术人员的工作结果传递给交易部门,然后再将交易部门的反馈意见向技术人员传达下去。拥有博士学位、擅长研究或能够编程的人在这种管理体制下毫无优势可言。

戴维·加贝茨以其惯有的精准判断和犀利话语,开始把金融策略小组的两名新领导称之为"笨蛋"和"蠢材",并充满讽刺地把他们领导下的这个小组称为"金融灾难小组"。1986年的高盛,仍习惯于"管理"宽客。

尽管存在着政治斗争,我仍非常喜欢高盛和金融策略小组,在那里我与很多程序员和宽客成为好朋友。他们中的很多人都比我年轻很多——这是我的第二份工作,却是他们的第一份工作。在我毫不起眼的卡位里不停工作——我去高盛的第一年里还没有办公室——我有时会觉得不大协调。一天,当我一边对我的债券期权模型编程,一边不经意间吹起披头士乐队歌曲的口哨时,我听到邻座卡位的23岁小伙子转过身来惊呼"你怎么知道这首歌"?然而,事实上只要你有能力,年纪并不怎么重要。特别是从那时起,逐渐动荡的金融市场——1987年和

1989年的股灾、长期资本管理公司的破产以及1998年俄罗斯的债务危机——都使得成熟的外表成为一种优势。

在我认识的新同事中有一位叫罗斯科，他性格温和，乐观而不抱有不切实际的幻想，是一个小组的组长，小组里都是很幽默的、持不同意见的程序员。罗斯科将这些程序员做的卡座区域称为"不同意见者区"。不同意见者区的人吃午饭都很早，吃过午饭之后会去布鲁克林大桥散步，然后再回来。罗斯科的真名叫威廉·仲马，传说与法国小说家大仲马还有些关系。他非常不屑于金融策略小组新的管理体制。有一位新来的管理信息系统经理，他从他前上司那里照搬来了如何保持编程风格的过时的公司备忘录，罗斯科称这位经理为"循环大师"。罗斯科在给新加入金融策略小组的新人起一些颇有创造性又引经据典的绰号方面有点天分。他的方法是用伦敦音押韵，并配之以联想出来的俚语。举个例子来说，数字"five"就被称为"Lady"，因为"Lady"是"Lady Godiva"的简写形式，而"Godiva"又跟"fiver"这个词押韵，"fiver"又是以前5英镑钞票的非正式表达法（就像"你能借我5英镑吗"里出现的一样）。用这种方法，他给一位新来的巴基斯坦程序员起绰号为"Mander"，因为这名程序员的真名叫"Salah"，能让人联想起"Salamander"⊖这个词。罗斯科给我命名为"E-man"，我很喜欢这个名字，因为这个叫法类似于我从小南非的家人和朋友称呼我的名字"Emanuel"的简称。就像罗斯科给其他人

⊖ 蝾螈目动物火蜥蜴。

起的外号一样,这个称呼伴随了我在高盛余下的岁月。1994年固定收益市场暴跌之后,罗斯科离开高盛转投一家位于旧金山,名叫Iris的金融软件公司。这家公司是我的一位老朋友运营的,他原来是富国银行(Wells Fargo)的一名宽客。

高盛的另一位新雇员是南非小伙子乔纳森·伯克,他只有本科学位,在高盛的工作是分析员。他对金融和市场有着狂热的兴趣,从他身上我很快就第一次看到了什么是商业思维。我到高盛不久,挑战者号航天飞机爆炸了,年轻、天真、热情的乔纳森一听到这个消息,急忙冲出去给他高盛的股票经纪人打电话,要求买入Morton Thiokol公司股票的看跌期权,Morton Thiokol公司为挑战者号航天飞船的助推器提供的密封圈是漏气的。乔纳森希望从这家公司股价下跌中获利。看到他在这次航天灾难中的迅速反应,我认定乔纳森生来就是做生意的料,但我错了。乔纳森后来受到金融理论的激励,几年后离开高盛攻读了一个博士学位,现在已经是伯克利大学的教授了。2000年11月,我们时隔15年后再次相遇,那次我代表高盛参加伯克利大学新设的金融工程学学位赞助人会议。他还是那样热情,并告诉我,在1986年的时候,他预计金融学将成为21世纪的理论物理学。我们为想象和现实之间的差距而大笑。

乔纳森从商界转向学术界,高盛中有些人则从学术界转向商界。金融策略小组中另外一位南非同事是罗恩·顿波,他是最优化领域的一名学者、专家,是"笨蛋"和"蠢材"引进来担任顾问的,帮助FSG设计债券组合。罗恩每周从多伦多飞来纽约工作三天，住在高盛提供给他的公寓里，他反过来又聘请了其他不少学术圈的人。对于我们中的大多数人来说，这是我们第一次看到花大价钱给生活带来的额外享受，我们都感到很惊讶。罗恩很有企业家特质，懂得系统和软件对于管理投资组合风险的价值。他于 1987 年离开高盛，很快就创立了 Algorithmics 公司，现在这家公司已经是一家很有名气的生产风险管理软件的公司了。

我也开始与比尔·托伊开始了长时间的交往。我到高盛之时，比尔已经在股票部为费希尔·布莱克（Fischer Black）工作了。比尔和我以前都是研究物理的，都是由贝尔实验室来到高盛的，我们都对贝尔的环境和官僚主义作风持批评态度。费希尔当时负责股票部的小型量化策略小组，为股票交易设计模型和交易软件，在我进高盛的最初几个星期里只跟他打过几次照面。

金融策略小组中另外一个极为出色的天才程序员是戴夫·格里斯沃德（Dave Griswold），他是从位于长岛的格鲁曼飞行器公司（Grumman Aircraft）招聘来的，只比我早来几个月。当时不到 30 岁，拥有莱塞拉尔理工学院的计算机科学学士学位。戴夫热爱所有软件，特别是对那时刚刚渗透进商界的面向对象编程语言更有兴趣。也许是在计算机科学界已经有几位非常有名的"格里斯沃德"了，再加上切维伊·乔伊斯在《快乐假期》（National Lampoon's Vacation）系列剧中扮演的角色也叫这个名字，戴夫喜欢把自己称为"格里斯伍洛德"（Griswlod）。这个词让人不明所以，但又印象深刻。

戴夫不像是一个在华尔街工作的人，在内心深处他更像是一位真正的计算机科学狂热爱好者。他有着标准的 UNIX 风格，对于任何一项新任务，都喜欢先设计出需要用到的工具。戴夫总是设想很宏大。让他开发一个新程序，他会雄心勃勃地决定，这个新程序要在任何硬件上、任何操作系统中都要能够使用。为了做到这一点，他必须为程序所需要的所有基础部件都设计出他自己的版本来，以使这个程序不受任何特定机器细节的影响。也正因为如此，戴夫对 DOS 或 UNIX 系统提供的大多数工具（视窗、菜单、文件、数据库等）都设计出了自己的便携式版本。

我见过太多天才程序员沉溺于自己从头开始来创造一切东西。大多数进行这种尝试的人们跌进他们再也不能走出来的无底深渊，不停地螺旋式地在他们再造出一切事物的便携式版本的努力中越陷越深，而这些便携式版本通常都能免费获得。戴夫与这些在开始建造房屋之前想要自行制造出锤子、锯和水平仪的执拗的普通人相区别的地方就在于，他知道该在什么地方停下来。他会在刚好把他需要用到的工具制造出来后就停下来，然后用这些工具去制造系统本身。

戴夫是优雅、兼容性强的计算机语言的狂热追随者。他非常喜欢 Lisp 和 Smalltalk 语言，后者是施乐公司帕洛阿尔托（PARC）研究中心发明出来的，催生了苹果计算机的语言环境。他还是 Objective C 语言的热爱者，这是一种有着 Smalltalk 风格的 C 语言分支，是史蒂夫·乔布斯（Steve Jobs）在重返苹果公司之前设计出来的 Next 计算机操作系统的主要组成部分。几年后，戴夫设计出了他自己的面向对象程序语言，他自称为"Gold C"语言，只在高盛的内部使用。从长远来看，他的兴趣还是会将他带回软件世界的。

我进入高盛不到 3 个月，拉维就离开高盛去了 Prudential Bache 公司的固定收益部，在那里负责固定收益策略小组，地点就在距离我们几个街区远的沃特大街。迪勒时期的几位高级策略分析师已经相继离开高盛，他们中的更多人也在考虑离开公司。丹尼斯·阿德勒离开高盛去了 Dillon Reed 公司，最终选择就职于所罗门兄弟公司，这两家公司在此后的 15 年里都在大规模的收购兼并中失去了独立的法人实体存在。有一次迪勒给我打电话，邀请我加入他在贝尔斯登的团队，尽管我也受到拉维突然离去的影响，但对我来说离开一个我刚来没有多久的公司实在是太快了些。因此，我埋头苦干，将精力专注于工作。

当时正在使用 Bosco 交易系统的债券期权交易员们开始要求更多系统方面的改进。因此，在 1986 年年中的时候，他们授权戴夫·格里斯沃德和我为他们设计一个更加先进的交易系统。我负责系统的分析和计算模块，戴夫负责将这些子模块嵌入到他设计的基础架构中去。在接下来的几个月里，我们几个负责开发的同事就该使用怎样的计算平台展开激烈辩论。我强烈支持使用 UNIX，这是发展最为完备的开发环境，也是我最熟悉的系统。比尔·托伊则声称他在贝尔实验室工作期间非常熟悉 UNIX 的文件系统，他认为 UNIX 的文件系统不够可靠。而戴夫以其可以预见到的特立独行与不愿合作，打算使用 Symbolics Lisp 计算机，这种机器在当时是用来做人工智能的最先进的机器。他认为这种计算机大容量的内存是一种优势，比硬盘更适合于存储交易系统（"大容量"是相对的。当时 Symbolics Lisp 计算机的 64 兆内存，与现在我使用的很普通的 640 兆内存的苹果笔记本电脑相比，简直就是微不足道）。最终，我们在 Sun 工作站上建设了整个 UNIX 系统。

我就这样愉快地度过了在金融行业最初的几个月。在贝尔实验室工作期间，从我开始工作的那天起，我就感觉自己是一个已经过了最佳状态的人。而现在在高盛，尽管我已经年过 40 岁了，但仍有一种重返青春的感觉。晚上我乘地铁沿着百老汇大街回上西区家中的路上，我都会在地铁里埋头阅读考克斯和鲁宾斯坦或是杰诺（Jarrow）和鲁德（Rudd）写的教科书，兴奋地学习着随机微积分，为我的头脑再次派上用场而高兴。一天晚上，以前一个与我合伙搭车去贝尔实验室上班的人在第 14 大街那站上了我坐的那节地铁车厢。他看到我全神贯注地研究着那些数字符号，在摇晃的地铁上把纸垫在膝盖上，潦草地进行演算，他敦厚地朝我大笑，不相信我居然在地铁里还研究数学——这些东西不是你进入商界后就应该丢到一边的吗？

但我记得，我的想法刚好相反：在一个人们真正需要你花时间做你喜欢的事情的地方工作，这本身就是最大的放松！我告诉我的搭车伙伴，我可以很容易地想象出，再过 10 年或 15 年，我还能做着这类相同的工作。

第 10 章

星际遨游

- 期权理论的历史
- 结识费希尔·布莱克并与他一起工作
- 布莱克 – 德曼 – 托伊模型

华尔街从来就不是一个学术之地。但从1985年年底我进入高盛后,我就一直听人满怀敬畏之情谈论费希尔·布莱克(Fischer Black)。他是期权定价公式布莱克-斯科尔斯模型的共同开发者,也是高盛量化策略小组的负责人。我进入高盛不久后的几个月内,在一次会议上见过他,但直到债券期权交易部门的交易员为我们安排了一次会议前,我从没跟他说过话。

很多交易员鄙视模型,而有些交易员则过于盲目地依赖模型。我们的债券期权交易员知道,他们需要基于一个普遍使用的期权定价模型,分层构建并应用那些深奥的交易智慧和技巧。他们明白他们对模型的需求高于拉维最初设计的模型,于是他们就要费希尔继续研究下去。由于我刚来不久就发现并且解决了拉维模型中一个很小但却很重要的前后不一致的问题,并借此获得了一些名声,于是这些交易员们建议我加入费希尔的团队,尝试开发出一个更好的模型。

在我上29楼费希尔的办公室去找他之前,为了向他展示我已经做的工作,而且不方便说出来的是,我还想看看他是否愿意让我加入他的团队,我阅读了很多期权理论历史方面的材料。

20世纪70年代之前,没有人知道如何令人信服地给出期权价值的估计。股价上涨时看涨期权获得收益,这好像就是在赌马:你越对股价未来走势有信心,你就越愿意为看涨期权支付更多期权费。每个人都有自己认为的合理价格。

接下来在1973年的时候，费希尔·布莱克和迈伦·斯科尔斯（Myron Scholes）发表了以他们名字命名的用于期权估值的布莱克-斯科尔斯公式。同年，罗伯特·默顿对于这一公式中一个引起争议的地方给出了更为严密、见解更为深刻的解释。最后，默顿给出的公式代替布莱克和斯科尔斯的公式而成为标准形式。默顿和斯科尔斯由于这项工作而获得1997年诺贝尔奖，费希尔理应获得相同的荣誉，但因他在1995年去世而与诺贝尔奖失之交臂。如果他足够幸运能多活几年，那么他可能就会是诺贝尔奖的共同获奖人。

我一直觉得难以理解的是，为什么诺贝尔委员会不在费希尔去世之前为期权理论颁发诺贝尔奖。金融圈里的每个人都知道费希尔、斯科尔斯和默顿获得诺贝尔奖只是时间早晚的问题。而且，那几年大家也都知道费希尔得了致命的喉癌。我曾听有人推测说，诺贝尔委员会不愿意将诺贝尔奖颁给在业界工作的人，特别是一个在利润丰厚而又不搞理论研究的投资银行领域工作的人。

费希尔是哈佛大学毕业的应用数学博士。当他开发布莱克-斯科尔斯模型时，他还在担任Arthur D. Little公司的管理咨询顾问。人们不会将管理咨询业视为能够出现开创性理论学家的领域，但费希尔一直以来都以其源于实践的、非正统的背景为荣。他在期权领域内的贡献被认可后，他成为芝加哥大学的金融学教授，后来成为麻省理工学院的金融学教授，最终在1984年离开学术界而转投高盛。尽管莫顿和斯科尔斯都保持着他们在学术界的身份，但他们都在不同时期成为所罗门兄弟公司的顾问或雇员，后来在 1994 年，他们又成为长期资本管理公司的合伙人和吸引投资的招牌。长期资本管理公司是一家杠杆对冲基金，由约翰·梅利韦瑟（John Meriwether）和他的前所罗门公司"套利小组"来管理。我注意到在 1997 年诺贝尔奖的颁奖词中，只提到了默顿和斯科尔斯分别所属的大学，而没有提他们所属的公司，也许诺贝尔委员会真的对商业世界存在反感。尽管诺贝尔奖听上去高不可及，但诺贝尔委员会也不过是由一群有着特定偏好的人组成罢了。

终其一生，费希尔都真正着迷于均衡的理念。20 世纪 60 年代末，他就是利用市场本身的均衡条件发明了布莱克－斯科尔斯公式。在物理学中，均衡是一个普遍但非常强有力的概念。在均衡状态下，在一个稳定的系统中，我们所观察到的利率均衡值就是使两种相反的力量正好相等。比如说，流入身体的热量正好被流出身体的热量抵消掉，身体的温度就停止上升而保持在一个均衡的温度下。费希尔相信市场价格就是由同样的抵消机制所决定的。

利用基于股票的期权应与股票本身保持相互均衡状态，也就是说，在某种程度上，股票期权和股票应为承担相同风险的投资者提供相同的预期收益，费希尔第一次得到布莱克－斯科尔斯公式。基于这样的均衡前提，投资者投资股票和投资期权之间是没有差异的。这一均衡条件如果用数学语言写下来，就是布莱克－斯科尔斯公式，由此决定了期权的价值。布莱克和斯科尔斯又花了几年的时间，才将这个公式最终求解出来。

与布莱克和斯科尔斯同步研究的默顿，研究得更加深入一些。他的研究表明，可以通过股票和现金的组合来模拟股票期权的价格变化，这种模拟需要不断变化股票和现金之间的配比关系，用更多现金代替股票或是用更多股票代替现金。买入最初组合并不断执行这种调整过程的投资者，最终会获得与股票期权正好相等的收益。因此，期权的价值就应当正好等于买入最初组合的成本。

这种合成期权的方法被称为"动态复制"。这里的"复制"是指你在不停再造这只期权，动态是指你需要不断改变组合的配比关系从而保证准确。复制期权就像是闭着眼睛在一条曲曲折折的滑道上滑雪橇，你需要一种在每一个点上都能及时告诉你该朝哪个方向转弯的方法。布莱克-斯科尔斯模型为你提供了这种方法，默顿验证了这个模型的准确性。

你可以动态复制期权的结论几乎让人困惑。在布莱克、斯科尔斯和默顿之前，没有人想到可以利用简单的证券来创造出期权来。现在，期权仅仅被视为是一个不断调整配比比例的简单证券、股票和现金的组合，配比比例尽管随时变化但任何时候都是已知的。

默顿所依赖的是一种所谓"随机微积分"的数学形式。随机微积分研究的是随机变化量的变化率，比如股票价格或房间里灰尘颗粒的位置。我在20世纪六七十年代念研究生时，以及之后攻读博士后期间，从来没有听说过随机微积分。现在，随机微积分方法对于所有宽客及金融学研究生而言，都是常识了；所有想在华尔街找工作的前物理学家都是从学习这方面知识开始的。布莱克和斯科尔斯在 1973 年的论文中，给出了这一模型他们自己的推导以及默顿的推导。由于这篇论文非常晦涩难懂，直到几年后才得以发表。事实上，这篇文章开始时反复被拒，是经芝加哥大学的默顿·米勒（Merton Miller）帮他们说情后才得以最终发表。

20 世纪 70 年代初，期权定价理论领域内，布莱克和斯科尔斯以及默顿同时提出的两种相互补充的推导方式，让我想起 20 世纪 40 年代末期费曼和施温格提出的关于量子电动力学重整的两种推导形式。费曼和施温格分别用两种完全不同的方法取得了相似的结果，这两种结果各自的形式互不相同，直到弗里曼·戴森（Freeman Dyson）给出证明，人们才终于明白这两个结果之间的等价性。后来，费曼提出的更直观的方法成为了标准形式。布莱克、斯科尔斯以及默顿也是利用不同的方法，从长期来看默顿的方法更加规范，也更加有力，因此成为了标准方法，而且最后也被费希尔本人所使用。

从论文付印的那天起，这一布莱克 – 斯科尔斯 – 默顿理论就不但被学术界，而且被期权交易员所广泛接受。在该模型出现之前，向客户卖出看涨期权的交易员必须承担交易的风险。如果股价上升，交易员就要承担掏腰包付钱给客户的风险。而当这个模型出现后，交易员就可以按照模型所给出的方法利用股票和现金复制出自己的期权，从而估计出这样做的成本是多少。然后交易员就可以将这种自制的期权卖给客户，从而完美地不承担任何风险。

华尔街的期权交易员很快就开始按布莱克－斯科尔斯模型利用股票制造期权，然后将其出售。交易员就像其他提供增值服务的转销商一样，对制造过程收取相应的费用。

在华尔街，宽客、交易员、销售人员每天都在使用股票期权模型及其拓展形式。在过去的30年间，商学院的学术界、数学系的数学家、投资银行和对冲基金里的宽客们都运用相似的方法开发出适用于债券期权、利率期权、信用评级期权、能源期权甚至还有波动率本身期权的定价模型。尽管布莱克－斯科尔斯－默顿理论中简单而深刻的理念并未改变，但其中用到的数学却变得更加精细、复杂和令人敬畏。

布莱克和斯科尔斯最初的模型中，假定的是几乎最理想化的简单市场。他们只考虑未来股价变化的不确定性，但忽略了其他更细小的复杂之处。然而，他们的模型被证明是非常具有拓展性和稳定性的——别人可以对模型进行修补、完善，从而将在真实交易环境中的不符合完美市场假设的地方也能在拓展模型中有所体现。该模型可以容纳这些及其他修改、完善，同时又使模型的基本理念不受动摇。期权理论是经济学领域中的伟大胜利之一，尽管数学上有点复杂，但概念简单，非常实用。要是经济学里的其他内容也都像期权理论一样有用该多好！

我敲开费希尔办公室的门并走了进去。办公室里非常安静,灯光昏暗,是一个工作而非开会的地方。在高盛,办公室是地位的象征,是一个非常奢侈的个人享有权利的地方。股票交易的那一层中,有很多装修考究的办公室,里面布满了没有时间在办公室工作的交易员和销售人员以前所完成交易的资料。费希尔的办公室看上去并没那么奢华,在办公室最显眼的地方挂了一张耐克的张贴画,画上一条长长的路消失在远方,画的下面有一行文字,写的是"比赛并不总是比谁速度快,而是比谁更能坚持"。

1984年,费希尔经鲍勃·鲁宾(Bob Rubin)推荐,由麻省理工学院来到高盛,是第一批由金融学术界投奔华尔街的学者。费希尔最终在1986年成为高盛的合伙人。与其他投身业界但却与学术界那片乐土保持着紧密联系的学者不同,费希尔全身心地投入到业界中来。现在,我就要见到他了。

简短的介绍后,我开始向费希尔展示Bosco系统,并向他介绍所使用的债券期权模型及我为期权交易部门所设计的图形展示交互界面。就像那些缺少计算能力的股票部门的其他同事一样,费希尔仍然用着运行DOS的系统,而我已经基于在固定收益部非常普及的更先进的VAX系统上开发了自己的软件。我在费希尔的电脑上通过一个VT-100终端仿真程序登录VAX系统。我的程序就要开始运行的时候,VAX系统自己崩溃了。我们就瞭在那里,看着我那个动不了的计算程序的屏幕显示。我不能运行程序,也不能点击或修改任何区域中的任何值,我们只能盯着屏幕上显示的程序界面。我提出过一会儿 VAX 系统重启后再过来，但费希尔相当淡定。他在接下来的一个小时里，认真研究了我设计的用户界面，并对程序界面的布局提出建议。

那时候的计算机屏幕大小有限。我只有 24 行、每行 80 个字符的空间来显示，Bosco 系统中大概有 25 个输入和输出变量要放置在这么大的显示空间中。费希尔一丝不苟地检查了每一个显示区域，并对有些区域中的标签做出了非常合理又非常细致的点评。由于缺少显示空间我不得不将大多数标签进行缩写，比如半开玩笑地将变量名"债券久期"（bond duration）简写为不雅的"诽谤"（durn），这一点费希尔特别不喜欢。因为我没有在学校里系统学习过金融学且只入行几个月，在接下来的谈话中，我时不时地提到"基于未来合约的期权"（an option on a future contract），费希尔每次都非常生硬地打断我，并纠正到"期货合约"（futures contract）。

我很吃惊于费希尔愿意花这么多的时间只关注拉维模型的交互界面，而没有听我介绍运算模型，也没有听我解释我曾对拉维模型做出了怎样的修改。那天我返回到固定收益部后，他的批评让我有点受伤，我不喜欢他的那种态度。但我很快发现费希尔其实是一个非常讲究精确的人，而且清晰的表达也是他始终不渝的追求。这么多年来，我也发生了改变，在后来所写的所有东西上，我都尽量做到清晰且有说服力。

费希尔检查我那个不能动的 Bosco 程序界面后的几个星

期，我了解到了很多费希尔在计算机方面的成见，其中一些是非常保守的。他非常不喜欢鼠标和其他计算机定点设备。他认为键盘是最理想的数据输入工具，坚持认为鼠标能够完成的工作，都可以通过对键盘上的特定键进行宏定义而更好地完成。最后，他还不喜欢图形，认为未经过任何修饰的表格更加具有启发性和引导性。没有人能改变他的这些看法，这些看法只是他偏执于表达方式的部分表现。

他还有其他癖好，虽然无害但令人不快。他对数字显示有着严格的标准，强烈反对超过计算方法所能保证的精确度而在小数点后添加多余位数。现在，每个人都觉得把室内温度报称 73.1457 华氏度是令人反感的（暗指的精确度是没有必要的），但费希尔按此逻辑反对显示小数结尾部分所显示的所有的零，他把这些情况称为"拖尾的零"。如果债券的收益率为 12 个百分点，他觉得应该表示为充满自信的"12%"，而非犹豫不决的"12.00%"，因为后面一种表达方法只是表明精确到小数点后两位之意。如果费希尔发现表达形式方面令人难以满意，你就是花再多时间向他解释也没用，也不能将工作推进到内容部分。

因此，最终每个与费希尔一起工作的同事（哪怕共事时间很短）都要在编写自己子程序时，在交给费希尔之前将所有"拖尾的零"抹掉。比尔·托伊和我曾开玩笑说，你可以通过搜索一个人的硬盘中是否有一个叫作"删除'拖尾的零'子程序"［remove Trailing Zeros（）］，来判断这个人是否为费希尔的合作者。

有时候，费希尔在这一点上有点过分。几个月后的一天，我用了一下他的团队中某个成员设计的期权计算程序。程序需要使用者输入股票股利收益，因此我就在这个区域内输入了数字"0"。在短暂的一瞬间，我看到我输入的数字"0"在屏幕上闪了一下后，就消失了，那个区域内还是空白的。我原以为我自己输错了，我又输入了一遍0。这一次数字"0"再一次像海市蜃楼一般，鬼魅似地在屏幕上闪了一下后，就消失得无影无踪。于是我明白了这是怎么一回事。这位程序员盲目地听从了费希尔的话，删掉了所有"拖尾的零"。由于数字"0"全是零，程序就将整个数字删去了，给人的感觉就像什么也没有输入过。这个程序根本没有考虑到"什么都没有"和"0"在哲学上是有区别的。

就像我第一天见到费希尔一样，他总是非常安静、镇定，始终处于一种看得出来的"均衡"状态。他似乎从来不允许他的生活在大量工作中疲于奔命，也不会以处理大量工作为荣，他的这一做法很快就成为投资银行人士的生活方式。在大多数情况下，当你去拜访他时，会发现他要么是在阅读，要么是在打电话，要么背对着门坐着，计算机键盘放在膝盖上，椅子旋转180度正对着放在办公桌上的计算机，计算机旁边就是窗口，他正往Thinktank程序中输入一些记录。Thinktank程序是他一直使用的、20世纪80年代末一种管理人员使用的程序。

费希尔将他所有的备忘录和记录都输入到Thinktank中。他在高盛的打字员贝弗莉·贝尔说，费希尔积累了超过2000

字节的文本,从地址和电话号码到他的思考和想法。我认识的费希尔团队中的同事说,费希尔与 Thinktank 开发者保持着持续的、密切的沟通,为的是提出他希望看到的补充和修改。

费希尔十分细致,条理性强,一举一动都一丝不苟。每天他都订相同的禁欲主义的健康饮食,让人送到他的办公室。他喜欢佩戴一块能够储存信息的卡西欧牌手表,这一做法刺激了他的一些雇员兼崇拜者随之效仿。在他的办公室里,如果来访的客人谈到一些他认为有用的内容,他就会用一只尖尖的自动铅笔将这些内容写在写字簿空白页上,然后撕下,插入一个加着标签的马尼拉纸文件夹中,并把文件夹保存在他的文件柜中。在费希尔去世后发表的一篇纪念文章中,贝弗莉描述说他留下了 6000 份文件,现在都保存在麻省理工学院。

费希尔对他自己对科技的充满热情非常坦然,这与 20 世纪 80 年代华尔街的风气截然相反,那时华尔街的重要管理者都以自己不懂计算机为荣。我认识的一些管理者不但躲避计算机,甚至对自己的办公桌避之不及,他们更愿意选择大号的会议桌,以此来彰显他们作为决策者的重要地位。

当我开始与费希尔共事时,我以为他会有一些特别的癖好。尽管费希尔所说的总是经过深思熟虑且充满理性,但你不能通过他在一个问题上的观点,而轻易猜出他对另一个问题的态度。但在接下来的几年中,我逐渐了解到,费希尔是属于那种很罕见的人,是那些你只能偶尔碰到的人,他们的性格是一个完整的整体，尽管这个整体的各个部分看起来似乎毫无关联。实际上，他只是喜欢自己对所有事情做出思考并得出结论。这并没有使他成为一个反叛者，而是成为一个局外人，这个局外人的工作对世界上的局内人产生了巨大的影响。这一点使人印象深刻。

与费希尔完成会面回到FSG后，我继续研究针对股票期权的经典布莱克-斯科尔斯模型，以及拉维对其所做出的修正以使其应用于债券期权交易部门。

期权之所以有价值是由于股票未来价格的不确定性，而且未来距今的时间跨度越大，不确定性也就越大。大量的期权理论都是针对未来的不确定性来建模的。图10-1以简化的方式表达了布莱克和斯科尔斯如何描述股票未来价格的。随着时间流逝，未来股票价格的变化范围会越变越大。今天价值100美元的股票，30年后的价值可能是零，也可能是一个非常大的数值（如果你在20世纪90年代末期买入网络股股票，那么你就能非常容易地理解这一点。）

债券则不同。虽然没有人能够知道股票的未来价值，但对于本金为100美元，30年到期的国债来说，在债券到期时保证会兑付你100美元。图10-2的阴影部分近似描述了债券的未来价格：随着我们从债券今天的价格100美元开始处移动，阴影面积变大，而30年后阴影区域又会收敛于一个确定的价格100美元。

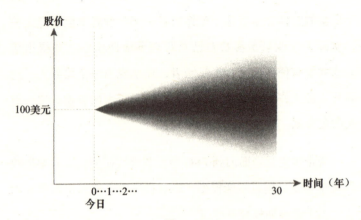

图 10-1

图中是今日价格为 100 美元的股票在未来 30 年可能的价格变化分布。时间越长,未来股价越不确定。阴影越黑的部分,股价就越有可能落在这个区域。

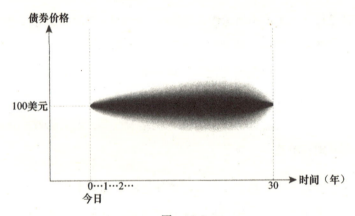

图 10-2

图中是今日价格为 100 美元的债券未来可能的价格分布。30 年后,债券的价值一定是再次回到 100 美元。阴影越黑的部分,价格就越有可能落在这个区域。

1985 年,一种直接但简单的对债券期权估值的方法是利用布莱克-斯科尔斯模型,该模型假设债券价格的分布形式如图

10-1 而非图 10-2 所示。对于在一年或两年内到期的短期期权而言，这种方法不会出现太大误差。你会发现，在第一年里，债券价格的分布非常近似于股票价格的分布。结果就是，布莱克－斯科尔斯模型对于短期（一年期）债券期权而言是一个不错的近似计算方法。但对于长期期权而言，债券和股票的价格分布差异巨大，因此需要一个专门针对长期债券期权的估值模型。

很多学者尝试着对布莱克－斯科尔斯模型中关于股票未来价格的一些假定做出修正，以使其更好地模拟如图 10-2 所示的债券价格变动。拉维按照近似的思路，但由于他是从事实务操作的，他的模型更具有实用性。他聪明地对未来债券收益率而非债券价格的变动进行建模，从而发明了当时使用的高盛债券期权模型。如果以当前价格买入债券，持有到期，并收到该债券所产生的所有利息收入和到期本金，那么债券收益率就是你得到的年化平均百分比收益。拉维只是假设了债券的收益率而非其未来价格遵循一直扩大的、如图 10-1 所示的布莱克－斯科尔斯模型分布。在这种情况下，随着时间流逝，债券逐渐接近到期日，债券的未来收益率不论高低，其取值逐渐变得与该债券价格无关；剩余到期时间太短以至于收益率大小不会有什么影响。因此，尽管在拉维的期权模型中，债券收益率分布随着时间消逝就像图 10-1 所示那样逐渐变得无限高或无限低，但利用这些收益率计算出来的债券价格却像图 10-2 所示的那样逐渐收敛。

拉维的模型捕捉到了债券价格未来变化的特征，是非常有意义的工作。该模型也更符合交易员的直觉，他们已经习惯于从收益率的角度来考虑债券价格，因此认为考虑收益率的变化范围或者是波动是很自然的事情。好的想法通常同时出现在几个人的大脑中，这个模型的不同版本很快就各自独立地出现在其他华尔街的公司里。几年后，当我去所罗门兄弟公司工作时，我发现他们也有一个差不多的系统。

但很多以布莱克－斯科尔斯框架为原型的模型中，存在着其他更深层次的、更加细微的问题。就像布莱克－斯科尔斯模型将每一只股票视为独立的变量一样，拉维的模型也将每只债券视为独立的。尽管认为未来IBM公司每股股票未来价格与AT&T公司每股股票未来价格的变化是相互独立的，没有明显的问题，但债券的未来价格，比如一个五年期债券和一个三年期债券的未来价格变化，在模型中假设为相互独立的，就会出现前后不一致。如果你这样做，运算就会失败。

不同债券之间是相互联系的。五年期债券未来价格变化与三年期债券未来价格变化之间并非相互独立，而相互重叠：从现在起的两年后，这只五年期债券就会变成一只三年期债券，因此你不能在给一只债券的未来价格变化建模的同时，不考虑给其他债券建模。事实上，只给一只债券建模而不是给所有债券建模，也是不可能的。

一只五年期债券和一只三年期债券还有其他相同之处。你可以将一只五年期国债视为未来五年内每六个月到期的十个零息债券的组合。同样地,一只三年期国债可以视为未来三年内每六个月到期的六个零息债券的组合。利用这种方法分解,债券的组成部分是共享的:五年期债券和三年期债券中都包括前六只零息债券。因此,对前三年的债券进行建模时,也暗含了对五年期债券的一部分建模。

从本质上讲,拉维的模型没有考虑到其违反了所有理性的金融模型中作为基础的"一价定律"。一价定律要求任何两个具有相同最终支付的证券都应该具有相同的现价。现在,基于长期债券的短期期权组合与短期债券的支付完全相同,那么期权的组合也应该具有与短期债券相同的理论价值,尽管它们的名称可能不同。但在拉维的模型中,假定长期债券和短期债券是相互独立的,因此他的模型就无法保证一价定律完全实现。

每次对拉维的模型进行认真审视都会得到相同的结论:它无法对债券分开来建模,一次一只是不可能的。你必须针对所有债券的未来变化设计模型,也就是关于收益率曲线本身的模型。这就是我们的目标。

我离开了费希尔的办公室,被他关于我计算程序中名称的苛刻评论弄得有点受打击。但几天后,他告诉我我可以加入他的团队,且比尔·托伊他们正在努力开发一个新的债券期权模型。这是一个非常好的机会,对我的人生而言产生了巨大且使我受益良多的影响。

1986年春天,我参加了我平生第一次期权会议,这是一次由霍华德·贝克(Howard Baker)、梅纳赫姆·布伦纳(Menachem Brenner)和丹·加莱(Dan Galai)在美国证券交易所组织召开的一次年度会议。我是参加此次会议的上百名宽客、交易员和学者中的一位,参会的所有人都是这个领域中的活跃分子。那时的期权会议还很少,后来像《风险》杂志这样的为了赚钱办会的机构开始占领市场,并最终将美国证券交易所举办的期权会议挤垮。我记得有几个演讲是关于新的债券期权定价模型的,其中一个是那时还在摩根士丹利工作的瑞克·布克斯塔伯(Rick Bookstaber)所做的。在解决这一问题上,你能感到一种越来越大的紧迫感,几乎是一场竞赛。费希尔告诉比尔和我,鲍勃·默顿作为另外一家投资银行的顾问,也在研究这一问题。

参会的高盛公司的代表并非仅仅是出于学术兴趣——我们的交易员都要对基于长期债券的长期期权进行做市,恰恰这一领域是拉维模型中矛盾最突出的地方。交易员们意识到他们需要一个更好的模型,因此也有着巨大的动力来替换掉拉维的模型。

我们知道我们需要对所有国债的未来价格变化进行建模,也就是要对整个收益率曲线的变化建模。要做好这件事没那么容易。股票价格只是一个数,当你对它的变化进行建模时,你只是预测一个数在不确定的未来会变成多少。与此相反,收益率曲线是一条连续的统一体,像是一根弦或是一个橡皮圈,它上面的每一个点都对应了一个债券收益率和特定的到期期限。随着时间流逝及债券价格变化，收益率曲线也会发生移动，如图10-3所示。而随时间变化，相应地推导出整条收益率曲线更是一项艰难的任务：就像你不能完全独立地移动一根线上不同的点，因为这根线必须保持连续不断，于是离得很近的代表债券收益率的点也必须保持连续不断。

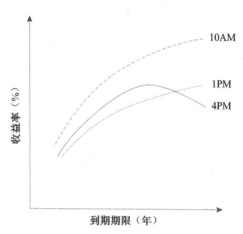

图10-3　收益率曲线可能会在日内发生变化

那么，该如何预测债券未来的价格呢？费希尔、比尔和我都是实用主义者。我们是为交易员构建模型的，因此我们希望这个模型要简单、一致，能够合理地反映现实。简单意味着一个随机因子就能推导出所有变化。一致意味着模型得到的所有债券理论值要与其当前市场价格相符，如果它最终得到了错误的债券价格，那么利用它来对基于债券的期权定价就是毫无意义的。反映现实就意味着模型所得到的未来收益率曲线的变化区域，应该与那些现实中的收益率曲线变化相似。

当物理学家开发模型时，他们首先会求助于一个关于世界的模型，这个模型上空间和时间都是不连续的，只存在于一个网格里的点上，这就使得利用数学进行描述更容易了。我们利用相同的思路开发我们的模型。我们首先设想了一个世界，在这个世界中最短期的投资只能持续一年，并且由一年期国库券利率来表示。那么长期的利率则反映市场对未来短期（也就是一年）利率未来变化的可能范围的判断。

顺着这一思路，我们开发了一个关于未来一年期利率的简单模型，类似于图 10-1 中股票价格分布的离散版本。如图 10-4 所示，最初的一年期利率可以从当前收益率曲线中得到。当你越往将来看去，利率变化的可能值会逐渐落在更广泛的范围内。

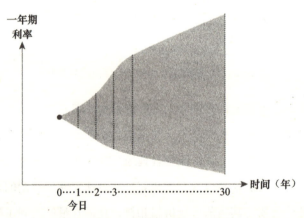

图 10-4　布莱克 - 德曼 - 托伊模型关注于未来短期利率的分布

　　这里每个点对应于一个未来一年期利率的特定取值。过去的时间越多，未来利率的不确定性就越大。

为了完成我们的模型，我们现在必须决定未来任何一年的时点上，一年期利率的取值范围。在我们的模型中，核心的原则是将长期债券视为连续短期债券投资的组合。从这个角度出发，两年期利率来自连续两次一年期投资，第一次是一个已知利率，第二次是一个未知利率。市场今天对于一个两年期债券利率给出的定价取决于市场如何判断一年后一年期利率是如何变化的。因此，你就可以利用当前一年期收益率和一年后一年期利率的分布计算出当前两年期债券收益率。同样地，你也可以利用一年后一年期利率的分布计算出当前两年期收益率的波动率或不确定性。相反地，倒推回来就是，由于当前市场上两年期收益率及其波动率是已知的，那么你就能推导出一年后一年期利率的分布，如图10-5所示。

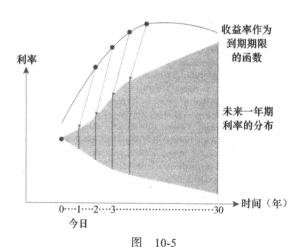

图 10-5

在布莱克－德曼－托伊模型中，未来一年期利率的分布是从当期收益率曲线推导出来的。两年到期收益率决定了一年后的一年期利率的分布，三年到期收益率决定了两年后的一年期利率，以此类推。

利用相同的方法，基于当前一年期利率、已知的一年后一年期利率分布（从当前市场上两年期收益率推导得到）、两年后一年期利率分布，就能得到当前三年期收益率。但由于当前市场上三年期收益率是已知的，你就可以利用它推导出两年后的一年期利率分布。继续利用这一方法，你就能够利用任意时点的当前收益率曲线来确定所有未来一年期利率的变化范围，如图10-5所示。

这是我们模型的精华所在。当比尔和我将其编程后，它似乎是有效的——我们可以根据当前收益率曲线和它的波动率得到市场对于未来一年利率分布的预期。我们以一年期为时间间隔开始研究，这一点倒不是神圣而不可改变的。只要模型可行，我们可以在网格中利用月、周，甚至在某些时候用天为时间单位进行研究，从当期收益率曲线中确定市场对于未来时点的短期利率分布的观点。一个典型的网格（我们称它为"树"，因为初始的利率分叉出来，逐渐扩张成树枝状）具有相同短期时间距离的、成百上千的节点，如图10-6所示。

我们的目的是将模型设计得简单并一致，它做到了——我们可以将所有当前债券价格与网状树匹配。接下来，我们就可以利用校准后的网状树来对任何证券进行定价，只要证券的未来支付取决于利率，而利率我们可以通过对分布上的不同支付取平均的方法得到。特别是，我们能对基于任何期限债券的、任何到期时间的期权进行定价了。

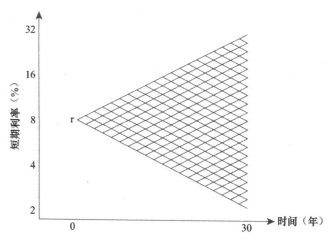

图 10-6 布莱克-德曼-托伊模型中多期短期利率树形图图示
图中每个时间间隔相同,可以扩展到多年。

新模型最吸引人的地方在于它满足一价定律。我们的网状树工作起来就像是一台计算机,通过对证券未来支付求平均,就能得到这只证券的当前价值。你可以将未来支付放在树梢,旋动这台机器的手柄开始计算,对它们求平均并在利率分布区间上对它们进行贴现,最终得到当前市场价格。这台机器并不在于你给产生未来收益的证券取什么名字——债券、期权,随便你管它叫什么名字都行。只要未来支付是相等的,机器计算出来的结果就是相同的。

到1986年年底,我进入高盛工作还不到一年,我们就已经完成了这个模型的绝大部分,运行程序的速度还算可以。接下来我们就开始在实际的期权交易中测试它了,对比我们的模型计算结果和拉维的模型计算结果有何不同。我们公司交易员的直觉都是由旧模型训练出来的,很显然他们对于变换模型持保留态度——在你发现一件新东西跟你原来一直使用的东西可以结合得很好之前,就开始使用它确实是不明智的。在你开始依赖某个模型之前,你需要对这个模型找找感觉。因此,很多金融策略部门的销售助理开始测试新模型,慢慢说服自己新模型符合一价定律。这一结论理论上对于我们来说是显而易见的,但从实践上对他们来说却尚不确定。

我对于我们完成的工作非常兴奋。我在内心深处仍然是个物理学家,而且在金融建模方面也缺乏经验。但我已经开始把我们开发的模型当成一个宏伟的关于利率的统一理论,并想象着我们可以利用它对世界上所有与利率相关的证券进行定价。

然而,费希尔并不喜欢这样来看我们的模型。他更加务实且更加经验丰富,他知道我们的模型仍没有考虑到其他一些金融因素。似乎对他而言更可能的说法是,这个模型在某个分支里可能是好的(如果这个模型确实是好的话),比如说仅仅是基于国债的债券期权,但并不适用于可赎回债券、资本扩张优先证券(caps, capital augmented preferred securities)或其他类似期权的固定收益金融工具。他将我们开发的模型称为"好像"(as if)模型,他的意思是,我们假设在债券市场中,投资者的行为"好像"只取决于短期利率。

尽管我渴望做些宏大的事情,但我也开始意识到我们的模型究竟是怎样的一个模型了:这是一个简单的、基于现象得出的模型，就像物理学家利用的一个模拟物体，它很有用但也仅仅是一个玩具。我们可以尝试使用但应该谨慎对待，要继续尝试对这个模型进行拓展，看它到底能有多大用处。我们曾假设市场只考虑一个因素，那就是短期利率，并认为所有的长期利率都反映了市场对未来短期利率及其波动率的看法。这是真实的吗？当然不是！世界是难以名状的、复杂的。但我们所做的是一个很好的起点，利用它我们可以捕捉到长期和短期利率间合理的联系。我们的模型可能没能描述这个真实的世界，但它描述的是一个可能存在的真实世界，是众多世界中的一个，这就使它的价值非比寻常。

费希尔希望我们正在写的论文要清晰、准确，但又不能过于数学化。在接下来的一年里，我写了很多份草稿，交给费希尔阅读后，他给出评语后又退还给我。在他的打字员贝弗莉的帮助下，这篇文章逐渐变短。在我以前作为物理学家的日子里，我曾是一个不拘小节的作者，对于文章修改很不耐烦。撰写草稿的一年，让我领略到了定性但又准确表达概念的重要性与快乐。从那以后，我更愿意注重细节，并努力把这些细节表达得更加清楚些。

我们的文章《利率单因子模型及其在国债期权上的应用》（*A One-Factor Model of Interest Rates and Its Application to Treasury Bond Options*）最终发表于1990年的《金融分析家杂志》（*Financial Analysts Journal*）上。此时，距离我们开始开发这个模型已经四年了。令我很高兴也很惊讶的是，这个模型被广泛接受并迅速以我们名字的缩写形式布莱克－德曼－托伊为模型命名。很遗憾我们没有早点把文章发表，但费希尔是一个完美主义者，在他完全满意之前他不愿意将其发表。

我们并不是收益率曲线一致模型的唯一开发者。在所罗门兄弟公司工作的时候，我的朋友马克·格尼斯伯格和他的上司鲍勃·柯普拉许也曾开发了一个相对简单的利率模型，尽管这个模型并不像我们那个模型那样通用。鲍勃·柯普拉许后来到高盛领导金融策略小组。欧德里希·瓦西塞奇（Oldrich Vasiçek）总是走在别人的前面，已经在 10 年前的 1977 年发表了最初的类似布莱克－斯科尔斯模型的利率模型。考克斯、英格尔索（Ingersoll）和罗斯（Ross）在 1985 年发表了一个相对复杂但与之相联系的模型。还有一些其他的模型。那么为什么我们的模型被如此广泛地接受呢？

我能想到三个原因。第一，我们是实践者，因此非常清楚交易部门到底需要什么样的模型。当瓦西塞奇和考克斯－英格尔索－罗斯研究小组将研究重心放在更一般的对收益率曲线建模问题上时，我们直接将债券期权作为我们的研究问题，当时债券期权市场正处于快速膨胀阶段。

第二，我们的模型更有利于实践者使用。我们的文章是用非常务实的风格写成的，使用的是二叉树结构的语言，这是一种更为简单的、华尔街上任何人都能掌握的描述方法。我们所阐述的是一种非常简单的算法，任何人只要稍稍花点儿心思就能利用计算机程序执行我们的模型。而其他大多数当时的模型都需要较好地运用随机微积分才能理解，还要再掌握数值分析技术才能将这些模型转变为计算机程序。而在我们的模型中，转化的媒介就是信息：描述和执行几乎就是一个东西。

第三，以前绝大多数的模型所得到的解析方程跟收益率曲线的实际形状对不上，我们的模型经过调校后几乎可以用于任何曲线，因此，我们的模型就是为了交易而出现的。事实上，对于调校的描述是我们文章中很重要的一部分。

在接下来的几年中，许多新的收益率曲线模型出现了，每个都是以其作者名字的缩写命名的，而且富有创造力的学者和宽客们还在继续寻找新的也许是更实用的模型。现在你可以选择 BK 模型（Black-Karasinski）、HW 模型［赫尔（Hull）和怀特（White）］、HJM 模型［希斯（Heath）、杰诺（Jarrow）和默顿（Morton）］或其拓展形式 BGM 模型［布雷斯（Brace）、格塔瑞克（Gatarek）和穆希勒（Musiela）］。这个过程还在继续，不过采用哪个模型还是与喜好和权衡相关。选择模型，就要选择那些能够最大程度反映你所面对的产品的风险，能在所容忍的时间内在计算机上有效运行，对其进行编程不至于过于复杂和烦琐而应足够简单的模型。

布莱克－德曼－托伊模型是简单且一致的，但就像任何模型那样，它并不是完全符合实际，而且很多年过去了，它的局限性愈发明显。实际上，它只有一个不确定性因子，也就是短期利率的分布,由此短期或长期的所有利率都共同变化,假定收益率曲线的初始形状一直不变。因此,尽管这个模型非常适用于对债券期权定价,但它并不适用于对基于收益率曲线性质(如曲线斜率或曲率方面)的期权进行估值。

尽管如此,这个模型的简单特性使其无论是对于实践者还是学者而言,都是了解收益率曲线建模技术的方便的切入点,布莱克–德曼–托伊模型在这方面也确实做到了。即使此后很多更强大、更复杂的模型已经出现了,这个模型还在继续为人所用。

开发这个模型的过程是非常有趣的,就像研究物理时的那些时光。每天中的绝大多数时间,我满脑子里只有这么一个问题,思考网格树,思考如何通过计算机程序来实现,思考如何加快计算速度,与费希尔和比尔讨论,检验计算机计算结果,做出进一步调试。有时我甚至出现睡眠困难,在半夜时分突然惊醒,直到想到一个新的解决方案才能躺回到床上。

与我不同,费希尔非常有耐心。他对开发模型采取一种顺其自然的态度:每天都检视一下你自己知道了什么,再决定采取哪种最好的方法继续推进。至少有两次,他认为如果我们停下所有进展并重新从头来过,我们会做得更好。这是一个我所敬佩的人格特点,但我并不能接受这么做。比尔和我都是这个领域中的新人,我们急于完成我们的第一个完整成果并使它广为流传。

费希尔第一次想从头来过是在我们了解到如何将利率均值回复特性引入模型时，这一想法来自一次意外的发现，并不具有代表性。在那之前，我们在网格树中一直都是以相同的时间间隔来运行模型的。为了提高程序的运行速度，我尝试着变化了网格树中的时间间隔，使开始时的时间间隔很小，越到未来时间间隔越大。我这样做的目的是让我们的"估值机器"较为精确地计算当前的分布，而对距今较远的不确定性未来只做粗略估算。

当我尝试着将这种不同间距的网格树根据当前收益率曲线进行调校时，我遇到麻烦了。程序经常不能算出任何与收益率曲线相一致的未来短期利率分布。而当我们画出网格树并检验它的拓扑结构时，这种情况又消失了。图10-7a描述了一个时间间隔相同的网格树。我们现在可以发现图10-7b中逐渐增加的时间间隔导致了网格树随时间推移而显著扩大，反映了利率逐渐偏离其均值的趋势，这种偏离的趋势与现实吻合得并不好。这就是导致调校困难的原因。同样地，如果我们如图10-7c那样逐渐减小未来的时间间隔，那么我们可以观察到短期利率逐渐向均值恢复，网格树倾向于随时间不断变窄。这种变窄的网格树反映出一种稳定利率水平的恢复性力量，这就接近于现实市场中当政府和央行干预市场稳定经济时所发生的情况。

当费希尔意识到时间间隔逐渐减小可以描述利率的均值回复特性时，他希望我们摒弃原来的相同时间间隔版本并从头来过。比尔·托伊和我急切地想完成我们开始的这个模型，最终我们占了上风。具有变化时间间隔的网格树最终也成为布莱克-卡拉辛斯基模型的一部分。

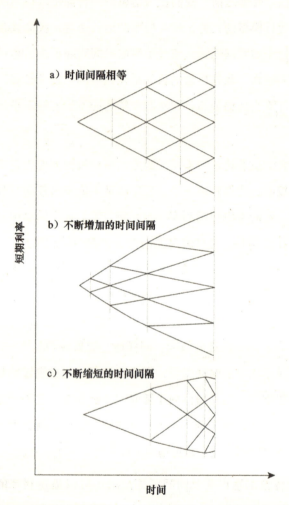

图 10-7　布莱克-德曼-托伊模型中的波动率恒定但时间间隔不等的短期利率网状树

费希尔通过检查网格树的拓扑结构，第一个发现了时间间隔长度与利率均值回复特性之间的联系。这也让我注意到了他的直觉的力量。只需看着这些树，他就能看出其形状中所蕴含的动态特征。只不过是在我们论文写完很久以后，我们才用优美的随机微积分语言完成对我们模型的描述，现在教科书中对我们模型的表述用的就是这种方法。

费希尔第二次提出从头再来是在1987年年初的某个时候，他那时想到在我们的模型中加入第二个随机变化的因子。这个想法是有意义的：我们的初始模型中非常简单地假设整条收益率曲线都是取决于短期利率的。而我们也感兴趣于通过假定长期利率独立于短期利率变化，从而使我们的模型更加贴近现实。在我们的框架内引入第二个因子，就意味着我们要分析二维树形图。我们费尽心力地将这样的二维树形图根据收益率曲线进行调校。但二维或多维树形图不但难于可视化和描绘，正如你从图10-8中看到的那样，而且在计算机程序中进行处理也有点儿困难。当我们觉得还是要完成我们最初那个简单模型以便于交给交易部门使用，从而停止了这一费力的工作时，我又一次感到得救了。

几年后，费希尔、伊拉杰·卡尼（Iraj Kani）和我开始探索研究布莱克-德曼-托伊模型的二维版本，但我们没能完成这项

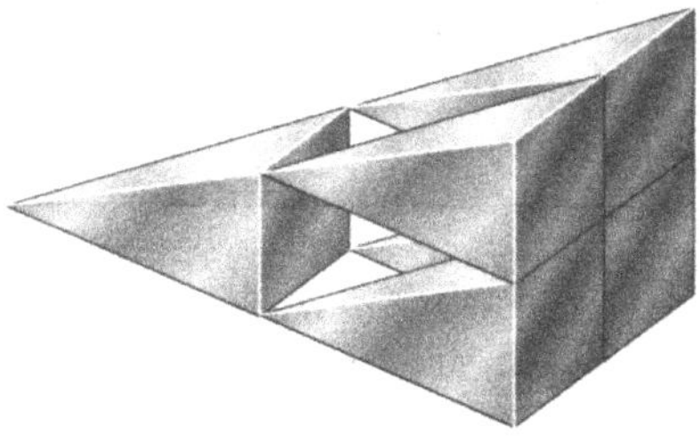

图10-8　一个未来利率的二维树形图

工作。

一个模型只需要一个好的想法和几个人去开发，但一个有用的工具则需要更多的人将模型进行转化。要实现这样的转化，你需要一个图表化的用户交互界面、一个包含所有交易产品细节的数据库以及用于调校的市场数据。

但即使是收集数据也不像看上去的那么简单——模型到处都是。人们所认为的"市场数据"通常是经过其他模型或计算过滤后才产生的。收益率是从大量收集到的债券价格中提炼出来的；波动率是从历史收益率中计算出来的。随着市场不断成熟，金融产品流动性不断提高，交易员根据更多的相关证券来调整他们的报价。有时候相关证券的数量是如此之多，以至于这些证券的价格必须通过电子报价系统才能获得。所有这些都涉及软件。或早或晚，开发有用模型的每个人都会意识到这样一个事实：围绕这个模型创建一个交易系统和风险管理系统是一项巨大的、通常还是不得不面对的软件工程，需要比宽客更多的程序员。尽管模型本身很关键，但它仅仅是故事中的一小部分。

回到1986年，当我们开发完成我们的收益率模型时，交易员们十分愿意手工将收益率曲线输入系统中去，我自己也足以胜任完成绝大部分的模型编程工作以及交互界面的开发工作。我将系统交给债券期权交易部门的交易员后，他们立即就开始测试。

当他们开始使用我们的模型时,我第一尝到了与"中间人"斗争的滋味。中间人就是那些指定在模型开发人员和模型使用者之间负责沟通的人。中间人——通常每个部门有一名中间人——和交易员们坐在一起,以便更好地了解业务。

中间人完成了一个有用的工作环节。对于宽客来说,理解金融、构建模型、研究数学、编写程序,还要抽时间与交易部门紧密合作,这些并不容易。而交易员则永远风风火火,需要中间人协调他们的需求,使中间人与他们在最迫切的需求上保持一致。由于交易员和宽客使用的是稍稍不同的语言,需要有个人能够听懂双方的行话,并起到指定调解人的角色,这是很不错的一件事。

不幸的是,那时公司里在国债部门的中间人更喜欢模型开发者躲在幕后,不要出现。有个中间人利用我们的模型为交易员计算价格,但却不愿意承认这样做过。由于公司里都是按照你对公司的贡献而给你报酬的,中间人这样做就让人感到很不好。

在抢先这方面我所能做的并不多,但我决定至少确认一下我的怀疑。几天后,我进入程序的源代码,临时性地加了几行程序,确保有人尝试使用这个程序时,屏幕上会弹出"模型修正中"的字样。几个小时之内,我开始接到中间人的电话,问我模型出了什么问题,但却不肯承认他们正在使用模型。

从那以后,我就非常提防那些站在模型开发者和最终用户之间的人。宽客都有那种被技术上有缺陷的人绕过的切身经验,这些人从宽客那里获得信息,并在会议上将这些信息传递给其他人,可这些会议却不邀请宽客参加。那以后的很长一段时间里,当我为交易员编写程序时,我习惯在里面加入一个能够记录下谁在什么时候使用过我程序的小程序。我估计我组里的其他同事也这样做。这使我记录下体现我们自身价值的证据,即使我不能从这样做中得到一分钱。1994年,当投资银行业被迫裁员,高盛正经历困难时期时,我把记有我们量化策略小组所设计的程序被使用了多少万次的记录复印件送了一份给我的上司们。那一年,我们小组没有人被裁员,那点信息可能起了作用吧。

在接下来的8年中,我都会与费希尔定期会面,尽管我们已经不再像开发布莱克 – 德曼 – 托伊模型时那样紧密合作了。他是我在高盛遇到的最卓越的一个人。

他最显著的特点就是固执地注重于和热衷于清晰和简约。在写作和演讲过程中,他同样注意内容和形式。当我们写作单因子利率模型文章草稿时,费希尔要求论文中不存在任何公式,于是我就不得不费尽心力来满足他的要求:他想要的是准确和如实,且不能有技术细节,这就意味着要从内心深处理解模型,并将这种理解表述出来。我觉得正是我们的模型在技术细节上的清晰,才使它如此流行并被广泛使用。

因为他喜欢清晰,而且或许是由于费希尔所接受的训练并不是经济学方面的,费希尔总是避免过度形式化。他的论文与金融经济学期刊上那些充满不必要的严格引理的论文,形成了鲜明的对比。他试图像说话那样写作，使用的是一种语言简练但令人心情愉快的对话式风格，配以清晰而随意的、朴实无华的语言。他的文章读起来有点不通顺，是因为这些文章缺少一些技术上不必要的连接词：和、且、于是、因此。在科学文章里，人们常用这些词来连接句中表述。

费希尔也希望其他人保持清晰和直接。尽管他在时间上很慷慨，而且不怎么在意等级，但做他的听众还是要做好准备。如果很明显你没有仔细思考过你的问题，你会很快发现他不会替你去思考的，而且，如果你没有理解他的回答，并重复你的问题，他也只会重复他的答案。

他是一个非常直接的人，不喜欢闲聊。当他没什么话说的时候，他就保持沉默。在通电话时，谈话还没有结束，他常常会保持一两分钟的沉默，这有时令人非常尴尬。在这种情况下，你可能会为了填补这段沉默时段而胡乱说上两句，直到费希尔突然简单地说上一句再见而挂断电话。

他曾对我说起过，降低他影响力的事情之一就是，他永远告诉人们事情的真相，即使大家都不想听到这个。他的这种性格，我自己就可作证。20世纪90年代早期的时候，他对高盛自己领导部门内的一些信息技术经理产生了怀疑，他就坚定地将这些经理召集在一起，并列出一份名单，坦诚地列出哪些人比较好、哪些人比较坏，最后把名单交给他的上司们。当他承认自己曾天真地以为能从这么做得到什么的时候，他笑得有点窘迫，还带着点得意。

在高盛的合伙人中，他让我印象深刻的是：他总是有点局外人的角色。在高盛公开上市之前的那段时间里，公司每两年就会任命一批合伙人，这些获得晋级的每一个人都可以都被允许逐步购买更多的公司股票。费希尔有一次向我提起，在1986年同批合伙人中，他比其他任何人持有的股份都少，他对这一点感到很骄傲。

这种直率和不拘形式也是他在研究上的特点。对于我来说，他的研究方法由无所畏惧的努力思考和直觉组成，并不依赖于高等数学。这对平常人而言，是令人鼓舞的。他使用自己可以自由运用的技巧直接地解决问题，通常这种方法都会奏效。他给你的感觉（也许是误导）是，无论你拥有怎样的技巧，只要你愿意努力思考，就能发现深刻的真理。他受自己强烈的经济学直觉所引导。尽管他的数学技能并不出众，但他的直觉太强烈了，他会在求诸数学手段之前，执着地先获得对问题的理解。

在建模方面，他强调具体而明确的实物：他喜欢利用变量描述经济世界里可以观察到的现象，而非那些看不见的统计因素或计量经济学变量。他认为实用和精确远比巧妙更重要，尽管他所创建的布莱克－斯科尔斯－默顿框架在巧妙方面无可挑剔。他有着强烈的实用主义倾向，是一位不亚于其学者身份的实干家，愿意在软件、交易系统、用户交互界面等方面花费时间和精力。他认为这些都是与模型本身同等重要的。

费希尔在建模上喜欢真实胜于精确。在他最后一篇发表的论文《均衡交易》(*Equilibrium Exchanges*)中,他在引言最后一部分中,简明地阐述他的态度:"最后,"他写道,"如果均衡真实存在,那么这整篇文章就是对于均衡性质的一系列猜想。我不能为我的假设的含义提供详尽、彻底、完全准确的分析,但我愿意从更相关的假设中猜想结论,而不愿意从不怎么相关的假设中得到准确的结论"。

很显然,尽管形式对于他来讲是重要的,但更重要的还是内容。在 1990~1995 年,他先在高盛资产管理部门工作,后来又在高盛的固定收益研究部门工作,当时,我管理下的量化策略小组偶尔会有人来访问并做讲座,我会邀请他过来听听。我注意到,当讲座的主题是关于那些已经解决的问题的新的或是改良的数量解法时,他就不会参加。他的兴趣点并不在于数量解法,他对金融经济学更加感兴趣。与此类似,他并不会在为方程组寻找分析求解上浪费时间,如果有高速计算机能够帮助他使用数学方法,他会很高兴这么做。

费希尔对于有效利用模型进行计算的极端重要性也有着很好的把握。人们常常问我,为什么在以盈利为主要目的的投资银行里工作的我们,要在 1990 年公开发表我们关于布莱克-德曼-托伊模型的研究。事实上,当我们发表这篇论文时,高盛的交易员已经使用布莱克-德曼-托伊模型好几年了。但更重要的是,费希尔区别对待公开发表模型(他认为是正当、合理的)和公开发布利用这一模型开发的计算机执行或交易系统,他认为后者应该是拿来出售的。

事实是，模型很少能成为明确的利润来源。真正有价值的或更有价值的是交易系统以及附加上去的交易规则、系统不接受的操作错误、交易员从使用模型过程中所体会到的直觉。

费希尔对于市场的思考有他自己的一套方法。他深受资本资产定价模型（CAPM）所谓的"一般均衡"方法的启发，这种思想认为，对于所有证券而言，只要每单位风险的预期收益相同，价格和市场就实现了均衡。这种信念是费希尔很多直觉的来源，也是他最初用来推导布莱克－斯科尔斯微分方程的方法。在1995年7月末，他去世前不久给我回复了一封电子邮件，作为我向他提出的这方面一个问题的回应，他写道："我认为，我们在固定收益模型方面的所有工作，都是资本资产定价模型应用于固定收益市场的结果。"

在费希尔去世前几年，当时我正和几位同事一起就交易成本和对冲效率对我们交易部门期权价格的影响进行评估，我颇为感动地目睹了他对于这一方法的热爱。我们创建了一个蒙特卡罗模拟程序，当股票价格变动时，动态复制每一种期权，并考虑到当每次对冲组合随之调整实现再平衡时发生的交易成本。从长期来看，我们想用这个程序看看这最终会使实际价格偏离理想化的布莱克－斯科尔斯模型的计算结果是多少。运用这种方法，我们可以估计出我们对冲策略的真实成本，而不是简单接受用模型中包含的理想化数值计算出来的结果。

无论何时,当你想编写一个程序来做一些新的事情时,你应该首先确保新程序能够准确完成旧的事情。在测试由一位同事完成的程序时,我们首先假定没有交易成本并能连续对冲,在这样的条件下运行这个程序,为的是确保我们得到的结果就是用布莱克-斯科尔斯模型得出的复制价格。当然,你不能在计算机模拟过程中真正实现连续对冲,因此我们非常频繁地进行再对冲,一天多次。让人吃惊的是,我们发现即使对一年期期权进行一万次再对冲,也就是说每天超过30次重新调整达到再平衡,我们仍不能得到与布莱克-斯科尔斯模型相同的计算结果,总是有残余的误差。这个结果似乎错了,于是我又写了自己版本的程序,发现同样存在很小且显著的差异。这非常令人迷惑,表明布莱克-斯科尔斯模型并不像我们想象的那样,它并不能很好地应用于真实的市场。

我对这个结果感到不安,想与费希尔讨论一下这个结果,就去高盛另外一栋楼里费希尔的办公室,当时高盛的办公区域正不断扩张。当我向他解释了我们的发现后,他对于用默顿的复制方法不能得到准确的布莱克-斯科尔斯模型计算结果,很快就变得非常兴奋,并说着"你知道,我总是认为这种复制方法有什么问题。"

遗憾的是,后来我发现无论是我的模拟程序还是我同事的模拟程序中,都有一些微小的但不同的错误,当这些错误得到修正后,复制方法得到的结果就迅速拟合于布莱克-斯科尔斯模型的计算结果!尽管如此,在费希尔心里,他还是不相信默顿的推导，而更喜欢自己最初的证明。

费希尔的独立思考使他得到很多非正统的、经过深思熟虑的思想，这些思想中有些经他的表达之后，变得显而易见。有些思想他是在演讲中说出来的，有些则是在他的摘要中集中出现的，这些摘要是他于20世纪90年代初在高盛工作时非正式传播的简洁但犀利的笔记。

在一篇短文中，他抨击金融经济学的理论基础，写道："某些经济变量是如此难以估计，我通常称它们为'不可观测变量'。"一个不可观测变量就是"预期收益"（expected return），是人们买入一种证券后期望获得的收益数量。从马科维茨（Markowitz）开始，金融学的很多内容不加任何怀疑地使用这个变量。但费希尔写道："我们对于预期收益的估计是如此不牢靠，这近乎可笑。"

在另外一篇名为《管理交易员》的文章中，费希尔提出，交易员应从他使用的方法上进行判断，如果方法是合理的，那么就应该给予奖励，而与他近期是否获利无关。"关键是判断他们交易的逻辑"，关于交易员，他写道："逻辑可能是错误的，但没有逻辑就来交易，我会不能接受……只看或主要看他们的盈亏是走向灾难的方法。"他希望奖励的是明智且长期的思考，而非短期的对市场的异想天开。

1994年，在被国际金融工程师协会（International Association of Financial Engineers，IAFE）提名为"年度金融工程师"的演

讲中，费希尔讲到，在应用研究和学术研究中，他总是偏爱前者。他说，大学教师应凭借教学而非研究获得职位，得到报酬。他相信，大学教师想搞好教学的愿望会促使他们搞好研究。

当费希尔的病到了晚期的时候，他既没有隐瞒病情，也未声张，而是通知了几位必要的人，用一种超然客观的方式把病情告诉他们，这一点令我非常敬佩。我从来没有听到他抱怨过。

他接受了一次大规模的手术，并对那位外科医生充满了真诚的表扬，把他称为是"一位天才"。这让我对那些帮助别人而非研究理论的人略微有些羡慕。手术后，费希尔有了一次短暂的恢复并再一次投入勤勉的工作中。在那段时间里，我们有时在电话里讨论如何构建标的指数会发生跳跃的期权的估值模型。

如果你问他关于他健康的问题，他总是很坦白；但如果你不问，他也不会提到关于他病情的任何信息。后来，当人们从只言片语和传言中感到他的病情又开始恶化时，我鼓起勇气问他病情怎么样了。他只是说，事情"现在看上去还不是十分确定"。

他最终停止上班，通过电子邮件跟所有给他写过东西的人联系。我很高兴能与他保持联系，并把工作中的评论和短小的消息发给他。如果我的电子邮件里没有实质内容，充满了闲聊或抱怨，那么他就会按照自己的风格，很少回复邮件。但如果你真的在邮件里写一些金融方面的重要问题，你就会立即收到回复邮件。有一次，我问他是否这些邮件问题打扰到他，他立即回复说没有，并补充说明道他喜欢收到这些问题。

在剑桥镇为他举行的悼念仪式上，我听到由《金融分析师杂志》(Financial Analysts Journal)前编辑杰克·特雷诺所致的悼词，他在很多方面都给予过费希尔指导。在悼词的结尾，杰克提到，对于死亡"费希尔无所畏惧"。这也是我所看到的事实。费希尔似乎极少在这个世界真实的运行方式上自欺欺人。

无论何时我想到费希尔，我都认为他是一位完全不受感情因素影响的现实主义者。一次，当我计划前往维也纳，在一个罗伯特·默顿也会参加的会议上发表演讲时，我给费希尔（他已经病倒了，但距离他去世还有一年多）打电话，并给他留言，问他该怎样称呼"那个模型"——是该称它为"布莱克－斯科尔斯模型"还是"布莱克－斯科尔斯－默顿模型"？费希尔也用语音留言的方式给我回复，说把模型称为"布莱克－斯科尔斯－默顿模型"也没问题，因为正是默顿提出了对一只期权进行估价时进行期权复制的观点。然后他又冷静地提到"也正是这一部分，很多人认为才是最重要的"。

在专业和个人层面，费希尔似乎比我认识的所有人都没有城府，尽管他的这个特点令他非常难以接触。对于你已经做的工作和已经采取的行动，他会给出他的观点，但只是告诉你他是怎么想的。在公司政治和研究方面，他总是对什么才是最重要的有着极强的判断力，并总是从长远的角度考虑问题。正因如此，当你对某事需要一个清晰的观点时，给他打电话是最合适的。在公司政治方面，他会告诉你要关注质量，即使你周围的人有时并不重视这一点。他促使你关注目标，尽你最大可能推动业务，努力地不断开辟新的领域。他不屑于固守现有的势力范围，总是鼓励别人寻找新的机会。

费希尔的最后一篇论文是在他去世之前写的，但没有最终完成。文章提交给了《金融分析师》杂志。他给这篇文章起的名字叫《利率就像期权》，巧妙地指出短期利率本身就像看涨期权，并在接下来的文章中对这一结论进行了论述。

在这篇文章的脚注中，杂志的执行编辑介绍了这篇文章发表的背景情况：

> 费希尔·布莱克在1995年5月1日提交了这篇文章。他在提交论文的信中写道："我很希望这篇文章得到发表，尽管我可能不会根据审稿人的意见对文章进行修改了。如果我真的不能做出修改，而这篇文章又大体能过得去，你们是否能够注明情况，并按照现在这个样子将它发表出来？"5月22日，费希尔收到了要求他进行修改后再次提交论文的信函，里面附有审稿人的详细意见。他在夏天继续完成这篇论文，并考虑如何针对审稿人的意见进行修改。他在8月31日去世，最后没能完成修改。

第 11 章

环境力量

- 华尔街的行为和风俗
- 很多熟人的进一步冒险经历
- 波动是易传染的

华尔街上没有人能快乐很久。在那里工作的人通常不会把工作看作像物理学或医学一样的爱好。相反地，绝大多数投资银行家都希望以最快的速度致富，然后就退休。因此，就像赫拉克利特（Heraclitus）所写的那样，所有事情之所以发生，都是因为斗争和生存需要。

高盛没有公开上市之前，让人真正富有的途径就是成为公司合伙人，以便能够分到一份公司的利润。那些成功获得合伙人身份的人，通常会保持这种身份10年或以上，然后自愿或被迫退休。很多合伙人在不到40岁的时候就离开了。

要成为公司的合伙人，或甚至成为公司合伙人的候选人，你必须对公司的利润有非常明显的贡献。结果就是，绝大部分的合伙人都来自销售、交易、投行等部门，这些部门为公司所赚的钱都是数得出来的。信息技术部门或研发部门几乎从来没有出现合伙人，因为这些部门的贡献尽管很大，但是难以用金钱衡量。即便是费希尔，尽管他看上去是这个规则的一个例外，但据说这也是因为他认真研究了某些期货合约定义中大多数交易员都没有发现的数学上的细微之处，而为公司挣了几百万美元。

在管理无序的金融策略小组方面，似乎每个人都知道，能管理好我们部门的任何人，都有可能获得高盛的最高奖励，也就是成为合伙人并获得有这种资格所带来的所有待遇。在我旁边卡位的那个自信的年轻小伙子，非常确定"笨蛋"或"蠢材"

能获得合伙人资格。"高盛一共有700个人,"他拉长语调说,"其中共有70个合伙人,每100个人当中就有1个合伙人。超过100个人的金融策略小组被他们管理着,因此,他们中的一个肯定会成为合伙人。"

但事情并没有像他所说的那样。相反,不断有新的金融策略小组领导和共同领导进入、退出,就像一出法国闹剧里的恋人一样。尽管让金融策略小组恢复正常要做多次尝试,最终高盛还是做到了。

第一个是从所罗门兄弟公司债券组合分析小组来的鲍勃·柯普拉许。他在债券组合分析小组中管理着期权研究团队,我的朋友马克·哥尼斯伯格现在主管着这个团队。柯普拉许团队曾写过一些关于固定收益衍生的报告,这些报告质量很高,横跨并贯通了学术和实践两个方面,可以说是20世纪80年代最好的报告。在教科书上给出具体的估值方法之前,如果你想理解并对互换和互换期权进行定价,你就要求助于他们所发表的这些报告。所罗门兄弟公司约翰·梅利韦瑟领导的套利团队一个接一个地从柯普拉许的团队中挖走最出色的人马,比如维克多·哈汉哈尼和格雷格·霍金斯,他们后来都与梅利韦瑟一同投奔了长期资本管理基金(LTCM)。当几年后我掌管高盛的量化策略团队时,我总是将柯普拉许团队的工作成果视为我努力追求的典范。现在,华尔街上的量化团队在这类成果上所付出的努力明显少了很多。

在一段时间里,柯普拉许与"笨蛋"和"蠢材"一起,以一种令人非常不舒服的三人联合执政方式管理着我们。这一定是非常困难的。很快,"笨蛋"就很体面地离开了金融策略小组,去了不用太多量化知识的资产管理领域。后来"蠢材"也离开去了一家规模较大的储货公司,就像其他类似的公司一样,这家公司得益于美国联邦储备与贷款保险公司对其贷款提供的担保,从而成为房屋所有人抵押贷款证券化资产的投机者。柯普拉许单独掌管部门几个月后,似乎厌倦了公司里的政治斗争,搬到楼上与期货销售人员合作去了。最终,他离开高盛加入了一家由卢·拉涅利(Lew Ranieri)创办的投资公司。卢以前是所罗门兄弟公司抵押贷款部门前主管,也是抵押贷款证券市场的开创者之一。

接下来事情开始发生转机。1987年,鲍勃·鲁宾任命艾德·马基维茨(Ed Markiewicz)管理金融策略小组。艾德非常务实,在高盛长期做会计工作,大概40岁年纪。据说艾德是鲍勃的得力干将,是鲍勃处理困难情况的问题解决专家。艾德对模型、软件、期权交易等知之甚少,但他能将"胡言"和"乱语"区分开来,有这种本事的人也是不多的。在他成为金融策略小组主管的前几个月里,他向每个人提问:"你对……怎么看?"他会关起门来跟你谈话。慢慢地,他弄清楚了谁是懂得有用技巧的,谁只不过是搭便车的。有秩序的样子又出现了:拿着过高薪水的咨询顾问离开了,专业管理人员大幅减少了。认定我是有用人中的一个,他将我从卡座中移到一间办公室里，让我负责成立一个固定收益软件小组。我们的任务就是换掉当时已经过时的 FORTRAN 语言的金融资料库，取而代之的是我们后来最终取名为 GS-ONE 的东西，这是一个面向对象语言编程的统一框架，用来搭建高盛的固定收益交易系统。

到 1988 年年初，艾德重建了秩序。当看到这种秩序的重建即使过分也是有限度的时候，大家重新欢欣鼓舞。而且，人们对他能如此高效地完成了扭转局面的任务印象深刻，因为事实上他基本不了解金融策略部门里的人到底在做些什么。但是当别人想要欺骗他时，他会凭直觉察觉出来。短暂的胜利后，在我们看来，他似乎很有可能成为分管我们金融策略小组的合伙人。在接下来的一年里，他好像就要成功了。他变得更加自信，有时午饭时间去参加健身和壁球俱乐部活动，还在交易大厅花时间与雅各布·戈德菲尔德在一起，那时后者的影响力正在不断提升。

在高盛，新的合伙人在每隔一年的 11 月份选出，有希望被选上的人对各自获胜的可能性各有盘算。经过最后的研究，在新合伙人的名字被对外公布的那天上午，公司的领导会给这些新合伙人打电话，向他们表示祝贺。那些有希望的候选人从那天一大早就在办公桌边坐立不宁，等着电话响起或是不响。1988 年高盛宣布新合伙人那天，我已经不在高盛工作了，但朋友们告诉我，当电话最终没有响起时，艾德就离开了办公室，那天再也没有回来过。几个月后，他离开了金融策略小组，接着去解决公司其他领域出现的麻烦去了。

戴维·加贝茨，就是那个在我刚进入高盛时用胳膊夹过我的人，在后来的合伙人竞争中也有他一份。

他曾接受过成为科学家的训练，但现在是高盛的交易员。他总是愿意就期权市场和期权理论与别人展开辩论。上楼到债券期权部门，并与围绕在他身边的那些敢于开玩笑的交易员们一起厮混，是一件令人很兴奋的事。一天，我们一大群人正在交易大厅聊天，话题是几个十几岁青年的自杀，他们表面看起来是在厕所或阁楼上吊死亡的。据报纸报道，这些男孩子是由于自慰缺氧而死亡的，据说在高潮来临的时候，让大脑缺氧会伴随着非常极致的快感。当一群人中有人质疑这种现象的真实性时，戴维很随意地指着部门里个子最高的、刚刚进入公司的那个人说："这当然是真的，你们为什么认为是不可能的？"

就像华尔街上的很多人一样，戴维希望得到更快的晋升，控制更多的资源。据说每隔几个星期，他就要向鲁宾汇报一下工作。我进高盛不到一年，他就辞职了，到O'Connor公司做了一名高级期权交易员。O'Connor在芝加哥，是一家非常知名、非常专业的期权交易公司。

戴维野心勃勃，不安于现状，尽管按照华尔街的标准来衡量，他并不算非常出类拔萃。他进入O'Connor公司一年后，跟两个在那里认识的软件工程师一起辞职了，创立了自己的公司，生产固定收益风险管理软件。他们以芝加哥为基地，将自己的企业称为RMS[⊖]。这个名字我非常佩服，因为它能让我产生很多联想。

戴维希望建设商用固定收益风险管理系统的想法非常有创造力，领先了那个时代好多年。尽管很多交易公司和包括高盛在内的投资银行都在开发自己的风险管理软件，但那时还没有人想到要将这类产品进行商业化推广。贝尔斯登公司（Bear Stearns）的斯坦·迪勒正在朝这个方向努力。迪勒作为贝尔斯登固定收益研发团队的负责人，正在开发一个叫AutoBond的系统，这个系统计划先在本公司的交易部门使用，经过完善和调试后，就可以面向客户销售了。迪勒正在追寻着每个宽客都有的梦想：将自己为部门所做的工作转化为能为公司赚到算得出来的金钱，从而消除"不切实际空想"的博士与产生收入的"真正"商务人士之间的差距。

戴维和他的合伙人在芝加哥招募程序员，在那里房租和员工薪水都比纽约低。就在那里，他们开始设计一个精妙的债券与期权风险管理系统，这一系统利用面向对象语言和C++语言编写，在Sun UNIX工作站上运行。那时，绝大多数投资银行的金融软件都已经落后于时代了，但RMS则是惊人的现代化：

⊖ RMS是"风险管理系统"（risk management system）和"平均方根"（root mean square）共同的缩写。波动率是关于风险的重要测度，被定义为股价每日收益率平方的平均值再开平方的结果，或者在统计用语中被称为"平均方根"。平均方根还让人想起布朗运动（Brownian motion）。布朗运动描述的是股价随机围绕初始价格变化的过程，这种价格变化的平均值与所耗用的时间成反比。

它有着最新的图表用户界面，界面具有拖放式特征、图表和图标等。直到几年后，才有其他小公司如 Renaissance、C-ATS、Infinity、Algorithmics 等开发类似风格的系统。在这一商业领域，兼并与收购也是非常快的，现在只有 Algorithmics 公司作为一家独立的公司生存了下来。

接下来，事情发生了迅速变化。戴维返回纽约，并在 E.F. Hutton 公司找了个交易员的职位。在那里，我听说戴维得到了在公司所有权变更时一个"金色降落伞"（golden parachute）⊖的承诺。我认为戴维是要用 RMS 作为他在 Hutton 公司的交易软件供应商。这是一个完美的组合，他既能因交易工作而获得报酬，RMS 又有了可以检测和改进其软件的直接用户。

不到一年的时间，E.F. Hutton 公司就因一次发票丑闻事件而受到严重影响，被 Shearson 公司收购。Shearson 是另外一家非常著名的公司，后来在与雷曼兄弟公司和美国运通公司（American Express）的兼并后消失。重组的结果就是，戴维拿到了金色降落伞协议的补偿。拿着到手的现金，戴维继续向 RMS 注入资金，维持 RMS 在芝加哥 1988 年全年的运营。他后来告诉我，他们差一点就要和 Shearson 公司交易部门达成一笔购买他们系统的金额可观的交易了。

⊖ 金色降落伞是指在公司面临收购时，由于被收购公司原高管有可能被撤换，为了保证原公司高管不受到并购重组的影响，管理层可与公司签订一个"金色降落伞"协议，如果公司高管不论是出于主动还是被迫离开公司，都可以领到一笔巨额的离职补偿。——译者注

戴维为了这些可能的结果感到兴奋，在纽约花了大量时间招揽客户。我邀请他来参加犹太新年宴会，他就像上紧了发条一样，在晚宴后围着桌子转来转去，哄得参加宴会的人乐呵呵的；又像俱乐部里的喜剧演员一样，在座位之间与不同的人攀谈，告诉每个人他的事业发展得有多么好，让所有人都觉得很开心。

每年，证券业协会（Securities Industry Association）都要在纽约举办年会，也会有很多展览专门展示金融软件和硬件。1988 年，RMS 也租了一个摊位，展示它们的风险管理系统。通过鼠标改变收益率曲线，并观察这种改变对所持有的债券利率或期权组合的影响，这看上去非常棒。

接下来发生了欧里庇得斯式的悲剧。1989 年年末的某个时候，我们听说 O'Connor 公司收到了一份初步禁令，禁止戴维继续销售 RMS 系统，还听说 O'Connor 公司宣称 RMS 系统使用了 O'Connor 公司的商业秘密。戴维告诉我，他正通过法律手段和他们对抗。他说，O'Connor 公司把他提供给 RMS 系统使用的著名久期对冲技术的所有权想象成是属于他们的，可事实上，这种技术在华尔街是被广泛应用的。

那年夏天的一个周末，戴维和泰德·邓格勒拜访了我们家暑假在火岛租住的房子。泰德是戴维的朋友，曾是一名海洋学研究者，当时也是高盛的期权交易员。当我们在一段荒芜的海岸玩飞盘时，我边盯着女儿桑娅边和他们说话。我记得戴维告诉我他看过一部电影，名叫《塔克：其人其梦》(Tucker: The Man and His Dream)，由弗朗西斯·福特·科波拉导演，讲述的是一个真实的故事。故事里，20世纪40年代末一位发明家努力想造出一辆好得多的车来与底特律竞争，以及后来底特律如何既抄袭他的设计又怎样把他挤垮的故事。

费用极高的诉讼战和法律禁令让RMS画上了句号。1995年，当我在一次会议上发表完演讲后，一位曾在RMS时代在O'Connor公司工作的人过来找我聊天。当我问他是否认识戴维时，他告诉我O'Connor公司一直以来都想让戴维的事业停下来。他说，凭借O'Connor公司雄厚的财力，"专门有人整天在RMS文件和O'Connor的编码上运行diff程序（diff程序是UNIX海量工具库中的一个，它使程序员的工作更加简单。diff通过比较两个不同的文本文件，从中找到任何相同的文字串。类似于现在的生物信息学程序的一个更加简单的版本，只不过生物信息学程序是在老鼠和人类基因组中寻找相同的DNA串）。我不知道其中到底有没有相似之处，但即使是不同人编译相同的、著名的算法规则，最后也可能写出大量的差不多类似的编码。

O'Connor公司最终也消失了，被并入瑞士银行，最后瑞士银行（Swiss Bank）本身也与瑞士联合银行（UBS）合并了。从1990年开始，戴维就从金融圈里消失了，转而从事纽约的某些非金融行业。他的老朋友们再也没有见过他。有人说他已经成了美食家厨师。我曾经给他打过电话，还发过一次信息，但都没有联系到他。对此,我并不记恨,我从自己的经验中,理解离开一个行业的尴尬。泰德告诉我,他曾在20世纪90年代中期的某个下午,在中央公园撞见过一次戴维,和他说过几句话。

1998年初夏的一个星期天早晨,我去河滨大道跑步。路上人很多,全是参加年度艾滋病游行的人们。在回公寓的路上,我在第83大道拐角处正在观看游行的人群中,突然模糊地听到身后一个熟悉的声音,我回头看去,在拐角处站着一个男人和一个女人,还有一个四五岁的孩子,我和他们快速地相互对视了一下。过了不久,我意识到那是戴维,接着我看到他转过身,带着估计是他老婆和孩子沿着第83大道朝百老汇大街方向走去。

后来,在2000年10月,我被授予国际金融工程师协会(IAFE)年度金融工程师的称号,并在年度晚宴上发表了演讲。在演讲中,我感谢了几个人,其中就有戴维。这篇演讲词后来被挂到了国际金融工程师协会的网站上,戴维的某位朋友在2002年年初网上搜索戴维的时候,还找到了我的演讲词。沉寂了超过12年以后,戴维突然给我打电话。现在他已经是一名成功的企业家和投资人了,对数学教育非常感兴趣,当时正在致力于劝说他的祖国以色列,采纳一个更加严格的学校数学课程安排。他希望我也加入。后来我们见过一两次面。他那时已经是老戴维了,自信而又精力充沛。他和他的妻子还有两个孩子住在纽约,周末就回到他们在纽约北部的农场。他似乎过上了所有人看来都算美满的生活。

尽管是迅速发展的债券期权业务部门的负责人，皮特·弗洛伊德也没能在高盛待很久。我进入高盛约18个月的时候，他离开高盛转投信孚银行公司，在那里启动他们的信用衍生品业务。现在，他们通常被认为是信用衍生品行业的奠基人之一。

戴夫·里斯沃德曾在高盛利用我的模型为皮特的团队创建了新的期权交易系统，后来跟随皮特去信孚银行公司，成了一名软件咨询师。在那里，戴夫发明了另一种面向对象语言，他将其称之为 Seymour，是"C++"英语发音的双关语。后来，戴夫又接连创立了几家小公司，其中大多数公司的业务都是集中在他热爱的广义的计算机语言上，特别是 Smalltalk 语言。这些新创公司中的最后一个——Animorphic，利用它在 Smalltalk 语言上的特长，开发出一个非常快速的 Java 解释程序。1997年，Animorphic 被 Sun Microsystems 公司收购了。估计收购给戴夫带来的收入足够让他财务自由，从而继续追求他的真正爱好了。

就像20世纪80年代中期的许多华尔街公司一样，当我开始工作时，信孚银行已经不再是一个独立的公司了。它在20世纪90年代中期因为涉入奥兰治县和宝洁公司的两次衍生品交易丑闻而无法继续生存，最后被德意志银行收购。

雅各布·戈德菲尔德是我进入高盛时债券期权交易部门的神童，是那时皮特的交易员中唯一一个最后成为高盛合伙人的人,而且他非常快地做到了这一点。

雅各布有着一种早慧的交易天才的灵气,这种灵气还被他那显而易见的与众不同而放大。那时几乎每一个新进入华尔街的人都穿着西装,拎着公文包,而雅各布却每天都用一个运动背包装他的东西。他的脸上带着没刮净的胡子茬,面色苍白,毫无表情。他只穿袜子,横穿过交易大厅,坐着电梯在百老汇大街85号上上下下,就像是蒙克(Munch)绘画作品中一个不能说话的人物。我现在仍能遇见在20世纪80年代末拜访高盛的人,尽管他们不记得雅各布的名字,但还向我打听那个不穿鞋的交易员。

雅各布沉默寡言,这是一种非常优秀的交易员特质。他的电子邮件风格令人恐怖,极其简洁——邮件开头没有"亲爱的"或"Hi"等,邮件结尾没有"感谢",没有标点符号、语法和大写字母,也没有不必要的连接词或谈话中的开场白和告别语,就像一个晦涩的句子或问题,整个被压缩后放在电子邮件的标题上,就没有下面的正文了。我猜测,这就是超前于时代而出现的即时消息的形式。"对××××一事你怎么看?"("What do u think about ××××?")一封电子邮件的主题可能就是这么写的。而我会回复以精心思考过的一段文字,然后就会收到只有三个字母"Thx"("谢谢")标题的电子邮件。我最后总是觉得自己是个不受约束的胡言乱语之人。

1986年或1987年的某一天,雅各布从交易大厅打电话到我在金融策略小组的办公室，让我去面试一个年轻人，这个年轻人是经鲍勃·鲁宾太太的一个朋友介绍到高盛来的。我上楼去了鲁宾在高盛管理层的办公室。被面试的是一个年轻的以色列人，年纪在19岁或20岁。这个年轻人说，他在14岁时就完成了高中学业，然后直接进入医学院学习；几年后，他决定放弃医学，改为去巴黎大学（Sorbonne）学习物理。现在，他到了纽约。鲍勃·鲁宾曾让雅各布跟这个年轻人聊聊，雅各布又把这个任务推给了我。

当我问他为什么对在高盛工作感兴趣时，他回答说人们告诉他，他这么聪明就应该"去搞期权"。这一点并没有打动我，我一直就对智力在解决问题时所起的作用持怀疑态度。我们聊了大约半个小时的样子，他的故事中的几件事情似乎有些不符合逻辑，令人起疑。对于能在14岁就完成高中学业的人来说，医学并不是一个可能的选择。我发现很难想象一个15岁的孩子能够沉着、冷静地解剖尸体，还能通过妇产科考试。还有，为什么要走那么远从以色列到巴黎大学去学物理呢？

我开始测试他的物理学知识，发现他知道的那些都是些半通俗化的物理知识。当我问他都读过哪些书，他提到了卡普拉（Capra）的《物理之道》（*The Tao of Physics*），这是一本轻松、时髦的关于量子动力学和佛教神秘物理主义的书籍。尽管他知道一点期权的定义，但他对于如何对期权进行估值的理论一点都不了解。我将这些相互矛盾之处向雅各布指出，告诉他我不会雇用这个人。

几个月之后,我正坐在办公桌旁,电话铃响起,我接起来后听到雅各布在电话那边,又是从鲍勃·鲁宾的办公室打来的。他还是用他那让人听不出任何信息的语调,质问我说:"告诉我,你还记得你面试过的那个以色列男孩吗?那时我们给了什么样的结论?"电话里传出的回声表明电话那头儿使用了免提功能,我的声音可以被那边所有在场的人都能听见。

我非常小心地做了回答。

"我认为他的一些事情有些可疑,"我说,"他似乎对于他应该很擅长的东西知之甚少。对于一个声称搞过物理的人来说,他知道的不够多。你怎么问起这个?"

"他几天前在贝尔斯登的埃斯·格林伯格的办公室里给抓住了,他是找借口溜进去的。"雅各布回答说,只是比平时稍稍健谈了些。我觉得他是想让鲍勃·鲁宾听到他和我曾经做了一个多么好的决定。

自从皮特·弗洛伊德离开高盛后,雅各布很快成为债券期权部门的负责人,在接下来的几年中,成为高盛有史以来最年轻的合伙人,最终负责运营整个互换部门。他在2000年离开高盛,从事自己的投资事业,最近成为索罗斯(Soros)基金管理公司的首席投资官。

亲眼见证这些人才的流动也对我自己产生了影响。到了1988年的时候,我只在金融策略小组工作了两年半,就开始对这种持续的不稳定感到厌倦。在不到两年的时间里，我已经为四位金融策略小组的领导工作过了，而第五位马基维茨即将被替换也是非常明显的，只不过是时间问题。

我也开始意识到缺少正式的经济学背景对我自己很不利。在完成布莱克－德曼－托伊和 GS-ONE 项目我所负责的部分后，我开始考虑新的项目。当我告诉艾德·马基维茨，我想研究一个更好的模型，用来对嵌入国债期货中的交割期权进行估值时，他说我应该跟"专家小组"（brains trust）商量一下，看看这个想法是否合理。

"专家小组"是雅各布给鲍勃·利德曼、何塞·沙因克曼和拉里·魏斯所起的雅号。这三位都是在金融策略小组工作的非常聪明的经济学博士。现在，已经为公司赚了很多钱的雅各布，开始用这个名字称呼他们，而艾德由于非常钦佩雅各布，也开始使用这个称呼。尽管鲍勃、拉里和何塞名副其实，但因为我受到更多思想上的约束，还是感到不舒服。

最后是报酬问题，这也永远是每个人最介意的。在那时的高盛，员工每年的分红会在感恩节前与员工沟通，然后在 12 月中旬支付。高盛陈旧的工资管理系统不能开出超过 10 万美元的支票。如果那年的分红在 12 月份发到你手上时，假如你的分红是 100 万美元，那么你就会收到 10 张支票，每张都用单独的信封封好，整齐地摞成一捆用橡皮筋捆好。分红都是同一天发放的，管理人员会在办公室里将成捆的支票发放到每位员工手中。因此,尽管分红的数量是保密的,公司也鼓励大家对其保密,但你仍能通过他们一摞支票的厚度猜出他们年终奖的数量级。即使是只有两张支票的一小捆和一张支票也能立即被区别出来。有些交易员收到了很厚的一捆,有些还在四处炫耀。一名收入颇丰的年轻交易员有个习惯,就是手拿着他那一摞支票,一声不吭地像洗牌一样,小心翼翼地一张一张数着信封数量,而这一切都被他的同事一览无余。现在,高盛的工资管理系统不再有支票限额问题了,或者更实在点说,我的奖金总算不会被公开了。

高盛非常谨慎也非常保守,薪水增长非常缓慢。只要你一直在同一家公司工作,你未来的分红就取决于你过去的工作。无论是收入好年头儿里的分红上涨,还是收入差年头儿里的分红下降,都要参考你前一年的分红水平,并据此确定一个百分比。这种做法对你的报酬来说会起到降低增长幅度或是缓解下降幅度的作用。报酬上升到一个新的层次并不容易。很多为我工作的人都很厌恶这种平滑收入的做法,激愤地争辩道每年都应该按照"你到底值多少"来领薪水。从个人的角度来说,我不排斥这种做法,但在研究领域里,谁能对你的贡献给出一个确切的数字呢?

除了薪酬外,我还在乎要做一些有意思的工作。如果有人让我成为主管后勤服务部门的信息技术部的高盛合伙人,我还是会拒绝。尽管如此,在1988年年初的时候,即使是我也开始对我在金融策略小组未来的报酬前景感到不满了。

我开始时不时地同情比尔·托伊了。他也是前物理学家，是我在布莱克-德曼-托伊项目上的合作者。比尔比我还先到高盛一年左右的时间，他早已是"牢骚满腹"了。不知怎么，他竟颇为认同交易部门和销售部门将宽客视为不谙世事的空想家的观点，认为到如今自己因为拥有博士学位这一污名而遭人鄙视，几近于自取其辱。尽管他希望成为"他们"——那些处于前台一线部门的"商务人士"中的一员，但对这些商务人士而言，他仍不过是一名宽客。

每周一次，我们都会与拉米内·罗哈尼共度午餐。拉米内一直在与费希尔研究组合保险理论，后来这种交易策略在1987年股灾中起到了一定作用。我们会在威廉姆大街的Italian Alps餐馆吃一顿便宜的午餐，这家餐馆已经关门很久了。在那里，我听他们两个兴奋异常地、滔滔不绝地谈论着对自己角色的不满，慢慢地，我变得也有点意志消沉，甚至越来越被腐蚀。拉米内和比尔总是打算成为"商务人士"的一分子，并总是计划着路线，以便逃到高盛中更接近"业务"的部门去。

"我必须要离开这里了。"比尔会重复说这句话好几次，慢慢将他的脑袋从一边摇到另一边，并用他的右手背擦着眉毛。几年里，比尔和我一直在相互同情，偶尔在心情不好的时候，我也会重复那句咒语："我必须要离开这里了。"每当我这么做时，比尔总是鄙视地对我说"你永远没有胆量离开！"

拉米内在一年内就离开了高盛，现在负责法国银行CDC

IXIS 纽约分部的固定收益交易部门。比尔则坚持留在高盛，成为结构性权益衍生产品领域内的法律、监管和金融工程等方面的真正专家，还以此为主题与人合著了一本书。最后，又经过了很多次共进午餐，就像我们以前一起吃的午餐差不多，比尔毫无悬念地在 1999 年去 CDC 银行加入了拉米内的部门。

当然，我有时喜欢做一个不同意见者。最近，当我读到埃尔文·查戈夫（Erwin Chargaff）的自传时，感受到了极大的认可。埃尔文·查戈夫生于维也纳，是以其名字命名的碱基配对查戈夫规则的发现者，这一发现最终也为沃森（Watson）和克里克（Crick）发现 DNA 的双螺旋结构奠定了基础。查戈夫讨厌那种充满想象的、盲目的、好像理论物理学一样的风格，而这正是沃森和克里克用来建立模型的方法。当被问到为什么没能发现暗含在他所提出规则中的结果时，查戈夫就变得有点酸酸的。他在自传里写道："大多数人都很聪明，欢迎那些不可避免的东西；可我不知为什么，就是喜欢站在失败者一边。"

沿着这一状态，我在 1988 年的时候到了某个临界点，开始参加投资银行职位的面试。那时，走出高盛的办公室而不被发现，并不是很难的事情。有人跟我提起过，如果你将你的夹克留在你的办公桌上离开，都没有人会注意到，事实也的确如此。很快，一个猎头将我介绍给 J. P. 摩根（现在的 J. P. 摩根大通）的固定收益团队。他们距离高盛只有一两个街区，于是我就定期走过去参加一系列冗长的面试。面试我的那些银行的人，都在等待着《格拉斯－斯蒂格尔法案》（Glass-Steagall）时代的结束，这样他们就能全身心地投入到投资银行业务中去了。这多少有点让人沮丧：大多数面试我的人更有兴趣问我在高盛的工作，而不是评估我的专业能力。最后，这件事就不了了之了。

另外一个猎头把我介绍给 Shearson 公司，他们提供给我的职位是在斯坦·乔纳斯领导下，主管一个为债券期货交易提供支持的小团队。那时，高盛只有非常简单的层级，头衔有分析员、主管、副总经理和合伙人。我发现几乎难以理解 Shearson 提供给我的副总经理的头衔，搞不清楚这个职位背后的等级差别；Shearson 公司的科层体系似乎更复杂，更接近贝尔实验室的科层体系。一个在 Shearson 公司的朋友跟我解释说，有部门层面的副总经理和公司层面的副总经理，而公司层面副总经理要比部门副总经理级别要高。⊖我非常喜欢斯坦，并对他对理论和实践的深刻理解而印象深刻，但我仍没有为离开高盛做好准备。

后来，在 1988 年年初的时候，那时 RMS 的负责人戴维·加贝茨将我介绍给汤姆·科拉夫基（Tom Klaffky），科拉夫基是所罗门兄弟公司债券组合分析小组团队的主管。尽管所罗门兄弟公司作为一个有着粗俗、野蛮文化的地方，其名声令人畏惧，但毫无疑问的是，他们有着世界上最棒的固定收益交

⊖ 几年后，一位理发师小姐一边为我理发一边问我的职位。当我说我是高盛的副总经理时，她恭喜我，说在我之上只有一位上司。她没能弄清楚的是，我只是高盛大约 3000 个副总经理中的一个。

易公司,而且债券组合分析小组里有着华尔街最好的宽客团队。我对去那里工作非常感兴趣。

在戴维的建议下,我给科拉夫基寄出了我的简历。几天以后,我沿着百老汇大街85号走到纽约第一广场去见他。他在所罗门兄弟公司成名的原因是,他参与了创设了基于国债的零息国库券条子(Treasury Strips)。他现在在马蒂·利博维兹的领导下,掌管着债券组合分析小组,下面还分几个小组。这些小组包括以前由鲍勃·柯普拉许主管的、现在由詹尼特·肖尔斯主管的期权研究小组,还有由迈克·沃德曼主管的抵押贷款研究小组。

我在1988年年中的时候,在几个不同场合又见过汤姆几次,每一次他都对我加入所罗门兄弟公司表现出一阵极大的兴趣,但接下来就没什么消息了。当事情的进展放缓的时候,戴维·加贝茨就会鼓励我向前推进,而我则会给汤姆再写一封信,对于如何给所罗门兄弟公司做贡献列出我的想法。然后,我会秘密地走过街去,把我的信送到纽约第一广场去。

把信件送过去还是需要一定技巧的。我的朋友马克·哥尼斯伯格在为詹尼特·肖尔斯工作,所以我一直很小心,以防在纽约第一广场大堂撞见他。我不想让他知道我正在那里参加面试。一次午饭时间,我走过去给在纽约第一广场43楼办公的科拉夫基送一个便条,我在底楼要进电梯的时候,正好碰到马克从电梯里走出来。慌乱之中,我告诉他我来这里是要去地下一层的理发店理发，结果他立即将我送下楼，告诉我理发店在什么位置。我还不得不赶紧编出一些理由，以避免接受一次根本不需要的理发。

与我的天性相悖，与这个不熟悉的、非学术的、以金钱为中心的世界打交道，我慢慢变得胆子大了些。我告诉汤姆（在信中，而非谈话中——谈话中讲这个需要更厚的面皮，已经超出我所具备的程度）多高的薪水才值得我换公司。当时我能这么做给我留下了深刻印象，因为在内心深处我仍能感受到我母亲虽然不能用语言表达但可以清晰传达出来的观点，那就是一个人要为了喜欢和兴趣工作，谈钱是可耻的。

当科拉夫基问我在高盛赚多少钱时，我稍稍夸大了一点。结果是，几个月后我加入所罗门兄弟公司时，年薪大约翻了一番。在那些日子里，恐怕对自己的薪水和分红情况撒谎是很普遍的现象。从某种程度上来说，我们将关于过去报酬的问题视为对隐私的侵犯，这些问题也不需要非常诚实的回答。我认识的很多人事实上将这个问题等同于你"想"在下一份工作中赚多少钱的问题。现在，公司都会在新雇员开始工作之前，花钱请外部公司对新雇员的背景进行调查，简历中哪怕是非常细小的地方被查明与事实不相符的人，都不可能被录用的。

科拉夫基似乎不确定到底应该将我安置在所罗门兄弟公司的什么位置，最后安排我与约翰·梅利韦瑟的团队共进午餐。这个团队是久负盛名的套利小组，后来成为长期资本管理基金的核心。肯定是我和费希尔的合作才使他们同意来见我，可我担心我知道的要比他们想象中的少得多。就像很多交易员一样，加贝茨能说会道，敢吓唬人，他试着粗略地教了教我关于赛马赌博的技巧，据他说这是那个套利小组成员非常感兴趣的话题。当我想到那天我最后走过去在纽约第一广场高层的餐厅与他们吃午饭的情景，我现在还有点哆嗦。

我记不清那次究竟有哪些人一起吃午餐了。我记得大概是8个人，里面有拉里·希里布兰德、约翰·梅利韦瑟、维克多·哈格汉尼、比尔·克拉斯克、格雷格·霍金斯，还有一些资历不深的团队成员。相比之下，我还是个新手，满打满算我在华尔街的全部经历也只有两年时间。我与费希尔和比尔·托伊的工作具有创造性和实用性，后来也成为一个市场标准。但是，我绝大部分的知识都是理论方面的；相反，梅利韦瑟小组的成员比我曾见过的任何人都要精明、强干，他们既懂理论也懂实践。

我的午餐面试官们自始至终都彬彬有礼。我记得他们问了我一些有关我与费希尔合作的一般性问题。可以感觉得出来，他们是想确定，我到底在多大程度上与费希尔在智力上有过合作。这很难回答，据我所知，在金融领域中没有人能展现出费希尔那样不带任何成见地研究一个问题、独立思考得出结论的决心。他们还提出了一个技术性问题，要求比较一个亚式期权和欧式期权的相对价值，我给出了一个后来知道是错误的答案。他们对我的回答点了点头，但却没有纠正我。几天后，科拉夫基告诉我他们不想让我加入他们的团队，但认为对于其他小组来说，我会是一个比较合适的人选。

十几年之后，1999年的某个上午，我与这个团队中的某些人共同参加了一个电话会议。那时我在高盛，他们则是在已经破产的长期资本管理基金，正在接受由挽救他们的投资银行组成的财团的监视。在高盛量化策略小组时，我和同事科拉斯米尔·德米特菲、迈克·卡莫尔和邹乔一起，曾写过一篇关于波动率互换的说明性论文，波动率互换是一种新的场外交易工具，可以让零售客户将"波动率"本身作为一种资产来进行交易。长期资本管理基金对买入波动率互换感兴趣，以对冲部分还未平仓头寸的波动率风险，而这些头寸最终成了这家公司垮掉的原因之一。

那天上午，高盛的管理人让一些长期资本管理基金的合伙人给我们打电话，讨论这些互换定价中的一些详细问题。在那次简短的谈话中，他们向我们提出的问题显示出他们对于理论微妙之处的快速理解，远比我们所认识的那些高盛交易员向我们提出的任何问题，都更有洞察力，也更复杂。在量化分析和交易世界里都有着丰富经验和知识的人，尽管他们如此老到，却仍将公司带入了灾难，每念及此不禁让人唏嘘。

由于套利小组没有位置给我，科拉夫基转而求助于他自己的领地债券组合分析小组，并将我介绍给负责抵押贷款研究的主管迈克·沃德曼，他当时正需要一个人领导正在组建的新的利率可调整抵押贷款（adjusted rate mortagage，ARM）小组。在几个星期之内，我就得到了为迈克工作的录用通知。

在我与科拉夫基见面讨论我的录用通知时，科拉夫基问我是否还有什么问题可以回答我，我突然有一种不祥之感。

"我听说所罗门兄弟公司的人都比高盛的人更加强硬，更讲求实际，"我说道，"是这样吗？"

"这种说法非常正确，"他对我说，"我认为在某种角度上有点像鲨鱼。你知道，鲨鱼要一直保持游动，必须时刻不停地动来动去，否则它们就要死去。这种状态或多或少就是所罗门的样子。"

为了缓解我的恐惧，他将他的公司比作鲨鱼，当时我还觉得有点奇怪。我忽略了这个类比，也忽略了很多熟人、猎头和前所罗门兄弟公司雇员的建议，他们都警告我说迈克是一个非常难打交道的上司。当我被招揽的时候，他表现得还是相当友善的。我总是谨慎小心，经过了1988年整个夏天的思想斗争与挣扎，最终决定接受这份工作。

那年秋天开始的时候，我告诉艾德·马基维茨我要离开高盛而去所罗门兄弟公司工作了，他也转告了费希尔和雅各布。当我告诉他所罗门许诺给我的报酬是多少时，我并没有得到高盛给我报出的挽留条件。尽管我对自己的薪酬快速上涨感到高兴，但对他们都没有试图挽留我而感到有些失望。

在高盛的最后一天，当我完成离职谈话，上交我的员工卡，最后一次走出85号大门时，我接到了高盛抵押贷款研究负责人斯科特·皮科斯的电话。斯科特试图劝说我留在高盛，继续研究如何将布莱克－德曼－托伊模型应用于资产负债匹配管理上。但他从这份工作的软件端开始谈起，我觉得他更多的是把我视为一个物理学家转行成为程序员的人，而不是金融模型开发者。无论如何，现在再改变我的人生轨迹有些太晚了。我在加勒比海度过了一个短暂的假期，几周后就开始了在所罗门兄弟公司的工作。

第 12 章

身心俱疲

- 在所罗门兄弟公司麻烦不断的一年
- 对抵押贷款建模
- 所罗门兄弟公司利用量化分析进行市场营销的技巧
- 幸运的裁员

在接下来的一整年里，我陷入了黑暗之中。每天我都能感到地面迎面向我扑来，就像是一个可怕的坠机梦，最终都是以惊醒而告终。从1988年10月到1989年感恩节，我在所罗门兄弟公司的一年里，是我所经历的最差的一年。对于发生在我身上的很多事情来说，我自己犯了很多错，但公司里的人也和我一样犯了同样多的错误。绝大部分时间里，我就是觉得不能胜任。我一直以为或许我最终能够调整好并适应这份工作，尽管我学到了很多东西，但我没有做到。

我在抵押贷款研究小组的新上司是迈克·沃德曼，他从研究生院退学，在20世纪70年代就已经进入华尔街了，属于宽客里很早的一批。我很快发现，尽管迈克有着反应迅速、机敏灵活、效率极高的头脑，但与之相配的却是一种粗暴无礼的态度和一些奇怪的习惯，让人很难适应。每个周一一大早，我把桑娅送到幼儿园后，就赶紧去参加我们抵押贷款小组的早间例会。在这个会上，迈克会带着大家讨论所有手头上的建模项目。我们每个人都带着自己的早餐去参会。在会议开头的时候，迈克会花几分钟时间在他切开的每半个百吉饼里各挖出一个圆形城壕样的凹槽，把面包芯扔掉，剩下空出来的半个百吉饼面包壳，可以在里面涂抹黄油或是果酱。这种操作手法让人看起来非常恐怖。一天早上小组里另一位同事问他："这样吃起来味道会好一点吗？"这个问题让我印象深刻。

我作为迈克的助手，主要负责利率可调整抵押贷款（简称ARMs）方面的研究。当我进入公司的时候，我对这一领域知之甚少。我从来没有接受过抵押贷款市场的正规教育，突然进入这个领域，还要领导那些比我更熟悉这个领域的人，所以我开始阅读所罗门兄弟公司关于这一课题的研究论文。

我了解到，美国的抵押贷款市场规模是非常庞大的，与国债市场规模相当。在个人层面，遍布全国的储蓄银行向房屋所有者贷款，房屋所有人需要这些贷款来满足购房需求。作为交换，房屋所有人与银行签合同，约定每月分期偿付等额的贷款利息和本金，用 15 年或 30 年的时间还完全部贷款。ARMs 就是利率可调整的抵押款，比如每隔 6 个月调整一次，根据某个约定的公式与短期国债利率做出大致同步的调整，或者上浮或者下调。相应地，每隔 6 个月，房屋所有人每月的还款金额也要做出调整。

ARMs 有着各种各样的附加技巧。它们通常在第一年里提供一个较低的、非常有诱惑力的利率，为银行招揽生意。在接下来的时间里，随着利率的调整，贷款利率会有一个上限即上浮的最高点，还有一个下限即下调的最低点。最终，尽管抵押贷款的名义期限可能是 15 年或 30 年，但房屋所有人可能会选择提前还贷来提前终止贷款合同。如果利率已经大幅下降，有其他银行提供贷款利率更低的抵押贷款，贷款人这么做就是非常划算的。

借钱给房屋所有人的银行拥有这笔抵押贷款，也就是拥有对房屋所有人未来每月支付的要求权。银行会定期将所拥有的抵押贷款转手卖给吉利美（GNMA）、房地美（FNMA）和房利美（FHLMC），这些都是政府下属机构，充当金融中介的角色，将大量相似但并不相同的抵押贷款汇聚在一起，并将其转化为更加标准化的证券产品。然后它们把这些标准化的证券产品再次销售给大型投资者，如共同基金、养老基金、保险公司、对冲基金等类似机构，它们需求的是有利息收入的投资。这种资产获得、汇聚成资产池、标准化、然后出售的流程解放了储蓄银行，为它们提供了流动性，以便它们能够发放更多贷款。结果就是美国拥有自主产权住房的居民比例比世界上任何地方都要高。

尽管只要具备高中数学知识，再细心一点就能算出如果用15年的时间还清贷款，每个月应该还多少钱，但抵押贷款是非常复杂的。这种简单的计算只是个开始。关于利率可调整抵押贷款池的所有事情，如利率支付、本金偿还等，都随着未来利率水平高低而变化，因此，每个ARMs其实都是一个支付随基准利率变化的复杂期权。

为了估计出一个抵押贷款池的到底是价值多少，你必须依靠一个关于未来利率水平的模型，这种模型事实上有点像我以前研究的布莱克-德曼-托伊模型。然后你要利用这个模型所生成的上千种利率情景，对结果求平均，从而模拟出贷款池未来的现金流。你要尽可能真实地表示出长期和短期利率的未来变化，然后对于每个未来的情景，都要计算出对于浮动的利率可调整贷款来说，一个贷款人未来每月还款额的变化值。你还要根据以往的经验,试着估计出每种情形下房屋所有人在利率变化后,提前还贷的可能性,因为这种提前还贷行为也会改变贷款池的现金流。这种蒙特卡罗模拟模型的计算结果就是抵押贷款池的现值。

抵押贷款估值模型涉及专业人士假设出的收益率曲线的移动及房屋所有人如何对此做出反应,但这些假设都没有得到过很好的检验。如果房屋所有人获得了抵押贷款池的金融支持,那么即使是房屋所有人的邮政编码都非常重要。因为根据社会经济学分类,某些区域的人会比其他区域的人具有更强烈的提前还款倾向。我听说有的投资者真的自己跑去调查所投资的抵押贷款池提供金融支持社区的情况。与物理学的严谨性和可预见性相比或与布莱克-斯科尔斯公式的简约相比,抵押贷款估值非常令人反感。曾经有一次我将这种观点与斯蒂芬·罗斯交流,他拥有自己的投资公司——Roll&Ross资产管理公司,专门从事抵押贷款业务。他反驳道:"无论何时我看到投资领域里有些复杂和令人困惑的事情时,我就看到了凭借我的聪明而能获得超额收益的机会了。"

这是一个很好的回答,也可能就是事实,但我还是觉得抵押贷款对我毫无吸引力。布莱克-斯科尔斯公式干净、简洁,就像是有关氢原子的理论一样。抵押贷款建模则复杂棘手,我们对其只能近似地模糊计算,这更像是试图解释出铀同位素U^{238}能量层级的结构。我更习惯干净、利落的问题,但抵押贷款是我签了合同要来研究的。

所罗门兄弟公司是个糟糕的地方。我开始工作后最先注意到的事情就是开会时每个人都迟到。级别最高的人来得最晚，他们每个人都开门探头看是否其他所有人都已经到齐了。如果没有，他们就会扭头走掉。而级别比较低的人，则利用这种长期以来形成的迟到氛围而习惯性迟到。每个人都下定决心不浪费自己的时间，而这种集体性选择的结果就是浪费每个人的时间。这种现象在高盛是不会出现的。

弥漫在所罗门兄弟公司里的紧张气氛也是非常明显的。我有些想要离开这家公司的朋友们都快成妄想症患者了，他们担心上司会发现他们在面试其他公司，然后在他们离开之前先把他们开除。我从来没有听高盛的任何人讲过这种事。尽管在雇主和雇员之间存在着天然的紧张关系，但绝大多数高盛工作人员从来不会想象出，行使自己的权力寻找另外的工作机会必然导致被解雇。

所罗门兄弟公司"赶尽杀绝"（take-no-prisoners）的文化还有其他的表现形式。20世纪80年代，债券组合分析小组曾经给客户写过一系列非常知名的、关于互换和其他新出现的衍生品合约定价的报告。每份报告的封皮都是淡棕色的，并用深棕色打印出作者的名字。几年过去了，随着这些报告的最初作者一个一个离开所罗门兄弟公司而转投其他银行或交易公司，债券组合分析小组就会重新打印这些报告，并将已经离开的作者名字去掉。最终，很多以前写的但还是很受欢迎且仍在发行的报告上，在封皮上连一个作者的名字都见不到了。这种受严格统治而失去人性的（Orwellian）、改写历史的做法使我震惊，让我觉得特别小气，也毫无作用，是对学术理念的公然侮辱。

在高盛，敌人是与你竞争的公司，而在所罗门兄弟，敌人是与你竞争的同事。在所罗门兄弟公司被花旗集团收购前不久，我遇到了还在所罗门兄弟公司工作的老朋友，我就问他是什么原因让我们的一个很知名的熟人被所罗门兄弟公司裁员了。"哦，他呀，"我的朋友说，"让人家发现他连布莱克－斯科尔斯模型的编码都不会！"现在，布莱克－斯科尔斯模型是如此的基础和普及，毫无疑问这种说法是骗人的。但更有意思的是，我问道，人们是怎样知道我们的朋友不能对这个模型进行编码的呢？又是谁让他接受检查的呢？

我被告知，所罗门宽客团队中的每一个人都要自己重新编写自己的计算机编码，即便是那些其他人可能已经做过了的最简单的事情，因为那些已经独立创造完成一些东西的人中，没人愿意与他人分享。这跟高盛的情况完全相反，在高盛你会因为这类阴谋诡计而没有生存空间，所以软件都是共享的。在高盛，发现某人连给一个简单的模型编码这种简单的事情都做不了，要花上很长的时间。

梅利韦瑟的团队和公司其他人之间的那堵墙是最不可逾越的障碍。我偶尔会远远看上几眼那个套利团队。梅利韦瑟、哈格汉尼、霍金斯、科拉斯克和他们的同事都一起坐在交易大厅的中心，这是一个远离他人的世界，一小块波斯地毯就标识出了他们享有特权的领地,这个圈子里的人个个兴奋异常,使所有人敬畏,他们自己也对此一清二楚。他们有着自己的不可侵犯的秘密模型、自己的不可触及的数据、自己的计算机系统和系统管理员,所有的一切都是他们独享。如果他们觉得有必要,他们有权获得债券组合分析小组里最好的模型和想法。但这种沟通是单方向的,只会利于他们。他们是精英部队,是一群想做什么就做什么的宪兵。公司里所有人对他们都半是羡慕,半是怨恨。他们拥有一切,包括知识、独立、特权以及大把的金钱。

我将这些所罗门兄弟和高盛之间的文化差异归因于上市公司和私人合伙制企业之间组织架构上的差异。那时高盛还是私有制企业,运转流畅是因为由合伙人负责运营,而合伙人是按统一标准从全公司范围内选拔出来的。合伙人作为日常监督者,不拥有可以随时变现的股票,因此他们的长期利益就取决于公司的整体利益。结果就是,任何过分的自我膨胀都会很快被压制下去,因为管理公司的那个人,尽管他想打赢某场特定的战争,但他知道这样会伤害整个公司的利益。高盛人总是告诉你,高盛人容易相处,工作起来更加团结,没有太多的公司政治。尽管这种说法并不完全正确,但不断这样讲有助于让预想中的事情自我实现。不管合伙人如何自私自利,他们的长期利益总是与整个公司紧密联系在一起的,而不仅仅只是他们自己的那一小部分。

用著名的高盛前合伙人加斯·列维的话说,高盛是一个着眼于长期利益而非短期小便宜的贪婪者。我想，在所罗门兄弟公司，每个人都是人人为我，因此"上帝"要惩罚他们。

我们研究小组的关键职责是支持 ARMs 的交易商，他们与套利小组不同，更感兴趣的是为客户提供服务赚取价差，而不是执行真正的自营交易。我们通过撰写短小的量化市场分析报告的方式支持他们，这些报告提供了一般来说是真实的论据，供销售人员使用。当交易部门收购了某些新的抵押贷款池的时候，我们就对这些贷款池应用我们的模型，试着解释它们的价值是多少。

我们有一整套不同的模型和相应的测度体系用来评估贷款池的价值。最简单的测度方法就是假设未来利率保持不变，计算贷款池未来有效期内所能产生的所有收益。最复杂的方法是所罗门兄弟公司的期权调整后价差模型（option-adjusted spread model），这个模型类似于我在高盛帮助开发出来的布莱克－德曼－托伊类型的利率模拟模型，可以算出贷款池在未来所有利率水平下能够产生超过国债收益的价差的平均值。

我们每天都将这些模型应用到交易部门持有的贷款池上，并将评估结果向他们汇报。不同的客户喜欢不同的测度方法，这取决于他们的老练程度、所使用的会计准则、受到的监管要求等。我们也做一些长期的、以客户为关注点的研究，如针对房屋所有者支付开发改进后的统计模型，针对越来越流行的、更加奇异的、以 ARMs 为基础的结构化产品开发估值程序。

交易部门的交易员使用期权调整价差模型来决定该对新上市的 ARMs 贷款池报出什么样的价格。模型的计算过程则是非常费劲的。每个贷款池都由各种各样的抵押贷款组成，每个抵押贷款都有不同的票息和不同的服务费标准。期权调整价差是对上千种未来情景求平均计算出来的，每一种情景又涉及上百个月份，每个月份都要模拟出利率的变化。由于贷款池每个月收到的还款数量和次数是按一种复杂的、路径依赖式的方式随基准利率调整而变化，因此在 1989 年的时候，即使是在计算速度最快的电脑上，也需要花大量的时间才能完成计算，从而得到模型给出的建议报价。

而让这些复杂工作如此令人不快的，是在交易部门紧急需求的情况下，我们所使用的过时的计算机模型。通常，我们只有不到 30 分钟的时间为贷款池报价。而我们用来计算期权调整价差的 FORTRAN 程序是很多年前编写的，太过时了，非常不好用。为了给贷款池估值，这个程序需要相关要素的变量值：贷款池中包括了几个抵押贷款组合、每个组合的利息和到期期限是多少、利率浮动的上限和下限以及其他参数。你必须把这些数字敲入一个提前设定好次序的文件中，在每个数字间还要准确无误地加上空格。然后这个程序才能在专门为此购入的功能强大的超级计算机上运行。

在典型的一天中，当交易部门收到储蓄信贷机构的一整页传真，上面有贷款池的相关各种参数的时候，发令枪就响起了。然后，我们就有半个小时的时间将这些变量值敲入程序输入文件中去,并将其提交给超级计算机。在最理想的情况下,超级计算机要用约 10 分钟的时间完成相关计算。因此,交易部门不耐烦的交易员每过 10 分钟就会打电话来催要计算结果。

可不幸的是,这个程序不容忍任何输入错误:哪怕输入的空格数量多一个或少一个,程序就会一声不响地卡住,然后就陷入一个永无休止的循环,漫无目地在读不出来的数据上绕来绕去,就是出不来一个结果。结果就是,在第一个 10 分钟或 15 分钟里,你要坐在那里非常紧张地等待着程序结束并在屏幕上显示计算结果。这段时间里,你会担心是超级计算机运行得稍微有点慢,你已经输错了空格数量,还是计算机已经陷入了死循环。如果 15 分钟过去了,屏幕上没有出现结果,你就可以认定你已经犯了输入错误,就需要关掉程序并重新来过。这是令人非常痛苦的过程!

这种贷款池估值的时间安排主导了我们的生活。总要有人值班,而且值班人的敲字速度需要足够快。当要迅速给出报价的时候,看着我们小组里一个打字很慢的人像小鸡啄米一样地在键盘上点来点去,会让人疯掉的。如果你离开自己办公桌一会儿,你必须告诉秘书你去哪里,在哪儿才能找到你。没人想过去休超过一个星期的假。当我在 1989 年夏天休了两个星期假的时候,我能感觉到迈克对我缺少敬业精神非常不满意。

每个星期都会有一次 S、T、R 的清晨会,一个表面上很乐观的销售经理喜欢用这三个字母代表销售、交易和研究,将这三个名字连在一起为的是给予研究部门同等的地位。我偶尔需要向销售人员做简短的、两分钟的演示,介绍我们已经购买的新 ARMs 贷款池最吸引人的地方。我第一次做这种演示的时候,还有些惶恐不安,吃不准抵押贷款的特征。于是一个顾问被带进来,教我怎样根据一份文稿讲话,同时要让人看不出来我是在念这份文稿。他的方法是使用特大号字体,这样你就能可以在别人不注意的时候迅速浏览一下,并记住你要说的内容,同时与你的听众保持明显的眼神交流。尽管经过演练并录像下来有点降低身份,但这就是他们显示自己专业化的一个例子。

给我最深刻印象的就是,所罗门兄弟公司利用量化研究来促进商业业务发展的专业化方式。我将金融研究视为一种科学活动,我是带着业余爱好者的热情喜欢上金融研究的。而在所罗门兄弟公司,他们都是商务人士:他们把金融建模视为一种市场推广工具,以商人的视角来应用这一工具。他们擅长把模型当作标尺来对证券估值,并据此将证券进行排序,然后熟练地利用这些排序向客户们推介这些证券产品。

我不擅长,也不喜欢市场营销,但我在那一年里学到了很多。我也逐渐了解到使用模型当作销售工具背后的逻辑。事实是,世界上有如此多的证券,有如此多的股票,任何人要知道哪一类里哪一只证券能够带来最大收益都是非常困难的。模型能为你提供一种理念基础,从这个角度来考虑价值;它能把一个有关债券价格的离散世界投影到一个一维的直线上,并且按照价值的大小将它们排列出来。

我逐渐意识到，开发成功的金融模型不仅仅是一场寻找事实真相的战争，还是一场争夺使用者信任和体验的战争。当正确的模型、正确的概念能够让人更容易地思考价值的时候，这些正确的模型和正确的概念就能占领世界。当公司的客户开始依赖公司的模型所计算出来的结果时，这家公司就能占领市场。这就是发生在所罗门兄弟公司期权调整价差概念上的事实：当所罗门将这个概念开发出来不久，华尔街上的所有公司都开始编译这个模型的自己的版本，用来做同样的分析，就是因为客户需要这种模型。

所罗门兄弟公司的人开展量化分析业务要比高盛早，他们会出于本能地这样考虑研究工作。当我到了所罗门后，我发现他们的销售人员和宽客都在使用一些快速地、大量地对数字进行简短分析的方法，这些分析方法被用于比较债券之间的到期收益率或值，其熟练程度令人惊讶。所有的新雇员，不论是交易员还是销售人员，甚至是宽客，都要经过几个月时间的入职培训。这里我所说的"甚至是宽客"是带有敬佩含义的，因为那时的高盛认为将宽客派去接受培训是对稀缺资源的极大浪费。所罗门兄弟公司的固定收益培训更是特别，课程是由交易员、销售人员和宽客讲授，这些人的讲授内容涵盖了市场惯例、量化概念和量化工具的使用。培训中还要定期测验，接受培训的人最终会变成债券领域的数学专家。每个人还要学习霍马（Homer）和利伯维兹（Leibowitz）的经典论文《收益率曲线的奥秘》(Inside the Yield Curve)。所有受训人员结束培训时，都对收益率、远期利率和久期有一种深刻的体会。

让我敬佩的是，很明显，所罗门兄弟公司里的有些人已经意识到，在全公司范围内对所有模型采用统一界面的优势所在。1989年，公司里所有人使用的销售工具和模型都是在一种过时的、笨重的Quotron终端上运行的。这种终端是20世纪70年代在富有远见的迈克尔·布隆博格（Michael Bloomberg）的领导下建设的一种基础设施。尽管不好用，所罗门兄弟公司的所有人都要学习如何熟练地使用Quotron终端，以便于获取内部和外部的信息，这种方式就像10多年以后的人们使用Web浏览器那样。1989年，布隆博格已经不在所罗门兄弟公司，而成为他那家正处于成长阶段的信息和建模工具王国的领导人。那时他为客户提供的彭博终端就远比Quotron要先进得多。几年后，我很高心地看到布莱克-德曼-托伊模型在他的终端上也能找到了。

1989年全年，我的问题越来越严重。事实上，我还有点业余，不像身边那些资深人士那样对销售领域非常熟悉。我的朋友马克·格尼斯伯格和艾蒙德·塔迪沃锡安（Armand Tatevossian）还在拿我给出的一个关于波动率期限结构的愚蠢答案取笑我，这个问题是在一次债券组合分析小组例会上迈克非逼着我回答的。我只能承认答案不对。这并没能阻止马克公开地开我玩笑，说他都能想象得出来我加入债券组合分析小组时公司承诺给我的报酬是多少。

随着时间的流逝，我咬紧牙关试着坚持下去。有时我想，给我足够的时间我就能够融入团队中去。但绝大部分时间里，我渴望离开，而我的雇用合同里包括了1988年的分红和1989年全年的报酬，我又不愿意放弃，因此我只能挣扎着工作下去。

即使是那些犯错比我少的人，为迈克工作也不是一件愉快的事。他喜欢掌控一切。1990年年初的某个时候，数量金融学的著名先驱、加拿大滑铁卢大学的教授费利穆·鲍意尔（Phelim Boyle）邀请我在一次学术会议上做一次关于布莱克－德曼－托伊模型的演讲，那时布莱克－德曼－托伊模型刚刚公开发表。迈克拒绝我去参加学术会议的申请，也拒绝我谈论自己以前公开发表的成果，即使是在我自己的时间里。当我问到为什么时，他笑了笑说，我们不应该做促进竞争的事。就像华尔街上的很多上司一样，他认为他拥有为他工作的员工。我想我当时也觉得这是对的。我拒绝了邀请。

在抵押贷款小组中，我也并不是唯一一个不开心的人。最后，我注意到那些无论是在学术界还是商业界曾经享受过独立人生的人，都不能忍受迈克对他们的压制。那一年中加入小组的一些资深人士，一年后都离开了。像我这样的一些人，离开是因为与迈克差异太大；我认识的另外一些人，如从花旗转投所罗门兄弟公司的拉维·默图（Ravi Mattu）等，是因为所拥有的技能与迈克太过相似，感到受到了压抑。只有那些新来的年轻雇员，在知道还有其他生活方式之前就不知不觉陷入被奴役状态，也只有他们能够忍受这种永无休止的控制。最终，几年后，我听说迈克自己也不得不离开。

我自己的离去很快就来到了。1989年年末，由于市场环境不好，所罗门兄弟公司开始裁员。在公司里，裁员（layoffs）总是比解雇（firings）更方便。因为不利的经济环境而让人离开远比因为能力不足而让人离开要容易，后面一种做法容易招致对簿公堂。公司并不会公开裁员名单，事情的流程是这样的：首先，你会听到一些谣言，说公司要裁员了。然后，你就开始听到一两个人突然从公司消失了。最后，你会注意到一些平常经常与你交往的人开始避开你。后来，你会意识到他们是提前知道消息的。悲哀的事实是，当你知道朋友或同事即将被裁员时，你对此无能为力，也只好躲着他们。

一天，迈克和我一起下楼，走到楼层之间的楼梯间时，迈克鼓励我要跟为我工作的那个年轻人解释清楚，我在我的ARMs提前还款率的回归模型上已经进展到哪一步了。"要尽快把年轻一代培养起来！"他令人怀疑地笑着，其实他是想确保我离开后不会有什么损失，但我还没能意识到这一点。我继续以为我能坚持住，直到我能找到更好的工作，但我还没有真正去找工作。

后来，在1989年感恩节那周周初的某天下午，我在办公桌旁收到迈克的电话，他让我下几层楼去一个办公室见他。我感到心脏一下子往下坠。我赶紧给埃娃打电话，告诉他我觉得"那件事"就要发生了。她温柔地安慰我不要过于担心。然后，我离开我的办公室下楼去。

当我敲那间我被传唤的、不熟悉的办公室的门时，迈克来开门。里面坐着雇我来的汤姆·科拉夫基、负责整个债券组合分析小组团队的马蒂·利伯维兹，还有一些来自人力部或法律部的同事，他们在这里是为了确保所有的事情都运行得比较合适。我坐下来，说一些我现在回忆不起来的话，他们告诉我我被裁员了，但在接下来的几个月里，我仍会继续拿到薪水（薪水水平降低了，没有分红）。他们让我把手边项目的进展向为我工作的员工交接一下，然后离开这幢大楼。

当你被告知要离开时，你会觉得做了什么亏心事，只好偷偷溜走。我花了一点时间跟为我工作的年轻人交接了工作，他明显已经提前被告知了即将发生的事。然后，我没有跟任何人说再见，起身离开去找我的妻子和女儿桑娅，她们预约了一位小儿科医师。幸好有了件分散注意力的事情。最终，这件事就这么结束了。

几天后，我们和几位朋友一起在纽约北部庆祝感恩节。然后，在节日放假的那个星期天，我早上 7 点钟开车去所罗门公司的办公室，这么早去是为了确保没人会看到我，我用箱子把书打包以便运走。几天后，我收到了马克和艾蒙德打来的充满困惑的电话，他们还不知道我为什么不去上班了。

最重要的是，事情并没有那么坏。我乐于认为有一种"业"一直伴随着我：如果我没有离开金融策略小组去所罗门兄弟公司，如果那年我没有在所罗门兄弟公司经历那种因为某种不足而带来的羞辱，最终我也不会回到高盛，找到一个如此适合我的专业和性格的职位。

我再也没有见过迈克·沃德曼，尽管之后的一年里，我总是想象如果我们在街上遇到会谈些什么。6年后，固定收益分析师协会把已经故去的费希尔·布莱克列入该协会名人纪念堂。在那次会议上，我应邀做了一个关于费希尔的演讲。在答谢午宴上，我发现自己的座位被安排在贵宾席，紧挨着马蒂·利伯维兹。那时，他是TIAA-CREF（教师保险和年金协会——高校退休股票基金）的首席投资官。1989年11月的一天，在所罗门兄弟公司作为沃德曼上司的上司，他宣读了对我的判决。而这一次，他态度诚恳、热情，我们谁也没有提起我们上一次交谈时的情形。

第 13 章

高盛优劣

- 像家一样的高盛
- 领导量化策略小组
- 权益类衍生品
- 东京证券交易所的看跌期权和奇异期权
- 与交易员亲密合作,所向无敌
- 金融工程成为一个真正的行业

1989年12月，当我走在街头，逐渐略感恐慌。我去拜访猎头，参加工作面试，给我认识的绝大多数人打电话。曾出现过几个工作机会，但没有一个让人满意。我无意于陷入错误的职位之中，我见过太多人每年都要换工作，他们虽然赚了钱却输了名声。

经过反复思量后，我将费希尔视为我最后的求助对象。他对我当初离开高盛丝毫没有介意，并介绍我去面试股票业务部他所领导的量化策略小组。在那里，我又重新结识了杰夫·维克和比尔·托伊，当时杰夫·维克正掌管着量化策略小组开发的交易系统。我还遇到了鲍勃·格拉诺夫斯基，他是一位权益类期权交易员，长着黄色胡须，脸上总是一副困惑的表情。所有人都叫他"格莱尼"（Granny），他在那里从事期权交易的时间很长，没有人能够记得到底他是从何时开始期权交易的了。然后，费希尔录用了我。

我曾经是金融策略小组中一个小组的领导，在所罗门兄弟公司也是领导，但量化策略小组是一个小型的、扁平化的组织，没有空余的管理职位给我。尽管如此，我仍觉得这个职位与我的能力很匹配——至少我很喜欢做研究。我对报酬稍稍有点担心——比尔·托伊现在已经离开宽客世界而实现了转行去做业务的梦想，那时他提醒我说权益类领域的报酬水平要低于固定收益领域。我曾就此问询过费希尔，他打消了我的顾虑。既然没有什么可担心的，在12月中旬的时候，我接受了命运的安排，同意重返高盛，并从1990年1月22日起，开始为费希尔工作。

事情并未按计划发展。就在我即将开始工作的几天前,费希尔出乎意料地从家里打电话给我,说他要离开股票业务部门而去高盛资产管理公司,他说他已经建议杰夫·维克和我共同管理量化策略小组。此后不久,股票业务部门的负责人向全部部门成员发了一封备忘录,宣布费希尔的离开以及我们晋升他以前的职位。备忘录里没有提到,那时我甚至还不是高盛的员工。之后的几年里我了解到,公司最喜欢的莫过于表现出来的平稳过渡。

对于费希尔来说,高盛资产管理公司可能并不是最适合他的地方,我猜测是公司管理层硬拉着他去那里的。作为全世界最著名、最有用的金融模型的共同发明者之一,费希尔更多的是一位思想家,而不是高盛资产管理公司所需要的管理人员或销售人员。尽管他对变化的态度总是非常积极,尽管他对公司永远是褒扬之辞,但我感觉到公司管理层并没有想清楚到底应该怎样利用费希尔才能发挥他的最大作用。

而对于我来说,这是一次非常幸运的尝试,是我曾经有过的几年非常吸引人工作的开端,也是一段陶醉于快乐之中的岁月,尽管远在下曼哈顿区那充满电话铃声的地方里,也掺杂着我和同僚(以及上司)之间的斗争。我非常高兴,也非常幸运能回到高盛。根据华尔街的标准,这里是一个有教养的地方。在不好的机构和不好的日子里,我有时曾幼稚地盼望着惩罚,只要我的雇主也受到伤害，宁愿自己受到伤害。而对于高盛，我从来没有这种感觉。这是唯一的一个我从来没有暗自希望它会破产、垮掉的地方。

杰夫认为他和我能步费希尔的后尘是一个极好的机会，并预测我们在几年后能够成为高盛的合伙人。我因为年纪稍长，略微悲观，以往吃过苦头，所以对我们的前途并没有太大把握。不论如何，在做了这么多年的固定收益业务后，我开始逐渐去适应我的新家。

1990年，股票事业部在高盛里还是最老式的部门。这个部门里的人都表现出一种举止文雅的白领、白鞋阶层的气质，他们看不起那些工作在杂乱喧嚣、暴发户式的固定收益债券领域的交易员；而固定收益债券交易员认为自己又比J.Aron公司的人要好一些。J.Aron公司是高盛在20世纪70年代收购进来的、从事大宗商品和外汇业务的公司。那年我遇到一位从J.Aron公司过来的女士，她不像很多高盛的员工那样，拥有那种明显的哈佛或沃顿商学院的贵族血统。她毫无顾忌地跟我说，在他们公司被收购的时候，如果她不是在J.Aron公司工作，她永远都不会来高盛。J. Aron公司有一种争强好胜的权宜文化。到了2004年的时候，高盛绝大部分交易部门的负责人都来自J. Aron公司，其中包括股票业务部。

杰夫和我接手的量化策略小组是一个由4位雇员和5位长期顾问组成的大杂烩。在百老汇大街85号第29层股票业务部的一个角落里，大家都挤在拥挤的共用办公室区域和卡位里。我喜欢我的新电话号码902-0129所暗含的预兆，它的后4位被我迷信地解释为，它的主人是29层的一号人物。

我们办公室的位置非常理想，距离衍生品交易部门只有约40英尺距离。如果你想安静地专心工作，这个距离足够远；如果你想感受一下交易部门的气氛，这个距离又足够近。每天快下班的时候，你可以溜达到交易部去，跟交易员聊聊今天的市场，而不会显得那么有目的性。但这种与交易部的近距离接触只维持了6个月。此后，由于量化策略小组和衍生品业务都扩张了，我们搬到了其他地方，距离他们有几层楼的距离，不再有那种团队感了。从那时起，学会与交易员交流的技巧越来越难了，而这也是一名新宽客所面对的更为艰巨的任务。

我们的办公室非常拥挤、凌乱，成堆的文件堆满了卡位之间的过道，这种无序的状态给偶尔来拜访销售和交易楼层的客户留下非常不好的印象。时不时就有一位股票业务部的负责人走过来，威胁说如果再不整理，他就要给予惩罚。导致这种情况的根源是比尔·托伊，他把所有自己读过的或写过字的文章都收藏起来，他的办公桌上和办公室的地板上到处堆满了一两英尺高的文件，他不舍得丢掉任何一份。当比尔习惯性地抱怨希望赚更多钱的时候，杰夫就会告诉他，获得5万美元加薪的最简单途径就是清理他的办公桌，我想他说的一点没错。

费希尔任职时留下来的唯一金融建模人员就是皮奥特·卡

拉辛斯基，那时他还在忙着撰写关于布莱克-卡拉辛斯基收益率曲线模型的论文。小组里的绝大多数其他成员都是富有才华的硬件和软件咨询顾问，他们都是由杰夫雇来的，也是由杰夫管理，专注于开发股票电子交易软件。远远超前于其他人，费希尔早就预见到将信息技术应用于交易。1971年，他就撰写了一篇非常有影响的文章，题目叫《走向全面自动化交易》（*Toward a Fully Automated Exchange*）。当时，他与杰夫一道，正推动公司向这个方向发展。这是一项非常有先见之明的工作，只是有点过于超前；如果费希尔能再多活10年的话，他就能见证计算机化交易的发展，他肯定也会有一个更为成熟的实验室来检验他的想法。

量化策略小组中咨询顾问们对于硬件的关注充斥着我们的工作环境。高高的堆满了计算机旧零件的书架沿着我那狭长而光线不好的办公室墙边排开，让我想起电影《星球大战》中C-3PO在堆满机器人破损零配件的地方，进行自我修复的场景。我记得那年约翰·赫尔（John Hull）来我办公室拜访我时，当他发现他所想象中的宽客要花这么多时间和精力在技术上时，脸上那强忍住的困惑表情。然而事实上，这都是业务所需要的。在过去的这些年里，我一遍又一遍地目睹了模型只有嵌入有用的交易系统中才能发挥它的力量。

量化策略小组的咨询顾问都是按小时支付报酬的，他们中的很多人都是按照计算机爱好者的时间表进行工作的，每天早上很晚才到办公室，把CD播放器放在办公桌上，戴上双耳式耳机，就开始编程。20世纪90年代，这是一种非常新鲜但又不够职业化的样子，特别是在客户需要经常拜访的楼层。我们曾尝试让整个小组在表面上表现得更加商业化一点，但这并不容易。一位咨询顾问习惯将他的CD播放器放在没有上锁的办公桌抽屉里，但在一天早上却发现播放器不见了。那天，他用前半天与安保部门沟通，试图找到播放器；他又用后半天跟我们说，要我们赔偿他被偷的播放器。我费尽力气才憋住没有指出来，他已经用掉8个小时的时间用来找他的CD播放器，这段时间所产生的报酬已经远超过购买CD播放器的成本了。

我现在工作的股票业务楼层的氛围与我非常熟悉的固定收益部门的氛围非常不同。1990年，股票业务部还没有失去其高端奢华、老式俱乐部的氛围。合伙人们每天的午餐是由一位亲切、殷勤、穿白色制服的服务员，用一个大大的银色推车送到他们面前，每个盘子上面都罩着漂亮的、保温用的圆盖子。即使是对不那么重要的人，公司也会提供可以享用的东西。交易部门的雇员每天都免费享用食物。当你上午到公司后，一个绅士模样的人就会走过来，拿走你点的菜单，上面列有一系列附近餐馆的菜单，你可以从中挑选你喜欢的任何食物。其目的就是确保在市场开市和客户打来电话之前，你能坐在办公桌前。

差不多每个人都会点上特别大份的午餐、饮料和点心，因为难以抗拒。坐在那儿，周围环绕着一个个的塑料盒子，里面盛的是胡萝卜、草莓、切段芹菜、切片桃子、分成四份的猕猴桃，一点一点吃着，一天就过去了。一会儿，你看见另外一个人点了一盒樱桃，你就会想："多好的主意啊！明天我也要点。"在上午 11:30 的时候，热食到了，有剑鱼、牛排、土豆、米饭、莴笋，你想要什么都有。为了便于食物吞咽，我们的餐饮服务员尼尔还会送来半打装的法国依云或毕雷矿泉水，这种 6 瓶装是最小的包装。下午晚些时候，有些人就会带着打包好的食物和矿泉水回家。

我不喜欢这种免费食物的特殊待遇。到了中午的时候，由于在几个小时里吃了够一整天的食物，我肚子里已经鼓鼓囊囊的了。直到 20 世纪 90 年代中期，量化策略小组搬离了交易楼层，我才真正得到解脱。后来，在 1994 年年末固定收益市场受损后，交易楼层所有人的食物特权被取消了，从那以后，交易员、销售人员和他们的助理们都要自己到自助餐厅和附近的外卖店去买食物了。在百老汇大街 85 号的顶层有一个环境优雅的贵宾部，副总裁级别的人可以在那里预定一个有侍者的位子，来享用一顿正式的午餐。那里，餐桌上配有洁白的桌布，而且出于某些神秘的原因，旁边还会站立着身穿制服、说话带德国口音的中年妇女提供服务，这让人隐约想到了罗莎·克莱博（Rosa Klebb）⊖。这间餐厅在 1994 年也关门大吉了，其实它早就该被关掉。它能让人想起那些副总裁还是非常稀缺、非常重要人物的年代。10 年后，在网络公司兴起的 2000 年，当穿着随意的家伙统治公司的时候，免费零食又短暂地回来了，每个楼

⊖ Rosa Klebb 是英国 1963 年拍摄的 007 系列影片《俄国情书》中的一位反派间谍角色的名字。——译者注

层的人们都能得到 Snapples 饮料、瓶装水和奇形怪状的切片礼品水果。这在科技公司首次公开发行（IPO）市场崩溃之后也消失了。你可以发现华尔街的行为：它癫狂、浮躁，一会儿大规模招人，一会儿又裁员，扩张又收缩，大幅增长又紧跟着大幅降低，所有这些都能在食物供应的充足和匮乏之中体现出来。

我的上司是德克斯特·厄尔，是高盛的合伙人，销售人员出身。在我的生命中，从这段时间开始我自觉地称呼我为其工作的人为"老板"。我妻子不喜欢听到我用这个词，她仍生活在学术世界里，认为这种说法太过直白、露骨，但经过了这些年，我逐渐认识到这不过是现实罢了。德克斯特的专长在于投资组合再平衡（portfolio rebalancing），因此他对期权和波动率等了解不多。但他乐于拿自己的不懂行开玩笑，当在聚餐的时候，有人偶尔会友善地取笑他，拿出一本写着"德克斯特·厄尔论衍生品"的空白书本，他面露迷人的微笑，并不介怀。多年以来，他凭借着亲切、和蔼的态度，优雅得体的举止以及真丝领带和合身的吊带裤带来的自信，比公司安排进来的那些协助他管理权益类衍生品业务的知识更渊博而态度生硬粗暴的共同负责人们，待的时间都要长。德克斯特在应对客户方面非常有一套，我们都曾为了他的一个故事而发笑，他曾被客户问到高盛在人工智能（artificial intelligence，AI）软件方面的进展，他避开了正面回应，回答说"我们正在采取全球化的视角，慢慢推进，不着急"。但给我印象最深的，还是当有人在他并不理解的问题上误导他时他的分辨能力。当我们偶尔听到那些信息技术行业杜撰事实的人侃侃而谈时，我知道他们都是半江湖骗子，交易部门的负责人通常都会对这些所谓的专业故事信以为真，但德克斯特自己是销售人员，能够看出表面之下的空洞无物。

德克斯特的秘书是一位令人愉悦的严厉女人，带有奇怪的要求其他人顺从的倾向。我第一次跟她讲话的时候，她让我站在她办公桌旁不耐烦地等了五六分钟，在这段时间里，她在不慌不忙地填写各种各样的管理表格。在我等待的时候，我以前经常给孩子们读的一本很早以前的漫画书《鹅妈妈》中的两句话，在我的脑海里一闪而过："我是陛下在基尤（Kew）地区的狗；请告诉我先生，你又是谁家的狗呢？"几年前，不假思索地大声读出这几句话时，我认为它只是关于一只正在讲话的狗说出来的被迫押韵的话。现在，我突然明白了这句话的含义。尽管我是"楼上的"，而且工作远比她的工作重要得多，她是"楼下的"却处于更好的位置上。很多年过去了，我逐渐了解到，宽客就像 A. A. 米尔恩（A. A. Milne）⊖诗歌中的那个小男孩，总是走在下楼的楼梯上。

20世纪90年代，衍生品世界中的新事物是奇异期权（exotic options）。我对奇异期权的兴趣是由那个在高盛被称之为"丹麦王国看跌期权"的产品所激发的。

1989年最后一个交易日，基于日本股票的日经225指数达

⊖ A.A.Milne 是英国儿童文学作家，其代表作品包括《小熊维尼》（*Winnie the Pooh*）系列作品。——译者注

到它的最高点 38 915.90 点。在指数逐渐上涨的过程中（回过头来看，这段时间也被认为是日本股市泡沫阶段），很多日本公司到资本市场中向投资者借钱。有时，为了支付很低的利息，一些公司就承诺，如果债务到期时日经指数下跌（他们认为这种情况发生的可能性很低），他们最终支付给投资者的钱就要远高于最初接到的钱。用期权的语言来说，就是公司给了他们的债券持有人基于日经指数的看跌期权，也就是给持有人提供了防止日经指数下跌的保险单。很多债券持有人就保留了债券，而将附加的看跌期权出售给有兴趣的投资方。

当日经指数在 20 世纪 80 年代末不断创出历史新高，格莱尼老练地、有计划地买入大量这种看跌期权，这些看跌期权就共同构成了防止日经指数下跌的巨大保险单。他以非常便宜的价格买入这些看跌期权，因为期权的发行公司并不相信日经指数会出现持续回落，当时日本资产价格还在上涨，日本股票市场正在一路攀升。

当我那年年初到了量化策略小组的时候，研究衍生品的所有人都在谈论丹麦王国日经指数看跌权证（Kingdom of Denmark Nikkei put warrants，下称"丹麦王国看跌权证"）。我听说正是那个满脸困惑表情的格莱尼想到高盛应该发行基于日经指数的场内期权产品。由于格莱尼已经买入大量的、便宜的、防止日经指数下跌的保险，现在我们也可以将相同的保险卖给公众。因此，1990 年 1 月，高盛创设了丹麦王国看跌权证，执行价格定在日经指数 37 516.77 点，到期日在 1993 年年初。这些权证在美国股票交易所（American Stock Exchange）上市交易。这些权证的前缀"丹麦王国"指的是权证的发行人是丹麦独立王国，我们支付给他们一笔费用，确保在高盛出现信用危机的时候，他们会确保看跌期权如期履约。

我们的发行在时间上恰到好处。日经指数刚刚过了它的顶点，很多买家都愿意赌指数在未来下降。格莱尼是从以日元计价的交易对手方那里以便宜的价格买入的日经指数期权，这些对手方不相信日经指数会下跌，因此愿意将期权卖给以美元计价的投资者，他们赌日经指数会下跌。绝大多数我见过的能盈利的期权交易策略都有着相同的手法——批量购买很多简单的、不那么吸引人的产品，然后利用金融工程工具将其转变为某种更具吸引力的东西，再将其零售卖出。这种转变既需要理解客户的需要，还要掌握专业技术。

为了实现这个目的，格莱尼在丹麦王国看跌权证的结构上附加了一个为客户量身定制的、奇异的微妙之处，这个微妙之处我还尚未提及。日经指数是一个关于225只日本股票的指数，它是以日元报价的。那些以美元为交易货币的美国日经指数投资者，事实上拥有了以日元为计价单位的日本股票。那么，这些美国投资者就面临两类风险：日经指数的下跌和日元相对于美元的贬值。美国投资者当然乐于购买防止日经指数下跌的保险，但如果日元伴随着日经指数的下跌而贬值，美国投资者又不愿意看到他们的保险费下降，而这种情况很可能会发生。因此，丹麦王国看跌权证中还嵌入一个防止日元贬值的保险，保证无论日元相对于美元的汇率如何变化，权证的支付都是按照提前约定的汇率转换成美元。

举例来说，如果日经指数从 37 500 点下降到 25 000 点，指数点位下跌 12 500 点，或指数下跌 33%，即使日元（以极端情况为例）按美元计价变得一文不值，那么面值为 1 000 美元的看跌权证持有者，在约定转换汇率为 1 美元兑 1 日元的情况下，将收入 333 美元。如果转换汇率没有提前约定，权证持有人的收益将按照当前汇率转换成美元，那么他将一无所获。这个特征对于美国投资者而言非常有吸引力，他们天然地按照美元来计算收益，这种微妙设计将有利于美国投资者从期待已久的日本股票市场下跌上获益，而不用担心股票市场下跌对汇率的不利影响。

后来市场将含有这一特点的期权称为"Quanto"，而我总是倾向于将其称之为"汇率担保"（GER）期权，这似乎听上去更恰当。我记得这是我遇到的第一个非标准化的或是所谓的"奇异"期权，就像绝大多数成功的结构化产品一样，它的支付反映了投资者的需要。

金融工程所扮演的角色就是从这里登上舞台的。即使格莱尼以非常便宜的价格买入以日元计价的看跌期权，并以非常昂贵的价格将丹麦王国看跌期权卖给急切的投资者和投机者，它们所产生的支付之间仍存在着非常危险的不匹配，而这种不匹配可能会把我们的利润全部吞噬掉。如果日经指数下跌，我们买入的期权会产生日元收益，但我们卖出的丹麦王国看跌期权要求我们向交易对手方支付美元。美元兑日元的汇率变动因此会降低，甚至会整个吞噬掉我们的利润。为了防止这种情况发生，我们必须不断对冲掉美元兑日元汇率变动的风险，从而消除这种变动对我们所买入和所卖出的期权价值的影响。

就像服装设计师必须综合考虑劳动成本、衣料成本等，才能给服装制定一个合理的价格一样，我们在给 GER 期权定价时也必须考虑到对冲的成本。对冲策略涉及日常对于日经指数和日元的交易，我们必须把这种交易策略的预计成本计入丹麦王国看跌期权的价格之中。

布莱克和斯科尔斯在 1973 年就已经指出，标准股票期权的合理价值就是在其存续期内的对冲价格。他们推导出一个关于期权价值的偏微分方程，并给出了求解方法。从那以后，学术界和实务界人士都在忙着将这种方法应用到所有其他期权产品上。1989 年年末，皮奥特·卡拉辛斯基已经发现了一个类似的偏微分方程，用来计算丹麦王国看跌期权的合理价值。出乎部门里所有人的意料，甚至让人有些怀疑的是，他发现 GER 期权的价值取决于美元兑日元汇率变动与日经指数变动之间的相关程度。日经指数与日元间的相关程度会影响 GER 日经看跌期权的价值，这个结果违反人的直觉，甚至有些自相矛盾，因为 GER 日经看跌期权本身就是设计用来剥离日元价值变动的影响的。

在1990年我重返高盛的第一个月，所有人都在关注日经指数看跌期权，特别是关注这种看跌期权的估值方法和对冲方法。我很快就遇到了丹·奥罗克，他是一名几个月前由格莱尼刚刚招进来的期权交易员，现在负责每天日经指数产品的对冲交易。丹和我对此有相同的看法。第一，我们都明白不管模型有多么好，光有模型是不够的。交易员需要的是包含模型的交易系统，这些系统要求交易员按照规则来使用模型。我们的交易员们用来管理他们交易组合的是满足不了需求的、非常靠不住的Lotus电子数据表格，任何一个交易员凭着一时冲动就可以对这些电子数据表格进行修改。这并不是业务运行的合适方式。我们意识到，关键是要专门针对日经指数期权设计一套风险管理系统，类似于我曾帮助金融策略小组开发的、债券期权部门使用的交易系统，也类似于加贝茨在芝加哥曾尝试开发的那类系统。你需要一个专用的计算机程序，用于跟踪几百只期权、期货和货币头寸的对冲交易，而这些产品构成了我们部门的日经指数波动组合。第二，短期内更重要的是，丹和比尔·托伊说服我，有必要向交易员们表明，皮奥特的违反直觉的GER看跌期权估值方法是正确的。

我从尝试了解皮奥特关于GER期权估值公式的核心入手。如果你想向一位交易员解释一个期权公式，你不能用随机微积分和偏微分方程这样的概念。即使现在，当交易员们都更倾向于具有数学背景的情况下，你仍需要用一种直观的方法向他们说明一个公式是靠得住的。直到我能用一种简单、浅显的方法就能理解公式的时候，我才会对自己感到满意。因此，我决定忘掉丹麦王国 GER 期权估值方程的偏微分方程推导，而尝试着获得一种对其合理估值更加简单、易懂的解释。量子电动力学里面费曼法则对于普通人来说，是一种正确计算粒子碰撞后复杂散射各种可能性的有效工具。我希望利用类似的、更简单的方法，找到一组可靠的规则，能让你说服一个普通的交易员，不用求诸动态期权复制背后的高等数学，就能判断一个期权公式是否正确。

我思考了到底布莱克－斯科尔斯公式告诉了我们什么。从本质上来说，你可以通过默顿的动态复制策略推导出这个公式。从这个角度来说，布莱克－斯科尔斯公式非常详细、准确地描述了如何利用不断变化的股票和无风险债券组合来合成一份股票期权。但从更单纯的角度来看，这个公式就是根据股票的当前价格和无风险债券的当前价格，得到这份期权的合理估值。它的核心思想就是，期权是一个组合。就像希腊神话故事里的半人马，一半是马，一半是人，一份看涨期权也是一个混合物——部分是股票，部分是债券。从这个角度出发，我开始将布莱克－斯科尔斯公式视为一种利用股票和债券已知市场价格得到混合物合理价值的简单且合理的方法。有几位经济学家，比如保罗·萨缪尔森（Paul Samuelson），就循着这一思路，在布莱克和斯科尔斯之前，曾差一点就推导出了布莱克－斯科尔斯公式。

当你希望估计水果沙拉的价格时，你会将沙拉包含的水果的价格进行平均。按照这一思路，我认为期权估值公式就是估计混合物价格的方法，它对混合物构成成分的已知市场价格求平均。因此，我为自己设定一套规则，普通人将期权视为混合物时可能会用到这套规则，我想试试看利用这些规则是否能够得到 GER 期权正确的估值公式。最后，我想出了以下思路。

第一，就像在任何数学问题中一样，你需要选择单位，也就是在所有证券报价中所使用的货币种类。你能选择你喜欢的任何货币——日元、美元甚至是利用 IBM 公司的股票作为价值测度单位。这就像是在说身高的时候，你要决定是要用英寸[⊖]还是用厘米作为单位。创设一只期权的成本或建设一栋公寓楼的成本，并不取决于你选择哪种货币来进行测度。

在实际操作中，只要稍稍花点心思就能得出哪种货币是理想的选择，从而大大简化问题。以期权世界以外的例子来说，股票市场分析师通常引用股票的市盈率（P/E Ratio），即股票价格除以每股年化收益，作为股票价值的测度。这就相当于利用以美元计价的股票年化收益而非美元本身作为报告上市公司股票价格的单位。这种股票的报价方式，自动地告诉了你当你按照当前价格买入股票后，按照假定的每年收益，要过多少年你才能收回所付出的股价。

20 世纪 90 年代，期权理论领域内大多数进展都不过是在布莱克、斯科尔斯和默顿三人提出的最初思想基础上，通过巧

⊖ 1 英寸 =2.54 厘米。——译者注

妙地选择美元以外的更加精巧的价值计量单位扩展而成。这个技巧在布莱克和斯科尔斯发明出他们的模型后不久,被比尔·马格拉比第一次使用。有着数学天赋的期权理论学家将这个技巧称为"关于记账单位的选择"(the choice of numeraire)。

由于风险是你要应对的,那么你必须识别出期权中的风险成分,也就是那些未来价值未知的部分。这里,你的目的是将复杂期权视为你能理解其风险的最简单标的证券的组合。期权建模人员将其称之为风险因子。比如,对于一个标准的股票期权而言,股票价格是主要的风险因子。对于丹麦王国日经指数看跌期权而言,最重要的风险因子是日经指数水平和美元兑日元汇率值。

接下来,你必须描述未来情景的变动范围,也就是风险证券的可能取值。这个范围通常由几个模型变量来描述,当调整模型的时候,这些参数也就必须被确定下来。一旦你知道了风险因子在未来情景的变化范围,你就能估计出任何其他风险证券(比如说一只期权)的价值,即将每种情景下的未来支付求平均,再将这些平均值折现到当前即可。比如说,在布莱克－斯科尔斯模型中,假设未来股票收益的分布服从普通的钟形分布曲线,这对于了解初步统计知识的所有投资者而言都是不陌生的。当你知道了描述这种分布的中心和宽度,或用更数学化的语言来说,就是它的均值和标准差后,就能确定出这种分布。

然后,你要对模型进行调校,也就是说你必须让模型的情景参数同更简单的风险基础证券以你所选定的货币单位计价时的当期价格保持一致。在布莱克－斯科尔斯模型中,这一调校过程就意味着,当你用这个模型计算股票本身的价值时,你得到的就是当时的股票价格;当你用这个模型计算一只无风险债券的价值时,你得到的也是这只债券的价格。这一约束条件就足以将布莱克－斯科尔斯公式确定下来了。调校过程是非常关键的。无论何时,你用你的模型计算一只简单风险证券的价值,只要你理解它的风险,知道它的市场价格,你利用模型计算的结果就要等于市场价格。如果结果不匹配,那就意味着你在哪里出错了。

一旦模型调校完成,你就能利用它计算期权的价值了,也就是按照各种情景的分布求出期权未来各种支付的平均值,再将平均值折现即可。我喜欢将其称之为"插值法"（interpolation）,因为模型就是根据组合成分在两端的已知价格来计算组合本身的"中间"价值。

我所给出的配方并没有什么原创之处,但这种描述确实使期权估值方法通俗化,同时还保留了相当多的经济学思维。我发现这是向交易员解释模型的一种很有帮助的方法,也是有助于我自己思考的有用方法。对于很多复杂的衍生品问题,你可以不用所认为的那么多数学知识,就能得到答案。

我现在就利用这一逻辑来逐步分析丹麦王国 GER 日经指数看跌期权。由于这种期权是以美元来进行支付的,我就选择美元作为理想的货币单位。相关的风险因子就是日经指数点位（以日元计价）和日元的价值（以美元计价）。皮奥特假设日经指数和日元的未来收益都服从于常见的钟形分布——在那个时候已经是比较好的假设了，那时没人会担心分布中的厚尾（fat tails）问题以及它们对期权价格的影响。

为了进行模型调校，我分别选择以日元报价的日经指数和以美元报价的日元价值钟形分布的中间值，从而日经指数的价格和日元的价格，在都用美元进行计价时，跟它们的当前市场价格相一致。现在，这个模型已经全部确定好了，可以应用插值法了。

然后，我先将未来日经指数和日元各种情景下的支付按担保汇率折算成美元，再进行平均，来计算看跌期权的合理价值。令我非常满意的是，我很快就更加直接地得到了皮奥特的公式。这种期权的价值确实依赖于按日元报价的日经指数与以美元计价的日元价值之间的相关程度。我的方法更易于向交易员解释清楚。对于总是在寻找市场定价偏差的交易员们来说，他们出于本能地理解到，模型必须要经过调校从而与市场上日经指数和日元以及他们在任意时刻可以买卖证券的市场价格（以美元计价）相符。

在研究物理学时，我总是习惯于至少用两种方法进行计算，看它们的计算结果是否相同。我决定在这里也尝试一下。如果我的规则是正确的，并且我也非常仔细、正确地使用它们，那么我最终得到的计算结果应该等于我选择一个非理想货币所得到的 GER 看跌期权价值。为了确认这一点，我固执地决定选择日元而非美元作为我的计价货币，这是一种对记账单位的人为选择，用于对比将美元作为计价单位计算的 GER 看跌期权的估值。现在，我对分布进行调校，以使其等于按日元计价的日经指数和以日元计价的美元价值的市场价格。我计算得到了日经指数看跌权证以日元计价的合理估值，即使现实中它是按美元进行支付的。当我按当前汇率将权证最终的日元价值转换成美元时，结果是相同的。不管你习惯于用哪种货币来解决这个问题，所有事情都是一致的。

在公式最后出现日经指数和日元价值的相关程度，这显得有点自相矛盾，但过了一段时间之后，我们能更好地理解为什么这种相关关系这么重要。丹麦王国日经指数看跌期权是以美元进行支付的，与美元兑日元汇率无关，它只与日经指数点位相关。但为了对冲看跌期权风险，你需要对冲它对于日经指数的风险暴露，这就要持有日经指数期货头寸，而期货头寸的价值就依赖于以日元计价的日经指数点位。持有这些日经指数期货，就相当于对日元汇率存在二次暴露，现在必须对这种汇率风险进行对冲。正是由于这种由首次对冲（对日经指数的对冲）而产生的二次对冲需要（对日元汇率的对冲），产生了对日经指数和日元价值相关程度的依赖。一旦我将在期权存续期内执行两次对冲交易的成本包括进来时，我就得到了 GER 看跌期权的正确价值。

我非常满意于自己对皮奥特（Piotr's）优美结果所进行的给普通人看的再次推导，向交易员和宽客们，甚至任何乐意听我讲的人，兴奋地解释我对这个问题的理解。在接下来的几个月里，皮奥特、杰夫和我写了一篇文章，名字叫《理解担保汇率期权》(*Understanding Guaranteed Exchange-Rate Options*)，计划作为一个新的报告系列《量化策略研究报告》中的第一篇。这篇文章是用一种相对随意的风格写成的，意在向客户和销售人员解释这类产品。在很短暂的时间段里，我感到我们知道了其他很少有人理解的一些有意思的东西，我盼望着能将我们的报告发送给学术界的朋友和客户。能够重新发表东西，我感到很高兴。

然而，事实上并不那么简单。当你从投资银行向客户发布研究报告时，你要十分谨慎，确保你所写的所有东西都不能被理解为一种推荐，否则会带来法律问题。有关对冲的阐述要做出免责声明，指出在实际市场面前理论模型的有效性是有限的。而且，你显然不想披露任何可能会影响到你自己的知识产权的内容。因此，在准备好我们的报告后，我们把它交给了交易部门新的负责人，让他把关放行。

几天后，这位负责人要求我们不要将这篇报告发送到公司之外。尽管我对于不能将我们知道的东西与我们领域内的其他人进行沟通而感到气馁，但我能看得出，他的确是感到期权定价公式同商业机密一样，是竞争者和客户都不应该知道的内容。

我认为他是错的。真正的商业价值在于格莱尼出色的想法里面——向认为日经指数已经被高估的美国投资者们卖出对日元贬值不敏感的日经指数保单。由于我们已经在美国股票交易所挂牌交易这种权证了,我们的想法早已经公之于众了。当然,这种做法几乎立即被其他投资银行复制了。

在几个月之内,几所大学的金融学学者发表了关于GER期权估值的论文。由于这种期权设计得非常巧妙,最初的一两篇论文出现了错误,但后续的文章纠正了这些错误。如果我们发表了我们的文章,高盛其实并不会失去什么,还很有可能会因为接纳有分析天赋的人才而赢得一定的赞誉。在接下来的一年里,我们内部分发的几篇报告复印件也泄露了出去,可能是那些急于与客户建立联系的销售人员传出去的。10年之后,尽管来得太迟了,但我们的论文最终总算是在一本关于货币衍生品的书中一字不差的全文重印。

那年夏天末期,我在多伦多大学约翰·赫尔教授组织的课程上,关于GER期权做了一次演讲。在听其他演讲者演讲的过程中,我开始意识到我能在高盛权益类衍生品部门工作是多么幸运。正在蓬勃发展的股票期权市场开始给我们提出大量新颖、引人入胜的问题,这些问题都是学术界以前没有意识到的,GER期权几乎算得上是这些问题中最早的一个。

关于智力和商业兴趣的话题通常以问题的形式出现在我们面前,由那些交易员们不适当地提出,这些交易员们知道自已遇到了困难但又不能总是清楚地表达出来。第一个挑战就是要清楚问题是什么。交易员们并不总是有耐心听我们的解决方案。就像我们从销售人员那里发现的那样，有时是公司的客户有兴趣了解金融模型和奇异产品，特别是那些崇拜数学的法国和日本客户。我开始意识到，采取朴实、简单、直接、深入浅出的写法解决复杂问题很有市场。

在量化策略小组接下来的10年里，关于股票波动的微妙和复杂之处我们写了很多报告。我们试图跨越学术研究和华尔街应用之间的界限，试图用一种独特的、老师教学生式的风格解释交易和估值理论，只用一点点严谨的学术论证，而且往往把这些论证放到附录中。我们的目的是将我们论文的读者群扩展到聪明的交易员、销售人员和客户，他们都被认为能够集中注意力的时间非常短暂。

在我的脑海里，我仍保留着20世纪80年代对于宽客群体的认识。这种印象是我受到斯坦·迪勒和费希尔的耳濡目染而获得的。我觉得我们的优势在于工作于理论和实务领域的交叉地带。我看到，同时涉足于学术界和实务界是有好处的。我发现，将我们的模型公开发表能立即推动金融经济学向前发展，同时还能为高盛带来名声，因此有助于吸引高端客户到公司。最后，我了解到说服世界利用你的模型来进行估值是一件非常有效的、值得尊重的努力。

高盛以外的人认为我们花了大量的时间来研究一些抽象的

问题,然后写成文章用来发表。其实不是这样的。我们主要的工作永远都是为衍生品部门使用而开发模型和交易系统,试图利用我们的理论解决他们的实际问题。在剩下的时间里,我们撰写研究报告,更多的是出于热爱,而不是为了金钱。我们非常有幸成为生活在实验家的实验室里的理论家,我们有机会第一个听到实验家们在交易中提出的新的不规则现象和难题。

格莱尼结构化交易的成功让所有人都迫不及待地做更多这样的交易。很明显,更多的交易需要更多的宽客和更好的风险管理系统。于是,宽客群体开始扩张。

尽管那时没有人使用这种称呼,皮奥特的"金融工程"显示了我们如何消除自己持有权证的风险与我们卖出 GER 看跌期权的风险间的错配。在实际操作中执行对冲会更加复杂。交易部门持有一组由各种以日元计价的日经指数看跌期权组成的多头。相应地,他们又是一大批高盛发行的、以美元计价的丹麦王国日经指数看跌期权的空头。为了对冲掉这种不匹配,他们必须持续交易不同数量的日经指数期货、日元货币以及一些日本个股。这个全部的"日经指数组合"每天至少要对冲一次,而且有时次数要更多。

当我在 1990 年 1 月进入公司的时候,所有这些复杂的操作都是由一台古老的、运行 DOS 系统的计算机来处理,计算机上运行着一个 Lotus 电子表格,表格中已经嵌入了各种布莱克-斯科尔斯期权公式。这种做法既不够灵活,对于交互式的风险管理而言也不够稳健。

我非常有幸能从固定收益领域来到量化策略小组，因为固定收益领域在复杂精密方面总要领先权益类领域几步。经过多年低波动的稳定收益，20世纪70年代利率的快速上升促使固定收益客户和为这些客户服务的交易部门成为组合对冲系统的最早使用者。结果就是，我非常了解如何设计和开发风险系统，而且发现这也是我能够有所贡献的地方。

在一两个月内，我和皮奥特，还有一位量化策略小组的咨询顾问罗阿·阿奇尤特马尼很快就设计并开发了一个初级的日经指数风险管理系统，我们称它为"武士"（Samurai）。它很简单，但能完成任务：我们将做成表格样式的交易头寸输入到一个用于记录的计算机文件中，一行就是一个证券产品。在每一行中，第一列表示我们持有的证券数量，第二列表示持有的证券类型（股票、期权、指数、期货合约、货币等），剩下的几列给出估值所必需的信息（执行价格、到期期限等）。每天我们都对这个文件进行编辑，以反映新的交易或到期期限。"武士"读取文件中的头寸信息，然后输出模型估值以及对整个组合按照当前市场价格进行套保所需的套保比率。"武士"还会输出更极端情景对组合的影响，极端情景包括日经指数、日元、利率上下波动超过20%等。而后者可能是最有用的，我们可以利用它发现组合中的潜在"危险地带"，这些危险地带可能会将我们挤垮，我们还可以估算出何种类型的新交易可能会改善这些潜在的隐患。

"武士"引起了巨大的轰动效应。部门里没有人见过一个从零做起的、用于衍生品组合风险管理的系统能做得如此简单。交易部门非常欢迎"武士",并邀请杰夫、皮奥特和我向股票业务部令人畏惧的、带着贵族气息的负责人罗伊·扎克伯格和戴维·斯尔芬进行演示。

我们开发的东西这么适用于交易部门,是因为我们与丹亲密合作。交易员们有他们自己的行话,尽管丹自己也说这些行话,但丹是我见过的为数不多的、愿意而且能够沟通语言障碍的几位交易员之一。他愿意每天花几个小时与我们在黑板前,尽力帮助我们明确需求并检测系统;他会非常耐心地与我们讨论究竟应该在屏幕上以何种形式报告哪些内容。丹还是一位深藏不露的宽客,有一天他自豪地从办公桌抽屉里拿出他多年前写的关于期权定价的大学高年级论文。此后几年中,量化策略小组编写的绝大部分程序之所以那么有效,部分是因为丹很好地充当了交易部门代理人的角色。

与很多交易员不同,丹还知道成功来自不断积累的改进。我们并不是开发宇宙飞船的,它的开发需要将非常细节的需求写下来并交给工程师。当我们开始为逐渐扩大的股票衍生品业务开发风险系统时,我们进入的是未知的领域,而且也没有通常意义上公认的最佳路线。每次我们与交易员交流的时候,我们面对的是如洪水般涌来的需求和选择,以至于难以决定该从哪里入手。而丹跟那些来自交易部门的、我曾与之合作过的其他人不同,他明白物理学家所谓的"微扰理论"(perturbation theory），即最先解决最重要的问题，然后接下来每一步解决剩余问题中最重要问题的方法。相反地，很多其他交易员和交易部门则恰恰相反，他们就像 A.A. 米尔恩诗歌中的那个"我爷爷认识的老水手"，"有很多事情都想去做，多得以至于每当他认为该动手的时候，都因为有很多事情要做，而做不成了"。丹认为他的工作是为整个部门界定并开发一个统一的、设计良好的交易基础设施，而不用考虑他们在哪工作，即使是交易员从一个国家去往另一个国家时，还能够在统一的交易系统环境上进行操作。绝大多数交易员就只能想到交易，丹还能想到你需要怎样的工具才能保证交易安全。当几年后公司将丹调往伦敦时，没人能接替他的角色。从那时起，给交易部门他们需要的东西就更难了。此后超过 10 年的时间里，尽管我们的交易部门和投资组合在规模上早已翻了好几番，我们在"武士"上开发的方法还一直作为我们风险管理系统的核心。

到 20 世纪 90 年代初期，苏联解体了，历史最终选择了我们，同时全球的热钱四处蔓延。在权益类衍生品领域，奇异期权的时代开始了。对于希望承担其他国家风险而在本国获益的投资者而言，奇异期权似乎是首选。假如你是美国投资者，希望在法国股票市场上涨时获利。以往，你必须买入并持有多种法国股票，还要不厌其烦地跟踪它们的法国价格，收到这些股票的分红，再将这些收益转换成美元，还要缴纳所得税和资本利得税。而现在，你可以找到我们的股权衍生品部门，买入一份基于法国 CAC-30 股票指数，约定钉住美元。接下来的事情就简单了,你只需要每天在报纸上或电视上看看 CAC-30 指数的收盘价,就能知道你的"P&L"了,交易员喜欢用这个词表示盈利和亏损。这就相当于你把麻烦事交给了我们。

类似的奇异期权产品业务处于起飞阶段,高盛决定建立一个权益类结构化产品业务部门。"武士"的成功使得量化策略小组自然成为了后台支持力量。因此,在接下来的 5 年里,我们部门扩展到 30 人左右,我们小组中每名专业宽客都配备约 3 个软件开发人员予以配合。每天,我们都考虑我们能够设计的新期权产品及其估值,所有这些新的期权涉及的都是更加精细的小概率事件,比我们所擅长的那些初级的、标准化的期权产品更加精细。这些奇异期权包括障碍期权(Barrier options)、关于股票最大价格的期权、关于股票平均价格的期权、回望期权(lookback options)、超表现期权(outperformance options)、利率或有期权(rate contingent options)、关于期权的期权等。当这些结构化产品在 20 世纪 70 年代末 80 年代初第一次被发明出来的时候,它们的价值是通过精巧的数学计算被发现的,它们也仅仅是一种新奇的事物,只是将理论界限向前推进一步罢了。而 10 年后的现在,投资银行在面对客户的特定风险需求时,将这些奇异期权视为量身定做的工具。当然,投资银行要获得一定的收益。

如果所有这些奇异结构化产品在市场中成功了,在它们的背后就是两个很明显的准则。第一,由于期权是一种对未来可能不会发生的情况的赌博,所以投资者希望为这种赌博支付尽可能少的钱。第二，为了最小化期权的成本，你要尽可能地对你所赌的情景做出尽可能精确的严格界定。对于你想获利或保护自己的情形界定得越精确，你付出的成本就越小。

对于每一种看法，我们都有相应的期权产品。经典的就是标准的看涨期权。比如说，关于标普500指数的看涨期权，就是直接打赌在到期日之前标普500指数会上涨。当你买了这种期权后，你就为指数最终上涨的各种情形支付了成本，包括指数开始下跌，然后再掉头上涨的情形。

还有一些更加奇异的类型。一个敲入障碍（knock-in barrier）看涨期权就是打赌指数会先下跌到某个界限值，然后再掉头上涨收复失地。如果你认为未来很可能是先下跌然后上涨，你就只为这种情况支付成本，这种期权的成本也就会低于标准看涨期权的成本。类似地，还有很多其他变形。

如果你认为标普500指数是在上行趋势中，不想为了它的小幅波动而担心的话，那么你可以买入一份以该指数为标的的平均（或亚式）期权［average（or Asian）］，这种期权的支付只基于期权存续期内标的指数的平均水平。由于指数按时间平均后的数值会比指数本身更加稳定，这种期权也通常比标准看涨期权更便宜。

另外，如果你认为只要美联储保持低利率，股市就会上涨，你可以买入一份以标普500指数为标的的利率或有看涨期权，它在利率上涨的情况下就会取消［或用期权的术语就是敲出（knock-out）］。同样地，由于这种看涨期权只有在利率保持较低水平且指数上涨的情况下才有回报，而这种情况发生的可能性又远低于所有情况下指数上涨发生的可能性，因此你支付的成本也较小。

我们期权的典型买方就是欧洲的商业银行。当利率持续下跌时，欧洲商业银行希望通过提供更高收益吸引存款人。这些银行向他们的储户承诺一个较高的利率水平，这个利率水平与接下来一年中CAC-30指数年化上涨（如果真的发生的话）幅度成正比。为了提供这些支付，欧洲商业银行就会从我们部门购买以CAC-30指数均值为标的的期权。这样，它们就不仅仅向储户们提供了一种简单的固定收益投资，而是向他们出售了一种别的地方买不到的组合产品，也就是组合了准权益条件（equity kicker）的债券。

相反的是，权益类期权的卖方是欧洲的养老基金、共同基金或是保险公司，它们不满于债券收益率曲线的下降，卖出以权益类指数为标的的期权，从而加强自身的收益。它们打赌指数不会上涨，这样的话所卖出的期权就会取消，它们就会获得收益。

新期权结构化产品的发展就像一场军备竞赛。任何创设了客户广为接受的产品的公司，在其他公司复制产品设计之前，都有几个月的时间从领先优势中获取利润。因为只要用几个月的时间，这些竞争者就能倒推出一个产品的设计理念，再加上些花样儿，开发出一种风险管理策略，再将一些法律问题和技术基础性问题处理妥当，就能向市场推广这些产品了。

在20世纪90年代初期，绝大多数期权的标的都局限于全球性的股票指数，比如美国的标普500指数、大英帝国的富时100指数等，期权的奇异特性不仅仅取决于标的指数的特性，还取决于所界定的期权支付依赖于标的指数的程度。在20世纪90年代末的技术和生物科技泡沫期间，投资者更感兴趣于复杂标的的期权产品，比如说标的是一篮子科技股和制药股。由于公司之间都在尽力超越对手，因此期权支付的条件也就变得更加精确和难于理解了。到了20世纪90年代末，最受欢迎的期权产品是由那些法国银行创设的，由巴黎高等师范学院（Ecole Normale Superieure）的精英们——那些受过训练的、对规范数学有着特别法式趣味的数学家们创设的。他们所推广的奇异期权，其标的是一篮子股票组合，组合中的股票会随时间而发生变化。比如说，一个期权产品的标的就是一篮子股票，每一年标的组合中的股票数量都会减少，因为上一年表现最佳的股票会被从组合中剔除出去。就像在任何业务领域中一样，销售人员喜欢定制化和复杂度，不仅是因为你可以索要更高的价格，还因为这会使客户更难评估产品中每个单独特性的价值。复杂度还使得竞争对手更难复制产品设计。

各种变形产品不断涌现。乘着这股创新浪潮并对这股浪潮推波助澜的，是彼得·菲尔德灵光一闪，冒险创办的《风险》（Risk）杂志。这本杂志我们每个月都要看看，因为它有行业内的新闻、圈内的流言以及量化文章。这是期权领域内第一本用高质量光纸印刷的杂志，上面布满了广告和装饰图，它的读者群体是量化实践者而非学者或资产管理者。它摈弃像《金融杂志》(Journal of Finance) 等学术期刊那种令人窒息的僵化风格，无论是学术界还是实践者都喜欢它。费希尔对它的评价很高。在20世纪90年代初的几年中，该杂志每一期都含有几篇专题文章，主题是最新的奇异结构化产品及其估值方法。很快，《风险》开始组织关于奇异期权的昂贵课程，这是一种聪明的类似套利的生意，他们向来自一些银行的宽客听众收费，去听另外一些银行的宽客主讲的课程，而《风险》杂志则从中收取费用。

其他杂志也大量涌现。金融工程师国际协会作为一家新的、专业的宽客组织，也开始设计一套适用于宽客培训的教育课程。现在，越来越多的大学开始顺应需要，为那些愿意付费学习数量金融的学生提供学习机会，于是新教材和金融工程硕士学位课程大量涌现。1985年，当我进入华尔街工作的时候，这里还是业余选手的天下，是流动性很强的权宜之地，是一个充斥着来自于其他领域的接受就业再培训的人，这些人学习能力很强，能解方程，能自己写程序。你必须自己学习期权理论，也只有少数基本教材能帮助你。那些由杰诺、鲁德、考克斯和鲁宾斯坦写的教材是我能获得的仅有的一些教材。我每年参加的唯一的衍生品会议就是美国证券交易所主办的年度春季会议。到20世纪90年代末期，出现了大量的研究生课程、上百场的会议、上千本的专著。那些不能找到学术教职的或者厌倦于学术圈政治和报酬的物理学家和数学家,越来越想在华尔街找到工作。

实践者的量化生活以前都是快乐、幸福、自由、随意的,以自我教育为主的,现在逐渐变成一门学科、一项业务和一种职业。同时,它也变得不再那么有趣了。

第 14 章

暗中笑者

- 波动率微笑之谜
- 超越布莱克－斯科尔斯：开发期权局部波动率模型的竞赛
- 正确的模型是很难开发的

我第一次听说波动率微笑，是在1990年12月从戴夫·罗杰斯那里听到的，他当时是公司在东京的首席期权交易员。那时我曾定期出差日本，将我们最新发布的风险管理工具带给公司的交易员，并了解一下他们需要的新模型和新软件。与纽约股票交易所不同，东京市场在日中要闭市，闭市后交易员就不那么狂热，都出去吃中午饭，销售人员外出去见客户，也有时间进行一些悠闲的谈话。在我们聊天的时候，戴夫给我看了他用来观测以日经225指数为标的的期权价格的计算机屏幕。他指出了在日经期权价格上的一个奇怪的不对称：虚值看跌期权价格出乎意料地高于其他期权的价格。

所有人都将这种不对称成为"微笑"或"倾斜"。最初，它看上去只是有点有趣罢了，是我们可以容忍的、特别的不正常而已。后来，当我对它思考更多一些的时候，我意识到波动率微笑的存在有悖于布莱克和斯科尔斯所建立的20年的期权理论。而且，如果布莱克-斯科尔斯公式是错误的，那么它所预测出来的期权价格与标的指数价格变化间的敏感度（即所谓的"delta"）也是错误的。在这种情况下，所有利用布莱克-斯科尔斯模型计算出来的delta对自己期权组合进行对冲的交易员都是错误的。但恰恰布莱克-斯科尔斯模型的核心就是给出复制和对冲的方法。因此，波动率微笑就在护佑期权交易的理论堤坝深处捅开了一个小洞。如果布莱克-斯科尔斯是错误的，那么用于期权对冲的正确delta值应该是多少呢？

20世纪90年代，波动率微笑最初只是权益类期权的一个特性，后来逐渐传染到其他市场中，只是在每个市场上的表现略有不同罢了。弄清楚波动率微笑，成为困扰我和许多我的宽客同行的主要问题。这种异常正好处于期权交易和期权理论的交叉领域，我花了大量精力尝试对它建模。

满腔热情、野心勃勃地开始工作，急着成为对很重要又很有趣的事情进行正确建模的第一人，这让我感到好像又回到了物理学领域。我着迷于建立一个被所有人接受的模型，能够取代布莱克－斯科尔斯公式，但事实并不像我想象的那么简单。在接下来的10年里，我了解到了"正确"在金融建模过程中是一个远比我想象中更模糊的概念。

在金融建模职业生涯中，你不断学到的内容之一就是单位的重要性。你总是希望证券价格的报价方式能使其更易于比较它们的相对价值。

比如说，当你要比较债券的价值，仅有它们的价格是不够的，因为每只债券都有不同的到期期限和利息，因此，你会报出它们的收益率。不管利息和到期期限是多少，债券收益率能够提供一个债券所能为你带来收益的估计。你可能不知道一只价格为98的折价债券是否好于一只价格为105的溢价债券，但你知道，在所有情况相同的条件下，5.3%的收益率要差于5.6%的收益率。这种从价格向收益的转换，本身就是一个模型，尽管它很简单，但是它是沟通价格的方便方式，也是朝着估值迈出的有益一步。

同样地，在期权的世界里，仅有价格也不足以评估价值。判断价格为 300 日元的虚值看跌期权是否优于价格为 40 日元的深度虚值看跌期权，是不可能的。评估期权价值更好的测度标准是期权的隐含波动率。布莱克-斯科尔斯模型将股票期权视为一种对股票未来收益波动率的赌博。股票波动性越强，这种赌博就越可能带来收益，因此你就要支付更多的价格。你可以用布莱克-斯科尔斯模型将期权价格转化成为股票未来肯定会表现出来的波动率，以便于这只期权的价格具有可比性。这种测度工具就被称为期权的隐含波动率。也可以说，这就是股票未来波动率的期权视角。

布莱克-斯科尔斯模型是市场标准。当那天我在东京挨着戴夫坐下来的时候，他的计算机屏幕上显示着以布莱克-斯科尔斯模型隐含波动率报出的价格。即便到今天也没有人认为布莱克-斯科尔斯模型就是估计期权价值最好的方法，很多技术非常高超的交易员有时还会使用更复杂的模型，但布莱克-斯科尔斯模型计算出来的隐含波动率仍然是报价的市场惯例。

通常期权的流行性要低于股票，因此隐含波动率市场数据也是粗略的和近似的。尽管如此，戴夫向我指出我已隐约意识到的：隐含波动率存在一个严重的倾斜，以至于低执行价格三月期期权的隐含波动率要高于高执行价格三月期期权的隐含波动率。你能在图 14-1 中看到这种不对称的大概样子。尽管通常被称为"微笑"，但这种歪向一边的形状更像是一种"傻笑"。

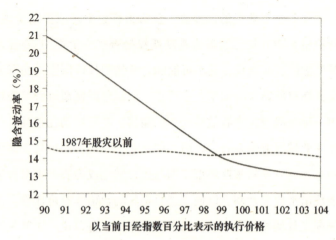

图 14-1 1994 年年末，以日经指数为标的的三月期期权的典型隐含波动率微笑

图中虚线表示的是 1987 年股灾之前常见的缺少波动率微笑的情况。

以隐含波动率作为价值测度标准，低执行价格看跌期权是最昂贵的日经指数期权。经历过 1987 年 10 月 19 日的人都能很容易地猜到是为什么。那天全球股市大幅跳水，自此以后投资者总是对于市场短期大幅下跌的可能性存有戒心，他们愿意为保护资产而支付价格。虚值看跌期权是最好、最便宜的保险。就像跑丢了马后关紧牲口棚大门的马夫一样，经历过 1987 年股灾的投资者愿意为了避免他们曾经历的风险而购买未来的保险。到 1990 年的时候，在所有权益类市场上都出现了类似的波动率微笑或波动率倾斜。与此形成对比的是，1987 年以前，掉以轻心的、不经世事的期权市场都乐于对所有执行价格的期权按相同的隐含波动率定价，如图 14-1 中虚线所示。

不仅仅是三月期期权的隐含波动率发生了倾斜，在所有期限的期权上都出现了同样的效应。因此，隐含波动率不仅仅随执行价格变化，还会随到期期限变化。于是我们将这种双因素决定的隐含波动率按照时间和执行价格两个维度，描绘成一个两维度隐含波动率曲面。以标普500指数为标的的期权的曲面图如图14-2所示。与收益率曲线一样，这个曲面每一天、每一分钟都在持续变化。

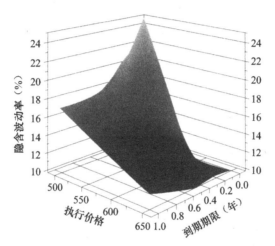

图14-2　1995年中标普500指数的典型隐含波动率曲面

这种帐篷似的曲面对于各地的理论学家而言都是一项挑战。布莱克–斯科尔斯模型不能对此做出解释。对于一个指数或一只股票，在未来所有的时间里，布莱克–斯科尔斯模型都赋予其单一的波动率，因此它总是产生如图14-3a所示的那种没有起伏的、平坦的、也没有什么特点的曲面。如果你想对布莱克–斯科尔斯模型进行修正以考虑到未来指数波动率会不同于今天的波动率，你所能做的最多就是得到一种随时间而倾斜的曲面，如图14-3b所示。但波动率曲面在时间和执行价格两个方向上呈垂直变化,这一点令人困惑。经典的布莱克-斯科尔斯模型出了什么问题?怎样的新模型可能会解释这种波动率曲面呢?

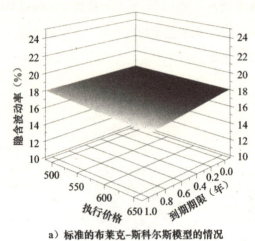

a)标准的布莱克-斯科尔斯模型的情况

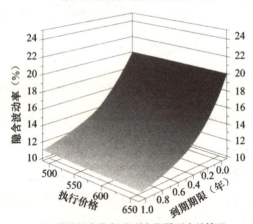

b)改进的布莱克-斯科尔斯模型中的情况,这时波动率随到期时间而变化

图14-3 隐含波动率曲面

我们知道布莱克-斯科尔斯模型过于简化了股票价格的行为。它假设股票价格从当前价格以一种缓慢的、随机的、持续不断的方式向未来扩散出去，很像是从点着的香烟顶端冒出的烟雾在屋子里扩散的样子。离香烟顶端越近的地方烟雾密度越大，离香烟顶端越远的地方烟雾密度越小，某一点上烟雾的浓度就代表了烟雾颗粒扩散到这个点上的可能性。在布莱克-斯科尔斯模型中也有类似的"烟雾"，描述了股票价格在未来某个时点上达到某个特定价值的可能性。图14-4显示了布莱克-斯科尔斯模型中描述股票未来价格可能性的"烟雾"。烟雾浓度越低，未来股票价格的不确定性就越高。股票波动率习惯上用希腊字母西格玛（σ）来表示，这个字母就决定了烟雾的扩散率和宽度。股票波动率越大，烟雾范围就越宽。

尽管简化是建模的核心，布莱克-斯科尔斯模型对"烟雾"扩散给出的描述，限定性还是太强了。第一，股票价格并不一定按照固定的波动率扩散，有时某些股票扩散的速度要大于其他股票的扩散速度。第二，也是更严重的问题是，有时股价根本就不会扩散。如图14-4所示，扩散是一个缓慢而连续的过程。在这个过程中，股票价格从100美元变化到99美元要经过这两个价位之间所有可能的价格。然而，在1987年股灾时，情况并不是这样的。那天，道琼斯指数就像是踩在弹簧上的一个兴奋的孩子，直线下跌了500点。

从东京回到纽约，我开始与我们量化策略小组的同事伊拉杰·卡尼和埃里克斯·伯尔吉尔一道研究这个问题。我希望扩展布莱克－斯科尔斯模型，以使其能够刚好足够包含"微笑曲线"的情况。"刚好足够"永远就是目标。模型就是模型而已，你要抓住现象的本质，而非事情本身。实事求是地讲，在布莱克－斯科尔斯模型所假定的简化股票价格演化过程中加入复杂性是再简单不过的事情，但没有经过调试的复杂性是没有意义的。

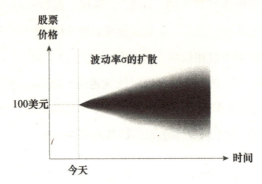

图14-4　布莱克－斯科尔斯模型中的简单扩散情形

　　阴影部分描述了今日股价为100美元的股票未来可能的价格变化范围。过去的时间越长，股票未来价格的不确定性越强。阴影部分颜色越深，股价越有可能落在那个区域。

　　股票投资者最担心的事情就是类似1987年股灾式的下跌，因此，我们将这种可能性加入布莱克－斯科尔斯模型中。这并不是什么新鲜东西，默顿已经于20世纪70年代中期在他的所谓"跳跃扩散模型"（jump-diffusion）中完成了这项工作。而作为我们工作的开始，我们比他所做的更加简单。对于按照固定速度扩散的股票价格，我们仅仅加入一个新特征，也就是一个很小的概率p，这个概率描述股价可能以J幅度大幅下降的可能性。用来描述这一过程中各种可能性的"烟雾"如图14-5所示。它显示了现在股票价格可能会变化的两种情形：一种是股价以 J 幅度大幅下降，然后以波动率 σ_H 扩散，由于股灾之后人们的愈后兴奋状态，这一波动率可能会很高；另外更可能的一种情况是，股价按照正常的、较低的波动率 σ_L 持续扩散。

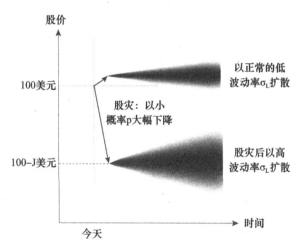

图 14-5 可能发生一次跳跃而后扩散的股票价格在未来可能的价格变化区间

阴影部分颜色越深，价格越有可能落在那个区域。

通常来说，我们假设概率 p 是以一个百分点为顺序排列的，暗含的意思是在期权存续期内，假定市场发生股灾的可能性约为1%。根据股灾后续效应的直觉和经验，我们选择 σ_H 比 σ_L 高约40%。现在，我们模型中只有两个未知的变量，股灾情形下的下跌幅度 J 和与股价正常行为情形下的波动率 σ_L。新模型中变量数只比布莱克－斯科尔斯模型多出一个变量，布莱克-斯科尔斯模型中只假定单一的波动率。我们对这些变量取值进行调试，以使模型的期权价格与决定三月期波动率微笑的两个隐含波动率——实值期权隐含波动率与虚值程度为5%的看跌期权隐含波动率相匹配。在正常波动率σ_L接近10%，当前股价下跌幅度接近25%的情况下，我们发现我们可以得到如图14-1所示的那些波动率微笑曲线。

我们的模型是按这样的思路来解释世界的：在期权存续期内，日经指数大概有1%的可能性会下跌25%。这就是你为什么要为虚值看跌期权支付更多期权费的原因。然后，我们利用这个模型来估计期权的delta值，也就是对冲指数风险所必需的套保比率。我们也利用它来对越来越流行的、价格对股价大幅下跌幅度与可能性更加敏感的（如障碍期权等）、更缺少流动性或更加奇异的期权进行定价。我们希望我们的交易员能在市场上寻找那些市场价格与我们模型计算出来的价格严重偏离的期权。这样，他们就可以通过买入那些价格明显被低估的期权而卖出那些价格被高估的期权，以期这些价格出现偏离的期权最终能够恢复到我们模型计算出的价格，从而获得利润。

尽管这个跳跃模型抓住了波动率微笑的一个核心问题，但它毕竟过于粗糙了。它对未来的预测就是，日经指数每天一早开盘后，要么是出现瞬间兴奋的大幅下跌，要么是出现心平气和的扩散，这种预测过于简单了。回头看来，我们或许应该加入一个分布形式，描述可能的下跌幅度和下跌时间。但跳跃很少发生，且由于缺少这种分布的数据，我不得不做出一些未经验证的假定，这样就感觉不够严谨了。无论对错，我们最终是想得到一个约束性更强的模型，模型中的变量经过对所观察到的期权价格调试后最终确定下来。当然，10年后，关于波动率微笑的、更加细化的跳跃扩散模型又变得流行起来了。

我们最初关于波动率微笑的模型，在高盛风险套利小组里还真的找到了用户，在那里精明能干的交易员将交易知识和量化方法结合起来，从事高层次的交易。有些套利交易员关注于并购，那些收购方常常会以超过股票当前价格的水平，面向公众提出目标公司股票的要约。如果监管者同意了并购，那么目标公司的股价就会跳跃到要约收购价格。在此之前，目标公司的股价就会反映完成这笔交易可能的预期。在这些情况下，我们的跳跃模型就在理论上给出了准确的答案，这些风险套利者偶尔就会利用我们的模型，来看一看他们对于这笔并购交易获得批准的可能性预期，是否跟目标公司当前股价隐含的跳跃可能性相匹配。

同时，从1991年中期到1993年年初，伊拉杰和我还有量化策略小组的其他同事，暂时转向了一个更加紧迫的任务，就是要提升我们的风险系统来处理我们所交易的数量不断增多的奇异期权。

不幸的是，我们对奇异期权研究得越多，我们就会遇到越多波动率微笑的问题：无论何时我们利用布莱克-斯科尔斯模型来对交易部门投资组合中的奇异期权进行估值时，我们所使用的是一个对非常简单的标准期权都会得到错误结果的模型，是一个与波动率微笑并不一致的模型。这种现象不好，如果它连简单情况都会搞错的话，那你就不用指望用它来处理复杂的情况了。如果美国宇航局（NASA）的一个计算机程序连地球和火星围绕太阳旋转的轨迹都不能准确预测的话，那么你就不能相信这个程序可以预报出从地球向火星发射一个行星探测器的飞行轨道。

正确的起点是能够找到这样一个模型，它能匹配所有标准期权的市场价格，跟全部隐含波动率曲面保持一致。只有这样，当它正确调校后，你用来计算奇异期权的价值才是明智的。我们怎样才能找到一个匹配所有曲面的模型呢？

在这里我回顾下我们布莱克-德曼-托伊模型的开发过程。20世纪80年代中期，固定收益期权领域内经历了类似的危机：实践者使用类似拉维的收益率扩散模型来对以任何一只债券为标的的期权进行估值，但感觉并不好用，因为这一模型并不能与收益率曲线上所有国债价格相匹配。布莱克-德曼-托伊模型是这一困境可能的解决方案之一。

我们有一个巨大的优势，就是在进入权益类衍生品领域之前，我们已经有了固定收益领域的工作背景。伊拉杰和我感到在债券及其收益率与期权及其波动率之间有以下类似之处：

- 债券价格是以当前长期收益率来报价的，长期收益率反映了市场对未来短期利率的预期。

- 期权价格是以当前长期隐含波动率来报价的，长期隐含波动率反映了市场对未来短期波动率的预期。

我们的想法是开发一个后布莱克-斯科尔斯模型，这个模型能够允许我们从当前波动率曲面倒推出未来短期波动率的市场预期。我们不确定怎样实现这一目标，但我们知道世界需要一个更好的模型，而模型的发现者也会得到回报。在整个1993年，我们感觉似乎在与一个不知名的竞争者比赛，看谁能最先发现这样的模型。

伊拉杰和我都是二项式期权模型的极大推崇者，这个模型简单、别致但却相当准确，可以根据一个未来股票价格的网格树来进行期权理论的计算。在一个二叉树中，股票价格就像国际象棋棋盘上的马一样移动，时间上向前一次一步不连续地移动，价格上向上或向下移动一格。二叉树本身又非常容易画出，而且是以一种起起伏伏的方式，模拟股票或指数的价格行为。随着棋盘上的网格逐渐变得越来越细小，价格的变化也就越来越连续了。事实上它们开始扩散了，此时二项式模型就越来越接近于布莱克-斯科尔斯模型了。二叉树就是期权理论中的费曼图，画起来简单，使用起来容易，非常适用于模拟简单交易策略或开发估值模型。即使是我们常打交道的那种不懂数学的交易员也能够理解。二叉树是在布莱克和斯科尔斯写成他们的论文后不久，最先由威廉·夏普（William Sharpe）发明的，然后又被约翰·考克斯、马克·鲁宾斯坦（Mark Rubinstein）和斯蒂芬·罗斯详细阐述。随着期权理论学家逐渐变得专业化、学历越来越高,二项式模型成了一个技术含量较低的工具,但我们仍发现这个模型具有巨大的实用价值。

因此,我们尝试使用如图14-6所示的指数期权价格二叉树作为市场对未来短期波动率观点的抽象。树中左边界表示当前指数点位,从那里开始向上或向下每一步的移动都代表了未来某种可能的指数变化。传统的二叉树做出的关键性假设是,树中所有的变化都是等百分比的。也就是说,在任何未来时间点、在任何未来指数点位,无论指数向上变化还是向下变化,都是以相同百分比扩大或收缩。用技术术语来说,指数收益率具有相同的波动率,这个波动率在整个二叉树中都保持一致,在未来每个时间和点位上全都一样。在布莱克-斯科尔斯模型中,这种固定的指数波动率就导致了由此产生的平坦隐含波动率曲面,这与现实期权市场并不相符。

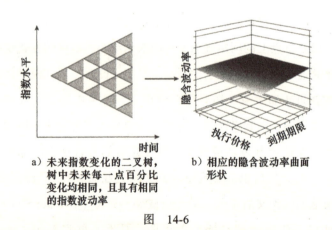

a) 未来指数变化的二叉树,树中未来每一点百分比变化均相同,且具有相同的指数波动率

b) 相应的隐含波动率曲面形状

图 14-6

伊拉杰和我开发了另外一个关于未来指数树形图的替代形

式。我们在一张可弯曲的橡胶板上重新画了常见的固定波动率二叉树，然后对它拉伸并扭曲，以使其变成类似图 14-7 所示的树形图。在这个变形后的树形图中，指数在树状图中每个点上发生变化的程度可能会不同，代表了变化的波动率，波动率取值可能在每一个点上都不同。用理论学家的话说，指数将具有一个变化的局部波动率（local volatility）。我们通过"局部波动率"来表示指数在未来特定指数点位和时间上的短期波动率。图 14-6 中的恒定不变的或完全相同的波动率，与如图 14-2 所示的市场中帐篷似的隐含波动率曲面并不一致。我们猜测，肯定存在一种"隐含二叉树"（implied binomial tree），它的局部波动率可以被选择来匹配市场上的隐含波动率曲面。我们期望它能够看上去类似于图 14-7 中的树形图，在这个树形图中指数局部波动率随指数下跌而上升，反之则反是，以反映波动率曲面随执行价格变化而变化的情况。

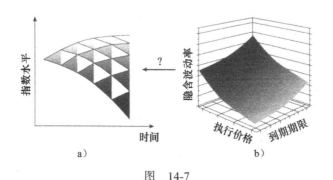

图 14-7

图 14-7a 是未来指数变化的隐含二叉树，未来每一次变化均有一个局部波动率，局部波动率在指数水平下降时上升。那么，是否能从图 14-7b 中隐含波动率曲面推导出隐含二叉树的形状呢？

可以很容易地想象这样一种树形图。给局部波动率如何在树状图中变化制定一套文字上的规则,然后将树状图构建出来,就更加容易了。有了这样一种树形图后,你就可以利用它计算任何很多不同期权的价格,然后将它们的隐含波动率曲面描绘出来。我们可以看到,可以选择一种局部波动率,使其变化能够产生出一个看似真实的波动率曲面。但我们面对的最后问题是我们正在做的工作的逆过程。我们需要从市场提供的隐含波动率曲面出发,据此推导出能够反映它的唯一局部波动率。隐含波动率曲面是最初目标,如果你能从中得到唯一的隐含二叉树,那么我们设想的整个过程就将形成一个真实的理论。

1993年整整一年,量化策略小组花了绝大部分时间继续设计更加完善的风险管理系统,与此同时,我们反复思考波动率微笑问题。在空余时间,我们对隐含二叉树进行修补,但我们仍不确定图14-7中的波动率曲面与我们希望其隐含的波动率曲面间是否存在一一对应关系。我们知道我们能从树形图开始到达波动率曲面,但从波动率曲面到二叉树又是怎样一条无可置疑的路径呢?我们就这个问题与戴夫·罗杰斯和他的交易员们讨论,他们出于我们橡胶板的类比,总是将其称之为灵活树(flexible tree)。我们构建了这种树形图的各种版本,用来对多种期权进行定价和对冲,但我们总是忙着给交易部门提供软件支持,在唯一性问题上倾注全部精力。

曲面与树形图间的关系让我想起了30年前,我在哥伦比亚大学研究生期间听到的马克·卡茨的一次讲座，他讲的问题是如何听出一只鼓的形状。物理学家将其称之为逆散射（inverse-scattering）问题，因为虽然大多数物理模型都是从物理定律出发推导出结果，但逆散射问题却是相反的。以牛顿的万有引力理论为例，它从太阳与其行星之间的万有引力定律出发，推导出行星运动的轨迹。逆散射问题正好相反——在给定观测结果的条件下，他们会问，什么样的定律会产生这样的现象？想象一下，比如说，天文学家观测到一些地球运行轨迹中的奇怪扰动，那么对万有引力定律做出怎样的变动才能对此做出解释呢？

我们对于从波动率曲面中提炼唯一隐含树形图的方法的寻找，就是一个逆散射问题。这种方法在金融建模中比在物理学中更常见。在物理学中，一个理论定律的美与优雅，以及得到这些定律的直觉，通常非常具有说服力，而且为解释现象提供了一个自然的起点。在金融学领域里，社会的因素比自然科学更多，因此很少有极具说服力的理论，于是我们别无选择只能采用现象学的研究方法。金融领域中，通常都是从市场数据出发，并对模型的规则进行调校以适应市场数据。这种调校的过程就是一种逆散射的研究方法，而且这也是我们在试图构建隐含树形图过程中尝试要做的事情。

1993年年末的某个时候，我去伦敦拜访高盛在那里的交易部门。在那里，我还给《风险》杂志就奇异期权做了一次演讲。在会议间歇，我遇到了格雷厄姆·库珀，他是《风险》杂志的新编辑，还遇到了约翰·赫尔。在我们交谈过程中，我告诉他们伊拉杰和我已经做的工作。格雷厄姆和约翰告诉我，他们听说伦敦的 Paribas Capital Markets 公司的布鲁诺·杜佩尔、伯克利大学金融学教授马克·鲁宾斯坦（最初的恒定波动率二叉树模型的合作开发者）也在解决同样的问题。由于担心会把我们的研究信息泄露给竞争对手，我给在纽约的戴夫·罗杰斯打电话，很快征得他的同意，可以在公开场合提及伊拉杰和我已经做的工作。我匆忙返回我的酒店房间，快速在演讲的文稿中加入了几张幻灯片，以描述我们在隐含树形图方法领域的进展。在我的演讲之后，格雷厄姆邀请我向《风险》杂志提交一篇关于我们工作的文章。当约翰听我有时将我们的树形图称之为"灵活"树，有时又称之为"隐含"树，他就暗示我要用"隐含"树形图的说法。

由于我们有很多竞争者，伊拉杰和我紧张不安地重新投入到证明我们树形图的唯一性问题上。我们每天绝大多数时间通常用来改进交易部门的模型，满足对新结构化产品的定价需要，并开发交易软件。只要我们在支持交易部门之余有了空闲时间，我们就重新尝试制订方案，要从隐含二叉树每个未来的节点上推导出唯一的局部波动率。

我们从任意一天市场隐含波动率表面开始，如图14-2所示。然后我们构建类似图14-8所示的二叉树。在树形图中，每个指数点位和未来时间点上的每个阴影三角形都代表一个不同的局部波动率，波动率的大小用阴影部分的深浅来表示。更高的指数点位对应更低的波动率（颜色越浅），更低的指数点位对应更高的波动率（颜色越深）。究竟应该选择怎样的颜色深浅以使其与图14-2中的初始隐含波动率曲面相匹配呢？这就是问题所在。

图14-8中的局部波动率是树形图的一个局部特征，是在每一个单独的小内部三角形中微观视角下的波动率。相反地，图14-2中的隐含波动率是一个全局性特征，是从3万英尺远的地方对所有内部三角形宽视角下的波动率。我们将某只期权

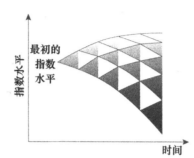

图14-8　一个有着变化局部波动率的隐含二叉树

树形图中阴影三角形代表着局波动率。

的隐含波动率视为在期权存续期内，指数将要经历到的所有局部波动率的平均值[⊖]。

考虑一个期权，它的到期日和执行价格对应于图14-9中树形图里位于倒数第二列的手电筒所处的时间和指数点位。它的隐含波动率取值就取决于右侧那一列阴影三角形的那些局部波动率的数值，这一列阴影三角形就是在期权存续期内，指数朝着期权执行价格方向移动可能经过的局部波动率区域。假设存在一个X射线源可以将树形图中所有位于右侧带状阴影三角形区域内的局部波动率照亮，那么把在手电筒位置上到期的期权

⊖　数学上一种复杂的平均值，但实际上，它仍是一种平均值。

想象成这个 X 射线源的想法是很有帮助的。

同样地,执行价格位于图 14-10 中树形图提灯位置上的期权,照亮位于左侧带状阴影三角形里的局部波动率。

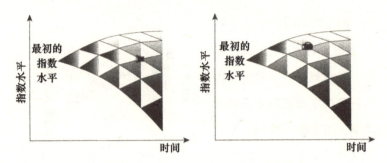

图 14-9　到期期限和执行价格位于圆弧上的期权的隐含波动率照亮位于树形图右侧区域内的局部波动率

图 14-10　到期期限和执行价格位于提灯位置上的期权的隐含波动率照亮位于树形图左侧区域内的局部波动率

执行价格位于手电筒位置的期权照亮了树形图的一部分,而执行价格位于提灯位置的期权照亮了另一部分。但没有一只期权,无论是执行价格位于提灯位置还是执行价格位于手电筒位置,都只能照亮树形图中一个三角形,这个单一节点上的波动率就是我们希望找到的模糊目标。

我们继续努力。我们希望得到一组期权能够照亮每个内部节点上的波动率。但我们尝试的每种方案都失败了——对于单一节点上的局部波动率而言,看上去似乎没办法了。

后来有一天，当我们在电子表格上摆弄一个五列的树形图模拟版本时，我们发现奇迹发生了。事情如此奇怪，我们在几分钟时间内还以为是由于电子表格编程出了错误。我们几乎完全是偶然地注意到，如果我们用三个执行价格完全不同的期权来照亮树形图内部的时候，其中两个期权的执行价格相近，位于前面，另外一个期权的执行价格滞后一个时间点。这样说吧，如果我们从三个不同角度向树形图内部发射 X 射线的话，那么只有它们相交叉的那一节点之外，所有其他地方全都照不亮，如图 14-11 所示。这一发现令人惊奇：我们已经找到了确定某个节点上局部波动率的运算方法，那就是根据该节点周围三个节点上不同执行价格的期权的市场隐含波动率来计算。

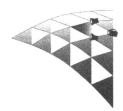

a）相邻执行价格的两个期权照亮它们左侧的三角形

b）到期的滞后一个时间点的单个期权在照亮所有之前的三角形的同时，还多照亮了一个三角形

c）后面到期的三角形中减去之前到期的三角形，就只剩下一个内部三角形被照亮了

图 14-11 三个期权如何才能照亮一个节点

现在我们知道了如何一步一步找到每个局部波动率了。我们可以选择隐含树形图中任一节点，从市场隐含波动率曲面上找到环绕这个节点的三个期权的隐含波动率值，然后通过我们

的算法就能得到这个节点的局部波动率。利用这个方法，一次一个节点，我们可以找到所有局部波动率。通过这些局部波动率以及它们所处的隐含二叉树树形图，我们就能用与波动率微笑相一致的方法，对任何指数期权进行估值和对冲。我们兴高采烈，相信自己已经在期权定价领域取得了又一个重大突破，这个突破拓展了布莱克-斯科尔斯模型，使其与实际保持一致。

我们并不是唯一兴奋的人。在过去的一年里，马克·鲁宾斯坦和布鲁诺·杜佩尔也开发出了类似的布莱克-斯科尔斯模型扩展形式。几个星期之后，马克在1994年1月的美国金融协会的会议上，发表了主题为"隐含二叉树"的演讲。在接下来几年中，通过与他的谈话，我了解到他也意识到他已经取得了一项重大突破。

几乎是在相同的时间，约翰·赫尔给我寄了一份几周前，布鲁诺在国际金融工程师协会（IAFE）组织的一次纽约会议上所做的演讲稿复印件，布鲁诺的演讲内容是关于另外一个版本隐含树形图的。在这份演讲稿中，布鲁诺也声称发现了一种独特的方法，能够从隐含波动率中求出局部波动率来。

我们中的每个团队或个人——伊拉杰和我、马克、布鲁诺，分别采取了风格完全不同的方式解决了这个逆散射问题。伊拉杰和我已经习惯于与投资银行领域内的用户打交道，他们都是些数学能力不强的交易员、销售人员和客户，因此，我们尽可能将我们的论文写得简单和清晰。我们希望任何人读完这篇文章之后，都能知道到底应该怎样构建自己的隐含树形图。我们一步一步地解释清楚，到底怎样构建树形图以及怎样对树形图进行调校以使其适用于特定波动率曲面，而且，我们用一个已经全部计算出数字结果的、包括五阶段的树形图作为例证，这样任何人都能进行检验。

马克的主题演讲过于注重论证，学术性较强，而且还阐述了这个问题的历史演变。他对这个逆散射问题的最初解法是，重点考虑将某一到期时间的所有市场隐含波动率进行匹配，因此忽略了暗含在隐含波动率曲面上的其他附加信息。

布鲁诺在国际金融工程师协会会议上的演讲则最折磨人。由于是个法国人，他偏好使用规范的数学方法。他那非常简短的报告提出了一个优雅的公式，公式根据相同执行价格和到期时间的隐含波动率曲面上的斜率和曲率来求得局部波动率。他的论文并不容易理解，而且我了解到的人里面也没人可以肯定他的结论就是正确的。有时，我想他是故意弄得晦涩难懂，没有给出明确的公式推导过程，而直接给出标新立异的结论。

我们研究了布鲁诺的报告，很快意识到他那简明的公式完全等同于伊拉杰和我在离散树形图上所开发出来的结果。只不过在他使用微积分的地方，我们使用的是代数。尽管重要性或伟大程度上不能相提并论，但我们的角色就像是费曼之于施温格或布莱克和斯科尔斯之于默顿。在我们论文后面的附录中，我们重新推导了布鲁诺的结论，并增加了一个更加容易让人明白的证据，以及对他工作的引用。

1993年12月末，布鲁诺、伊拉杰和我分别向《风险》杂志的格雷厄姆·库珀提交了各自的论文。布鲁诺的论文刊载在《风险》1994年1月刊上，并被加上了一个编者按，说伊拉杰和我的文章将刊载在随后的2月刊上。1月刊上还有一篇格雷厄姆·库珀写的一页纸长度的新闻报道，评论马克、布鲁诺、伊拉杰和我所做的工作，将其称之为新的"超级模型"，还非常准确地描述了我们各自方法的优缺点。我们都被恰到好处地吹捧了一下。

在之后的几年里，我们巡回参加各种学术讲座和会议。我在数十家大学的金融系和商学院里、维也纳期权交易所、数不清的业内会议上发表演讲。在日本、法国、瑞士、西班牙和意大利这些国家，交易员更加经验丰富，更喜欢了解量化理论，他们的销售人员带着我去见一拨又一拨的客户。我们在苏黎世和伦敦、毕尔巴鄂和巴黎、米兰和慕尼黑，给大型团体做一整天的学术讲座。这真是令人兴奋！

伊拉杰和我与在1994年加入我们小组的另外两名前物理学家迈克·卡莫、邹乔一起，继续完善这一模型，并利用它对奇异期权进行估值。我们还与量化策略小组中的两名软件工程师丹尼斯·厄金纳和艾伦·巴科沃特一起，将模型嵌入到交易部门的交易软件中。最重要的是，我们努力将模型的数学特征概括成交易员能够接受的、发自内心的理解。由于他们所有的直觉都是基于布莱克－斯科尔斯模型,于是我们就开发出一系列简单的、近似的修正方法,交易员们可以利用这些来自实践的规则来对布莱克－斯科尔斯模型稍加改动,就能应用到隐含树形图上了。

事实证明,向我们的交易员解释模型远比向我们的客户解释模型困难。交易员非常繁忙,他们的生活主要是盯住屏幕,服务销售人员,将他们的交易指令输入计算机系统。每天他们都要做上几百笔或几千笔的新交易,通常要工作到深夜,以保证所有的细节在他们部门的前台风险管理系统和在公司层面保存会计账户和交易记录的后台主机之间完全准确、相互一致。相对于提高定价水平,他们对将自己生活中的记账记录部门进行自动化更感兴趣。

交易员在模型使用方面是有决定权的,他们可以使用他们想要使用的任何模型,不需要原因或验证。如果你希望他们采用不同的比例对冲,证明的责任就在于你。他们并不愚蠢,只是有点门外汉的感觉,不喜欢使用他们自己不理解的新模型。可不幸的是,他们又不愿意在理解模型方面花时间。当交易员还没有使用模型时,很容易让他们使用最先得到的模型。一旦他们有了所依赖的模型,让他们再接受改进的模型就难了。

即使布莱克－斯科尔斯模型会产生一个平坦的波动率曲面,但是他们仍然坚持使用单一波动率框架的布莱克－斯科尔斯模型来对奇异期权进行估值。为了弥补这一缺陷,他们将他们所剩的所有精力和直觉都用来选择一个"正确的"单一波动率,并将其应用到错误的模型中去。一位资深的交易员坚称,即使隐含树形图模型是正确的,布莱克-斯科尔斯模型是错误的,他也总是能够想办法找到合适的单一波动率,将这个波动率放入错误的模型中,从而得到一个期权的正确估值。因此,有一天我发现有一些特定的奇异期权,利用隐含树形图模型所得到的正确估值,完全超出了我们能从布莱克-斯科尔斯模型中所得到的取值范围,也是就是说,无论我们在布莱克-斯科尔斯模型输入怎样的单一波动率,都不能得到这样的估值结果。之所以产生这样的结果就是因为,对于这些期权而言,根本就不存在这样的单一波动率,能够从错误的模型中得到正确的结果。带着极大的喜悦和一点点复仇感,我向交易员们展示了这些例子。但这只是一个小小的胜利,因为它不能改变任何一个人的行为。

到了2000年,当我致力于在高盛批准使用所有模型时,潮流开始发生转向。在高盛和它的竞争者那里,越来越多的交易部门都要为它们所使用的模型提供一些验证,以确保模型适合它们所在的市场。无论如何,在交易员和风险管理人员的角力中,交易员总是力量更大的一方。

1994年年末的一天,交易员和宽客之间的紧张关系让我做了一件特别愚蠢的事情。那天,我一整天都在应付烦人的、我提供不了的系统支持方面的需求。那天晚上,我乘坐一辆机场巴士去肯尼迪机场赶乘一班去往维也纳的飞机,根据日程安排,我要在奥地利期权交易所组织的一次会议上发表主题为隐含树形图的演讲。登上飞机,坐在商务舱靠近过道的位子上,我总算是放松下来了。我被工作中持续的努力奋斗弄得筋疲力尽,发誓以后再也不任人摆布了。

起飞前,正当我放松的时候,有一家三口在最后一分钟登上飞机,开始寻找他们的座位,但他们的座位并不相邻。那位年纪在五十几岁的绅士父亲坐在我右边靠窗的座位,他的儿子坐在与我相邻的、过道那边的座位上,他的妻子则坐在机舱很前面的地方。当我简单翻阅奥地利期权交易所会议议程的时候,这位父亲问飞机空乘人员是否有他们一家三口能够坐下的相邻的三个座位。最后,经过大约10分钟不成功的协商,他转向我,问我是否愿意与他的儿子交换一下过道的座位。我正恼怒于整天被人使唤来使唤去,我还记得我的"不再当老好人"的承诺,我就要坐在我选择的过道座位上,并不打算将它换给谁。于是我转过头,带着不适当的、顽固的表情回答说:"对不起,我要坐在我现在的位子上。"

当我们起飞飞往维也纳的时候,我惊惧于自己那无意义的固执己见。我的座位和他儿子的座位都是靠过道的,我这样固执并没有得到什么好处。更坏的是,我现在让自己陷入了不幸的境地,因为在接下来的10个小时里,我就坐在我本没必要惹恼的人旁边。当我在内心琢磨着如何补救我所做的事情时,我充满了负罪感。

我一边感到极度痛苦，一边继续翻看会议议程。然后我注意到，坐在我右边的男士从公文包里抽出了同样的会议议程，也开始翻看。我再一次看他的脸，突然意识到我就坐在鲍勃·默顿（Bob Merton）本人旁边。鲍勃·默顿是连续时间序列金融模型的开发者，还是哈佛大学教授兼长期资本管理基金合伙人。那天早上，我刚刚在他那本著名的《连续时间金融》（*Continuous Time Finance*）的内封面上看到他的照片，那本书我好像是读到了跳跃-扩散模型部分。

我怀着羞愧之心扭头转向默顿，为自己的粗鲁行为道歉。但那时，他的儿子已经睡着了，换座位已经毫无意义，因此，我们就期权定价模型的发展历史聊了几个小时。尽管鲍勃非常和蔼、可亲，我还是因为展示了自己性格中令人不快的一面而羞愧难当。因此，在会议过程中，我发现自己总是有意无意地躲着他和他的家人。我向自己发誓，下一次我只会对那些应该强硬对待的人才表现出强硬。

尽管马克、布鲁诺、伊拉杰和我是第一批利用局部波动率来解决波动率微笑问题的理论工作者，但还有很多其他人也有着相似的想法。特别值得一提的是，我碰巧看到由加拿大西蒙·弗雷泽大学（Simon Fraser University）的一位以色列金融学教授艾维·比克所写的一篇内容密切相关的文章。1994年11月，我在纽约大学名为"衍生品：前沿技术"的会议上发表演讲，当听到一本期权教科书的作者加利·甘斯梯纽（Gary Gastineau）谈到我们的模型使期权定价更加准确，从而提高了市场流动性时，我感到情绪高涨。尽管我们有生之年，见证了局部波动率成为一个家喻户晓的词以及成为教科书里讨论的主题，但我发现创造真正成功的金融模型远比我想象中的困难。

由于考虑到了波动率微笑问题，局部波动率是对布莱克-斯科尔斯模型的一种改进，但它本身也有三个不足之处。第一，我们的新模型中没有考虑到指数或股票价格可能发生跳跃的情况，而现在绝大多数市场参与者将这种可能性视为决定极短期波动率微笑形状的主要决定因素。我们最初尝试对波动率微笑进行建模的时候，事实上曾考虑过这种跳跃的情况。但我们从来就没有喜欢过包括跳跃情况的模型——由于跳跃过于剧烈和不连续，不能有效对冲，当你将这种情况考虑在内时，你就不能保证跟布莱克-斯科尔斯模型之间保持一致性。但价格跳跃是事实存在的，忽略这种情况会使我们的模型不够符合实际情况。

第二，隐含树形图非常难以调校。当你为了更精确地计算而尝试逐步构建网格连贯性更好的树形图时，通常你会发现局部波动率曲面出现剧烈的起伏，曲面上从点到点的变化会出现实际并不存在的波峰和波谷。过了一段时间，我们开发了平滑这些起伏的方法，但平滑这些起伏的需要又造成难以满足交易部门所要求的自动生成隐含树形图的要求。这些波峰和波谷产生的原因部分是由于我们没有考虑到价格跳跃。我们尝试的是针对稳定扩散形式中的剧烈现象建模，这就注定难以实现稳定的调校。

第三，我们的模型忽视了波动率本身的随机属性。几年后，伊拉杰和我尝试通过对局部波动率加入一个随机成分来改进我们的隐含树形图模型，但这使得调校和计算更加复杂和难以处理。

后来，我们发现可以通过局部波动率、跳跃、随机波动率或这三者的某种组合来得到波动率微笑。因此，局部波动率和隐含树形图并不是波动率微笑的"唯一"模型。多年以后，在曼哈顿的一次晚餐上，马克·鲁宾斯坦和我谈论起过去，我们都懊悔地嘲笑起我们曾经期望实现的结果和最终实践结果间的不匹配。

无论如何，我最终还是很满意的。伊拉杰和我是最早一批为新奇现象提出一个统一模型的人，我们创造了一个新的框架和新的词汇，而且我们是在华尔街第一线而非悠闲的学术研究机构中实现这一切的。就像所有模型一样，我们开发的模型有些简单，它也没有讲出全部故事，但它是一个合情合理的、自身逻辑一致的小世界，它专注了股票波动率市场上一个真实的、核心的特征：当市场下跌时，波动率倾向于上升。局部波动率模型已经成为学术界和实务界所使用的标准工具库的一部分。

20世纪90年代,波动率微笑问题扩散到几乎所有其他期权市场。在惧怕市场剧烈波动可能会伤害投资者的所有市场中——股票大幅下跌、金价大幅上涨、汇率和利率上下大幅波动——都出现了波动率微笑和倾斜的问题,我们的模型就成了能够解释这些特征中至少部门特征的原因,因此成了一个关键的工具。新千年快来的时候,波动率微笑模型到处可见,《风险》杂志所组织的会议上年复一年地将整场整场的研讨会主题定为波动率微笑。我在高盛衍生品分析小组内领导着一个由12位博士组成的团队,负责对整个公司衍生品业务中使用的定价体系和定价模型进行评估。我们很快发现每个交易部门都有自己的波动率微笑模型(它们全都不一样),还发现我们绝大部分的工作就是对这些模型进行验证。每个部门的模型都不相同,是因为它们所处的市场不同,由于市场自身独特的原因,每个市场都有自己特有的波动率微笑。股票市场惧怕股灾;经过多年低价的黄金市场惧怕金价短期内迅速上涨;在利率市场上,债券投资者惧怕高利率会使他们持有的资产贬值;而通常为客户担保最低利率的保险公司,则惧怕低利率水平会减少他们的现金流入;在货币市场上,投资者惧怕超过某一固定范围的大涨和大跌。每一种恐惧都是基于痛苦的经验之上,对应了一种不同的模式,也就需要一种不同的模型。不存在一种普遍适用的波动率微笑模型。

多年前,当我开始意识到波动率微笑问题,并希望找到"正确"模型的时候,我曾询问过在其他公司工作的同事,问他们认为的正确模型是怎样的。但现在，存在这么多的模型，我不得不问得更加实际一点：不是"你相信什么？"，而是"当你对冲标普500期权时，你是用通过布莱克－斯科尔斯模型得到的套保比率，还是更大些或者更小些？"局部波动率模型得到更小的套保比率，而随机波动率模型倾向于产生更大的套保比率。对于奇异期权而言，模型的差异会被放大。

2003年，在巴塞罗那的一个衍生品会议上，我主持了一个关于波动率微笑问题的小型圆桌讨论会，一共有15个人参加，包括来自全球衍生品部门的交易员和宽客。我向每一个人提出我的简单问题：当你对冲一份标普500期权时，你是用通过布莱克－斯科尔斯模型得到的套保比率，还是更大些或者更小些？我惊奇于虽然第一个波动率微笑模型已经出现了10年，波动率微笑几乎成为每个衍生品市场上的一部分，关于这个问题已经发表了上千篇论文，但是对于这个问题的回答大家仍不能达成共识。

确实还没能达成共识。尽管我们知道更多的波动率微笑理论，我们仍处于一片被黑暗笼罩的平原之上，并不知道什么才是正确的。经过10多年与交易员和理论学家交谈，我已经困惑于"正确"究竟意味着什么。如果你是一个理论学家，你必须永远不要忘记，你正穿过一条不受法律约束的道路，这里的居民们并不尊重你的准则。在市场和理论间，我看到的矛盾之处越多，我就越能感觉到关于金融和人类世界的模型的局限性。

第 15 章

去年之雪

- 华尔街上的合并
- 衣着变得随意
- 由权益类衍生品转向公司层面的风控
- 互联网泡沫的破裂
- 告别

20世纪90年代早期，我的生活过得太舒心以至于不能持久。量化策略小组的氛围是激动人心的——我们是一群兼容并蓄的人，由前物理学家、前数学家和计算机程序员组成，都有着各自的个人兴趣，但我们所有人都对金融充满了激情。绝大部分时间里，我们是一个幸福的大家庭——宽客给程序员讲授金融理论，而程序员则给宽客讲授编程风格。最好的是，我们与类似丹·奥罗克的交易员一起亲密合作，把学术理论和交易时间活动衔接起来。我们身处商业世界，但我们的头脑却被学术精神激励着。这种生活方式让人受益匪浅。

为了成功完成任务，我们有着足够的资源，因为我们为交易员工作，他们明白在研发方面花钱并不是一个零和游戏。我们相信，我们的模型和系统在华尔街是最好的。可但凡商业都有周期，在1994年年末推高利率水平之后，权力开始从公司的交易员那里转向公司的销售人员，这些销售人员则很难想象在新的模型和交易系统上投资会给公司带来更多业务。相反地，他们将研究视为一种费用。由于缺少辨别过度与必需的能力，他们要求每一笔投资，无论数额多么小，都要得到某个"业务领域"能够决定这笔投入的价值和必要性的人批准才行。但批准需要授权，而销售人员很少有时间和兴趣来取得授权。为此，他们就用召开会议的方式来解决这个问题。

从短期来讲，这种方式只不过是浪费了时间；可从长期来讲，这种方式浪费的是机会。业务不断增长，可我们的基础设施建设却停滞不前。现在，交易员们开始加班到深夜，利用过时的系统处理数量过大的交易。最终，我们的模型也开始遭殃。接下来，当我们的模型和软件不能及时更新时，我们的自尊心也开始受到打击。很快，我就发现自己在安慰小组内的不满上花费越来越多的时间。当每天的生活不再令人满意的时候，高薪不再令我们感到幸福。后来，我也慢慢但十分确定地意识到，非常有必要改变一下了。

我们的很多上司们没能意识到的一个浅显的事实是，我们开发这些模型和系统并不仅仅是有人盼咐我们这么做，而是因为我们认为它们是应该做的事情，我们对这些问题有兴趣。我们看到一个问题，从中确定了一种需求，从而我们被吸引住了并着手进行解决。这是一个引人入胜的过程。在努力解决结合信用类和股权类风险的可转债模型中的矛盾时，在尝试如何对波动率微笑进行建模时，我会发现无论是在淋浴还是在公园跑步，自己的脑海里还是不停浮现出这些问题的图像。有时候，我躺在床上，脑海里的这些图像仍挥之不去。我们出于热情、荣誉和被感谢、被认可、被赏识的快乐而努力工作，当然我们也为金钱工作，但仅有金钱是不够的。

投资银行的大环境也发生了改变。1985年，你可以在高盛、所罗门公司、第一波士顿、保德信（Prudential）、Drexel、Shearson、雷曼（Lehman）、E.F.Hutton、DLJ、Smith Barney、Paine Webber、信孚银行（Bankers Trust）、美国大通银行（Chase）、化学银行（Chemical）、花旗银行（Citibank）、Mocatta Metals等公司内找到一份量化研究工作，这里只是从许多相当有名气的大型银行和交易机构中列举出了一些而已。而现在，这些公司中几乎没有一家是独立的机构了。到2000年的时候，大鱼已经吃光了小鱼，花旗银行、摩根士丹利、美林和高盛在全球范围内就业务和资本展开直接竞争。

为了竞争，公司开始扩大规模。当我在1985年开始在高盛工作的时候，公司雇用的员工人数不到5000人；那时公司在纽约的员工都在百老汇大街85号的公司大楼里办公，我每天在85号的自助餐厅里吃午餐时，还能认出他们中的很多人来。1994年裁员后，全公司约有10 000名员工。到了1999年年末，当这个千年就要结束的时候，我们已经成了一家公开上市公司了，公司员工超过了20 000人。在每个季度的管理人员会议上，我都会听到公司领导人反复提到：公司里超过一半的员工是新进公司不到两年的，公司扩张是保持竞争力所必需的，我们必须要想到新的办法以保持企业文化等。

高盛真的有一种企业文化。与其他公司相比，高盛更多一点绅士风格，更多一点人文关怀，也更能包容思想的多样性。如果你觉得有必要，你可以与任何人谈话，这里不讲究什么身份地位。如果你在某些方面有所专长，你就是与众不同的。即使是程序员和宽客，都能因为他们的技能和贡献而获得一些尊重。人们似乎从各自的角度出发都能理解，所有这些行为都有利于公司，有利于吸引雇员和客户，有利于赚更多的钱。

高盛首次公开发行之后，平凡的生活发生了改变。公司上层那些我所熟悉的保守派，如鲍勃·鲁宾、乔恩·科赞、罗伊·扎克伯格等，都已经离开公司去政治领域谋求发展或享受自己的私人生活了。为了将因发行新股而新募集到的资金花掉，高盛开始从其他公司挖来人才，也开始收购其他公司的业务。当我们逐渐变成一家大型的上市公司后，公司内部的信息流开始受到约束，管理层级也更加森严。这些并不一定就是坏事，只是时过境迁罢了。相比其他任何我能想到的地方，我更加喜欢高盛。

衣着也在发生改变。1999年年末，纳斯达克正奔向巅峰，华尔街要求着正式商务服装的"柏林墙"每天都会出现新的裂纹。每当新的一天来临，都有公司宣布休闲衣着从此以后是工作着装。每个新的早晨都能看到以前身着深蓝色套装的合伙人，改穿风格明显属于休闲装的裤子，在敞开领子的衬衫外面再罩上件运动夹克衫就来上班。在高盛，最先接受这一风气的是以往一贯粗俗的货币和大宗商品部门。很快，固定收益部门也随后效仿。作为最后的堡垒，股票事业部最初只接受在星期五着便装。我的小组里有一位严谨的同事继续在每个周五穿西服套装，当有人问他为什么不穿着休闲装时，他回答说，尽管每天都穿着西服套装让人感觉很糟糕，但随着日子不同，还要更换服装就更加让人感觉糟糕。经过几个变装星期五后，股票事业部也开始接受这一新风气，这场天鹅绒革命也随之结束。从那时开始，所有时间内我们都可以穿休闲服装了。

当然，这样做是为了与越来越时髦的网络公司竞争，继续吸引最优秀的年轻毕业生留在古老的投资银行界。在高盛的巡回招聘中，我们发现很多 MBA 学生会在学业中途退学而加入新的能够快速致富的创业企业中去。即使是我们面试的大学生也没有像几年前的大学生那样优秀。为了做出回击，高盛开始每天都发放免费水果和软饮料，如果这样还不够的话，它就进一步为工作太过努力以致没有时间照顾自己的年轻员工提供管家服务。

最后，20 世纪 90 年代末期股票领域内最热门的话题就是服务零售客户和电子化分销。传统上一直是批发商的投资银行也不得不紧紧跟上。我能看到，在未来的几年中，业务中的估值问题将退居次席，为技术让路。因此，在 1999 年年末，对于周旋于不满意的宽客和资源贫乏的交易员之间的工作我感到有些厌倦，开始考虑换一份工作。

但如何换呢？1988 年，当我离开高盛转任所罗门兄弟公司的那一天，斯科特·平库斯为我提供了转任公司内其他岗位的机会。当我问他为什么不早点跟我提出时，他解释说那就成了挖墙脚了，这样做对于试图从公司内部其他部门挖人而言是一种不好的做法。

这种说法反过来也是成立的。如果你希望转到另外一个领域，你不能过于公开地进行操作，那样就是将个人的需要置于公司的需要之前，是一种不好的性格特点。认可这种行为就相当于打开了阻挡洪水的大门。为了符合公司文化，你应该与你的上司坐下来，然后在礼貌地解释你为什么需要换一个岗位之后，问他：我寻找其他机会你是否没有问题？

但这就意味着你要摊牌，要知道告诉一个人你不想继续为他工作是一件困难的事。实际上，更多的情况是你找到那个你希望为之工作的人，低调地问他在他的领域内是否有位置提供给你。然后，如果他感兴趣，你们就会碰几次头来讨论操作的可能性。最后，如果你们都希望推进你的岗位调换，你就会找到你现在的上司，问他：我寻找其他机会你是否没有问题？

1999年年末，我跟几位在公司里认识的高级管理人员谈过话，问过这种操作的可能性。他们中的一位是鲍勃·李兹森伯格，他是高盛公司层面风险管理业务的领导，也是知名的前沃顿商学院教授。他所在团队的工作就是检测并汇报整个公司及公司下属部门的风险，鲍勃非常适合带领这个团队。他本人非常兼容并蓄、博学广识，发表了几篇的著名论文，也曾在几家衍生品交易公司工作过。对于这项工作，他也有着坚定的信念：要想控制住那些强势交易部门的高薪负责人所承担的风险，你必须要强硬。在鲍勃和善的外表之下，隐藏着他那不可动摇的顽强信念。

只见了几次面就明确了，鲍勃非常欢迎我加入全公司风险管理小组。对于我来说，我也非常渴望换个职位。他需要小组成员里有一位衍生品专家，因为对于公司而言，很多难以分辨的风险在于高盛所交易的那些复杂的、奇异的、高利润的场外期权。我们很快达成共识，要继续推进。在尝试过其他机会之后，我们做出了最终决定。第二天，我找到当时的上司，问他：我寻找其他机会你是否没有问题？

2000年1月初，我离开股票衍生品部门转任全公司风险管理小组。

我所加入的全公司风险管理小组隶属于运营、财务和资源部（OF&R）。它是一个服务性的部门，并且不那么吸引人——"资源"意味着人事、审计和法律事务，这些业务尽管很重要但无论如何不属于公司的核心业务。OF&R对于宽客而言是一个陌生的领域，这个地方对于数学和建模而言非常不相关，难以吸引有经验的策略专家到这里来工作。

尽管全公司风险管理小组的定位让人感觉无聊，但它处理的事情都非常重要。就像保险公司一样，投资银行的交易部门通过承担计算过的风险收取费用来赚钱。我们的主要任务就是运用系统性的、统一的方法测度公司内每个交易部门、分支机构、整个公司整体当前的风险水平，帮助决策哪些风险是不适当的。每个交易部门都运行着自己的风险管理系统，但我们负责在更高的层面上进行协调。

绝大多数交易日里，交易部门都可能产生少量的收益或者损失，但总是存在产生巨大损失的可能性。为了对风险的概念进行量化，我们以及所有在华尔街上的其他人，都使用所谓的每日"风险价值"（VaR）的概念。它测度的是发生更大损失的可能性不高于 0.4% 或 1∶250 所对应的损失临界值。这个值对应的是一年中的一个交易日。因此，VaR 值是 99.6% 的置信水平。举例来说，股票部门的 VaR 值是 5000 万美元，这意味着在一年的任何一天中，只存在 1/250 的可能性发生超过这个数值的损失。

VaR 值是 1994 年由 J.P. 摩根银行发明的，是一个不太令人满意的风险测度工具，但已经成为业内标准。通过每天晚上模拟公司内部每个交易部门持有的投资组合的价格变化，我们估计每天的 VaR 值。这些模拟运算都是大型计算程序，使用每个交易部门持有资产过去的统计数据来估计这些组合在未来可能会发生的取值分布。利用这些估计，我们就能预测第二天每个部门投资组合的分布情况。我们为每个交易部门生成 VaR 值，然后对在相同领域内交易的部门组生成 VaR 值，再对公司内每个分支机构生成 VaR 值，最后对整个公司生成 VaR 值，这样就产生一天内整个公司的一个层次分明的潜在损失，从而从上到下展现了公司的风险情况。

每天我们就像时钟一样，计算并向公司及各下属部门报告 VaR 值。每周我们小组内的资深成员都要与每个部门内的风险管理委员会委员碰几次头；每周一次，我们都要在令人痛苦的早上 7:30 召开的全球电话会议上，向公司的首席风险管理委员会报告，他们会设定 VaR 值限额来调整公司的风险状况。在市场动荡期间，他们会调低最高限值；在市场平稳期间，他们会提高最高限值。目的就是根据经济环境而承担（而非消除）适当的风险，因为没有风险就没有收益。

VaR 值并非是包治百病的灵丹妙药，对于 VaR 的使用有很多合乎逻辑的反对意见。最重要的是，VaR 值本质上是利用统计分布来预测公司的未来价值，而统计数值不可避免的是基于过去的情况而定的。但过去发生过的事情并不会分毫不差地重复上演。当人们在贪婪和努力避免过去错误之中痛苦挣扎之时，他们已经从过去的经验中学到足够多的东西来犯新的错误。

VaR 值也过于简单：只用一个数字，不可能描述清楚投资组合未来复杂分布形式下的盈亏情况，因为不同的分布可能会有相同的 99.6% 的置信区间。我们忽视了真正的分布——股票和债券价格分布的极端尾部都还没有理解清楚，甚至它们都是不太稳定的，更不用提复杂证券如互换期权或天气衍生品等的整体分布情况了。

即使你坚持用一个数字来反映风险，VaR 值也不是最好的。百分数并不能很好地反映出心理上对风险的认知——两只不同的证券可能分别有自己很小百分比的损失，但把它们组合到一起可能就会产生更大百分比的损失。因此，投资组合的 VaR 值可能会比其构成成分的 VaR 值大，这正好与多样化会消除风险的直觉观念正好相反。

结果就是，尽管我们使用 VaR 值，但我们并不把它当成我们的信仰。我们是泛神论者，向多个地位相等的风险之神祈祷。比如说，我们都经历过不同的市场灾难——1987 年股灾、

1998年俄罗斯的偿付危机，这些灾难的再次发生可能会产生极大损失，即使我们并不知道它们的分布形式。因此，公司给每个交易部门设定一个持有头寸的界限，这样在类似灾难发生时，这些部门的损失就不会超过可以承受的金额。基于类似经验或假想出来的灾难情景而设定的这些限额或其他压力测试所产生的限额，都得到采用，有些重要性还要高于 VaR 限额。

通过多角度对待风险，我认为我们做了一项非常漂亮的工作，但这是一项永远没有终点的事业。每年，我们都收集更多数据提高我们的统计；每年，模拟都要强化以更好反映常见市场的变化。此外，每当高盛进入一个新的业务领域，比如说能源或天气衍生品业务，因为我们没有这些业务的历史数据，因此只能努力创造出假想的历史和统计数据，以反映我们所感知到的风险。从这个角度来说，金融建模很大程度上就是对想象力的一种锻炼。

尽管全公司风险管理小组的绝大多数工作都是围绕着 VaR 值进行的，我的工作却与它关联不大。我发现它很有用但却并不是一项完美的工作，它面对的对象更多是监管者而非交易员。相反地，我将我在全公司风险管理小组的绝大部分时间用在领导衍生品分析小组上，这个小组由来自纽约、伦敦和东京的大约 12 位博士组成。我们的使命是确保交易部门的每一笔衍生品交易都是准确"按市场价值定价"（marked to market）的。

按市场价值定价是为你投资组合中每只证券指定一个能够反映这只证券当前市场价值的行为。你可能很好理解微软公司股票的价值,因为它每天都以公开成交价格交易上百万次。但高盛(以及绝大多数其他投资银行)的衍生品交易部门都在长期或奇异的场外衍生品证券上持有越来越大的头寸,以满足特定客户的需要。这些衍生品证券很难按市场价值定价。给一条新的李维斯(Levi's)牌子的裤子定价远比给一件二手的、客户定制的克里斯琴·拉克鲁瓦(Christian Lacroix)晚礼服定价容易得多。

我们公司在利率、股票、外汇、大宗商品、能源以及信用市场上持有大量不流动的衍生产品。很多结构化产品横跨很多市场——我们交易以日元计价的债券,它的利息会随着标普500指数的上升而增加。要管理这种头寸,你必须对冲日元利率、美元利率以及标普500的变化。

这些证券也没有当前市场价格。宽客和交易员都是"按模型对它们进行定价",这意味着宽客和交易员通过仔细调校运用数学开发出来的模型,将模型开发出计算机编码并将其嵌入前台风险管理系统中,以便计算出这些证券的价值。对于这些奇异证券而言,也没有二级市场,你只能将它们记在账面上,一直持有到期,并自始至终用相同的模型对它们进行套保。

对于一只不流动的、你要持有好几年的证券,什么才是它的合理价值?这是一个非常重要而且实际的问题,因为这些证券的价值决定了公司的收益,决定了公司的股价,也决定了管理这些证券的交易员的奖金。

交易部门通常使用它们自己的模型来对不流动的头寸进行估值。但这涉及道德风险（moral hazard）的问题：当交易员的年终奖取决于价格不明确而且还在他掌控之中的证券时，这个交易员可能就会在临近发年终奖时粉饰利润。

衍生品分析小组就是公司的模型警察：我们的工作就是确保价值数十亿美元的不流动奇异衍生品能够被合理地估值。这是一项充满荣誉且非常重要的工作，完成这项工作既需要知识也需要智慧。在全公司风险管理小组的第一年里，我看到了公司在纽约、伦敦和东京的账面上持有过剩的特殊和不流动证券产品。股票部门持有基于科技公司个股的四年期虚值看涨期权多头和虚值看跌期权空头，这些都是那些公司的内部人士为了对在公司上市时所分到的股票进行套保而卖给股票部门的。这些期权的价值都有些不确定，因为这些到期期限较长、执行价格偏离较大的期权并没有交易市场。固定收益部门的账面上也有很多更加复杂的互换期权，类似于上文提到的以日元计价的、利息随标普500指数变化的债券。大宗商品部门交易基于黄金的长期障碍期权，设计这样的结构化产品的目的是满足矿业公司在金价下跌后公司利润风险对冲的需求。所有这些市场都存在着波动率微笑问题，使这些高度复杂证券的准确估值变得非常困难和不确定。

这让我开始慢慢明白，我们面对的与其说是风险，不如说是不确定性。风险是在你持有某物时所承担的，比如说100股微软股票——你非常明确地知道这些股票的价值，因为你能在一秒钟内以非常接近最新交易价格的价位将它们卖掉。它们的当前价值没有任何不确定性,只有当它们的价值在下一刻将发生变化时才会产生风险。但当你持有一份不流动的奇异期权时,不确定性先于风险出现,你甚至都不能知道这份期权到底有多少价值,因为你不知道你所使用的模型是对还是错,或者更准确地说,你知道你所使用的模型是既幼稚又错误的——唯一的问题它是怎么幼稚和怎么错误。

没有人真正了解不能交易的股票期权的准确价值。它的价值既取决于在期权到期前,通过对标的股票的所有未来随机价格变化进行对冲,你能赚到多少,又取决于价格随机变化的特性以及所选取的特定对冲策略,而这两个因素都不能完全提前确定。

面对不确定性,我对衍生品价值采取一种多世界观。我假定未来是几种可预见情况的一种,因此对于期权的价值而言,就可以合理地给出一系列可能的价值。比如说,在一种未来情形中,股票价格上涨时,股票波动率可能会下降;在另一种未来情形中,波动率可能仅仅是随机的。在这些大量的、每一种都似乎是可能的、不同的情形中,你选择与今天的观测相一致的情形,就能开发出相应的合适理论模型,并将其应用到期权估值中去。然后,你就可以比较交易部门"按模型估计"出的价值与采取多世界观计算出来的价值范围,看交易部门的计算结果是否落在这个范围之内。如果落在这个范围内,那么它就是合理的,能够作为评估价使用;如果没有落在这个范围内,你就要与交易部门讨论,或者让他们证明结果的合理性,或者修正他们的估计。此外，由于存在一系列合理价值，我们建议高盛持有一笔储备金，数量等于这些合理价值和交易部门实际估值间差值的平均值。这个储备金就表明他们预期利润中的一部分实现起来是有附加条件的，在他们的模型或者对冲策略出现错误的时候可能无法实现。只有当交易最终完成，期权的真实市场价值最终发现和揭示出来的时候，这笔储蓄金才能解除预留状态。

这就是我们在评估公司不流动奇异衍生品资产时所采取的策略，我们认为艺术品交易商可能也对他的印象派画作存货采取同样的策略。假如一个艺术品交易商的代理人以1000万美元的价格收购了一幅雷诺阿（Renoir）的画作，而这位代理人认为这幅画价值1300万美元，因此索要预期300万美元利润的10%（也就是30万美元）作为分红。如果等到这幅雷诺阿的画作卖出时交易商再将这笔钱支付给代理人，那是很愚蠢的。因为到那时，这幅画的价值不但风险很高，而且存在不确定性。不论是不流动期权还是不流动画作，你都不能在小鸡被孵出来之前就把它们计算进去。

我对这个问题思考得越多，就越觉得这个例子非常类似于期权估值。当你希望估计一件很久没有转手的古董的价值时，你会将它与类似的刚刚拍卖的艺术品相比较。我在遇到的各种纷繁复杂的期权结构化产品和模型估值上处理得越多，就越认为期权估值真的可以通过类比的方法来进行。

我回想起幼时在圣经学校，我学习过著名智者希勒尔（Hillel）的故事，他被要求一条腿站着背诵"上帝"意旨的精华。"你不想别人对你做的，你也不要对别人做"，他当时应该是这样说的。"剩下的都是对此的注解，去学习吧"，我相信你也可以一条腿站立总结出数量金融的实质："如果你希望知道一只证券的价值，尽可能使用与其类似的另一只证券的价格。剩下的就是对此的注解，去学习吧。"

金融经济学家浮夸地将这一规则称之为一价定律（law of one price），意思是说具有相同未来支付的证券，不论未来情况会怎样，都应该具有相同的当前价值。这是这个领域内核心的，或许也是唯一的准则。为了估计不流动证券的价值，你要找到一组类似的、市场价格已知的、在所有情况下未来支付与不流动证券相匹配的流动证券。那么不流动证券的最佳估值，就是这组具有相同支付的流动证券的价值。

那模型在哪里使用呢？要用一个模型来显示在所有情况下，不流动证券和流动证券组合具有相同的未来支付。对于所谓的"所有情况"，你必须要在你的模型中细化；你还必须表明，在所有未来情况中，复制的证券组合具有相同的支付。金融学里绝大多数复杂的数学，都是对这个唯一原则的详细描述。

模型就是模型而已，是对理想化世界进行玩具一样的描述。简单模型构想的是一个简单的未来；复杂的模型构想的是一组更加复杂的未来，这些情景能够更加贴近真实的市场情况。

但任何数学模型都不能捕捉到人类心理的复杂精密。看到交易员偶尔过于相信形式和数学的力量，我认为，如果你聆听塞壬的歌声时间太长的话，你的结局很可能就是触礁或是卷入漩涡。

2000年9月，我被国际金融工程师协会（IAFE）选为年度金融工程师。我是第一个，也是迄今为止唯一一个接受这一奖项的实务工作者，非常荣幸地与之前的获奖者同列：罗伯特·默顿、费希尔·布莱克、马克·鲁宾斯坦、史蒂夫·罗斯、罗伯特·杰诺、约翰·考克斯、约翰·赫尔等，他们都是领域内知名的贡献者，都在做学术研究时做出了主要的贡献。我想我自己在起步稍晚的情况下能做出一点小成绩是非常幸运的。

作为一名实务工作者，我总是在第一线参与操作。我最享受的就是研究，为交易领域一小群真正关心结果的人来开展一些以前没有人做过的初创工作。现在，在一家大公司的全公司风险管理小组里，我必须让自己适应于做一些二手研究，也就是帮助交易部门那些首先解决问题的宽客们验证他们的结果。我也是一个大型科层机构中的一员。每周我都要参加两个固定收益风险会议、一个股票风险会议、一个全公司范围的风险管理委员会、至少两个衍生品分析小组会议、一个全公司风险管理小组所有管理人员的会议。另外还有三个不同的会议，分别与三个分管股票、固定收益以及外汇和大宗商品的审计人员开会。此外，还要与全公司风险管理小组的所有副总裁们定期开会。

这还算是好时候。到2000年年中，科技股泡沫破裂，紧接着所有股票市场出现下跌，我要跟我小组里那些看到只有有限上升空间而沮丧的年轻人们开更多的会议。到 2001 年年初，我很大一部分时间都要用于鼓舞那些不满但聪明的人们。

作为一名全公司风险管理小组里的资深员工，有一项真正的特权——你每周都有机会参加公司的中央风险管理会议，当我们听取公司业务前景汇报、讨论当前事务和战略的时候，你就能亲眼见到公司内所有位高权重的大人物。在伊拉克被入侵前一年多，我还被邀请参加会议，听取韦斯利·克拉克（Wesley Clark）⊖给我们做伊拉克的报告。然而，我终归是个局外人，运营公司是他们的事情，而不是我的事情。我喜欢更小的世界，喜欢研究更具体和明确的问题。很快我就知道，我要继续换地方了。

每个星期二上午，我都要在汉诺威广场（Hanover Square）10 号主持一个全球电话会议，衍生品分析小组内所有的资深员工都要参加。在纽约时间早上 8 点钟，他们从伦敦和东京打电话进来。一个周二，正当我们坐在电话扩音器旁边审查所做的交易时，我朝窗外看了一眼，看到很多纸张从空中大把大把撒落下来。我觉得这看上去像是一个过时的为宇航员或美国球队凯旋而举行的盛大游行，但对于游行而言时间尚早。然后就有人跑进来，说一架飞机撞到世贸中心了。我们打开挂在我办公室上方墙角的电视机，看到了熊熊燃烧的塔楼，听报道说这是

⊖ 美国退役四星上将，曾担任北约欧洲盟军最高司令兼美国驻欧洲部队总司令。——译者注

一次意外碰撞。接着，过了一会，我们听到了窗外"砰"的一声雷鸣般巨响，同时我们在电视里看到世贸中心另外一座塔楼也开始熊熊燃烧。很明显，我们被攻击了。

我们在大楼外又聚集起来，远望着世贸中心两个塔楼上冒出的可怕火焰和浓烟。我想象到接下来还会有新一轮飞机会袭击更多的建筑。于是我们一群人开始出发向北走去，走的过程中非常小心，既不能太靠近毫无保护的罗斯福路，也不能太靠近目标过大的泛美大厦。当我们到达唐人街的时候，我们听到了世贸中心两座塔楼的倒塌声，也听到了对五角大楼的攻击声。到下午3点钟的时候，我到了桑娅位于上东区的学校，当时学校只允许学生在家长保护的情况下离开学校。

下曼哈顿区在接下来的几个月里就像是一个战场——纽约城市警察和带着惊恐表情、脱了形的国民警卫队成员在带着焦糊味的空气中和封锁的街道上巡逻。我每天从西区乘出租车去往被周围装满沙子的翻斗卡车围了起来的格雷西大厦（Gracie Mansion），那里有渡船沿东河（East River）驶往南大街口岸（the South Street Seaport）。在曼哈顿工作和生活是非常压抑的，我无法从担心下一场袭击的忧虑中解脱。直升飞机在夜空中巡逻。人们像钟表般在凌晨三点钟准时起床观看CNN报道。当我在乡村或郊区度周末时，能明显感觉到放松的状态——人们在那里可以感到暂时的安全。我再一次看到曼哈顿的人们精神焕发已经是"9·11"事件发生后两个月的事情了，那一天是感恩节前的星期三，当时突然之间整个城市似乎有了一点节日的气氛。

通常来讲，我要花上几年时间才能下定决心换工作。可这次，只花了两个月的踌躇时间，我就做出了准备离开高盛的决定。我在高盛拥有过的最好的时光，就是当我和一小群交易员和宽客们一起朝着共同目标工作的时候——与皮特·弗洛伊德的交易部门一起开发布莱克-德曼-托伊模型，与伊拉杰和丹·奥罗克一起开发股票风险管理系统，开发我们的隐含树形图模型。我决定给自己放一年假，写一本书，然后返回职场，或者在学术机构或者在一家小型的投资公司找份工作。6月7日，在给我举行完告别聚会后，已经在高盛工作超过17年的我永远地回到了家中。第二天上午11点钟，我去中央公园跑步，这是一天中最好的跑步时间，我已经好几年没有这么做了。

一个星期以后，我在家中收到了一封以前我领导的量化策略小组的同事发来的电子邮件，他没能参加我的告别聚会。他和我曾偶尔因为软件标准问题发生过激烈冲突。像绝大多数宽客一样，他是一位外国人。"回顾往事，"他写道，"在您领导的量化策略小组工作是我在高盛最开心的几年。我常常懊悔没有能充分认识到能在您和您的同事身边工作（有时共同合作），是怎样的一种荣幸。随着时间流逝，我意识到我非常有幸能在您所设定的高智力标准氛围中，与一群围绕在您身边的极有天赋的人一起工作。我错过了良机，没能充分利用这个机会。"

去年之雪不可避免地要融化，对此无可悲伤。我已经做好准备迎接新的事情。

第16章

大妄想家

- 绕了一大圈,重回哥伦比亚大学
- 回头再看物理学和金融学
- 不同的目的需要不同的精确程度
- 作为想象实验的金融模型

一年后，也就是2003年秋天，我绕了一大圈又回到原地，今日和昨日在明日重现。我重返哥伦比亚大学，作为一名教授和金融工程项目的负责人，办公地点就在第120号大道和阿姆斯特丹大街（Amsterdam Avenue）上的穆迪（Mudd）楼里，这离我花了很多年才拿到博士学位的浦品物理楼东边只有100码⊖距离。我同时还在一家母基金（fund of funds）里任兼职，这家公司主要是将客户的资金投资于一组对冲基金。

讲课过程中，我再次惊讶于学校里讲授的知识和工作中所学到的知识的差异。当我开始在华尔街工作的时候，我认为将物理学中的技术应用于金融建模是完全可以的。在粒子物理学中，人们想象出了大统一理论（Grand Unified Theories，GUTs）、弦理论（strings）和普适理论（Theories of Everything，TOEs）。他们所用的工具，如微分学、偏微分方程、傅里叶级数、蒙特卡罗模拟甚至还有希尔伯特空间，初看上去也适用于描述股票和收益率曲线的变动，就像它们适用于描述粒子和场一样。

观察20世纪80年代中期收益率曲线的移动时，我也不能看出为什么金融理论家们不能得出他们的普适理论。为什么没有一整套方程式描绘出所有利率的变化，从而生成所有对利率敏感的证券的合理价值？如果你当时问我数量金融的发展方向在哪里，我很可能希望发现这样一种理论。

⊖ 1码=0.9144米。——译者注

17年过去了，我可以毫不后悔地说，事情并没有按照我所期望的那样发展下去，并没有所谓的统一理论。模型必须实用，交易员通常使用多个类似但稍有不同的模型：第一个用于国债，第二个用于企业债，第三个用于上限期权（caps），第四个用于互换期权，尽管所有这些证券估值都取决于同一标的利率。虽然我们渴望统一理论，但我们并不追求有一种理论能无所不包。最优秀的宽客知道那是做不到的。

刚进入这个领域的新手会发现很难接受这个现实。在我的课堂里有个法国学生，最近他在课程评估里写道，尽管这门课程让他对数量金融的实践有了很好的感觉，但他"仍不能相信金融学内不存在一个能够差不多解释绝大多数现象的综合模型（就像在其他领域内那些成熟的综合模型那样）"。刚刚转行到金融领域的物理学家，就像我当初那样，会希望找到一个大一统的理论。很多本来应该理解得更清楚的金融学者们似乎也认为这是能够做到的，但他们并没有生活在真实的世界里。这根本就是不可能的，而且这也不是一个计算能力的问题，即使是无限快的计算机也不能完成这样的任务。问题是更深层次的。

物理学技术从来都只能在金融学领域内产生近似真实的结果，因为"真实的"金融价值本身就是一个值得怀疑的概念。在物理学中，那些能够正确预测行星未来轨迹的，或能够预言出像 Gell-Mamm 欧米伽粒子这样新粒子的存在和特性的模型是正确的。在金融学领域内，你不能简单地凭观测就证明模型是正确的。数据是稀缺的，更重要的是，市场是行为及对行为做出反应的地方，是关于正题、反题、综合的辩证法㊀。人们从过去的错误中学习，但继续犯下新的错误。在一个阶段中正确的东西到下个阶段就可能变成错误的了。

结果就是，物理学家转行成金融学家后，并不过多指望他们的理论，而很多经济学家却天真地这样做。也许这就是为什么一直接受卓越预言理论教育的物理学家，能够清楚地知道基础性理论和现象学模型之间的区别，尽管后者更加有用。训练有素的经济学家从来没有见过真正一流的模型。这并不是说物理学"更好"，而是说金融学更难。在物理学里，你是在同"上帝"下棋，它并不经常改变规则。当你将住它之后，它就会认输。在金融学里，你是在同"上帝"创造出来的人类下棋，这些人凭借他们短暂的判断来对资产进行估值。他们并不知道他们什么时候已经输掉了，因此他们不断尝试。

由应用数学家转行成为宽客的保罗·维尔默特在他的教科书《衍生品》中写道"我所见过的每个金融学公理，都显而易见是错误的……真正的问题在于理论为什么是错的，以及不论是否正确，它是否有用。在任何理论金融书籍（包括本书）中你所读到的所有东西，你都千万不能完全相信"。我完全同意这种说法。事实上，维尔默特后来为他那本书选取的书名《维尔默特论衍生品》就恰当地反映出他对这一问题的认识。书名中出现"维尔默特"表明是由一位权威来讲解一门复杂的学科，

㊀ 黑格尔哲学用语，辩证法的几个阶段。——译者注

但也表明这门学科本身就缺乏真正科学意义上的一致性。真正的科学并不需要这种权威——不能想象一本1918年的教科书被称之为《爱因斯坦论引力》！不像金融学，引力理论获得自身的地位，靠的是无可辩驳的论点，以及它对之前无法说明的异常现象的解释能力。万有引力并不需要爱因斯坦来增加它的严肃性。可在经济学作品中，个人因素占了很大的比重，因为真实的部分权重太小了。

那么，为什么物理学的方法在金融学中难以很好地发挥作用呢？

作为一位物理学家，当你提出一个关于自然界的模型时，你期望你能猜到"上帝"所创造的结构。这听上去很合理。每位物理学家都相信自己有一点机会能做到这一点，否则他也不会待在这个领域了。这也可能是"上帝"本人并没伪装。但作为宽客，当你提出一个新的估值模型时，你期望你能猜到由其他人所创造的结构。当你试验一个新的收益率曲线模型时，你其实是在说"让我们假设市场中的人们只在乎未来短期利率水平，而且他们期望未来短期利率是正态分布的"。当你对自己说这些话时，如果你是实事求是的话，你的心就会往下沉。你不过是一个可怜的梦想家，而且你会立即知道根本没有可能自己是真正正确的。当你使用其他人的模型时，你想象着你能理解其他梦想家的想法，其实这是一项更难完成的任务。

但难道不也正是"上帝"创造的人类吗？难道个人和自然

之间真的存在矛盾吗？这些都是古老的问题。量子力学中杰出的波动方程之父薛定谔，将他关于生物物理化学基础的有影响的演讲稿汇编成《什么是生命》(*What is Life*)一书，在书的后记中他将自己对决定论和自由意志的个人看法写成了一个简短的总结。"我身体就像一部按照自然法则运行的纯粹的机器，"他写道，"然而根据不可置疑的亲身经验，我知道我是按照可以预见结果的方式指挥它的运动，这是至关重要的，我能感觉到并对这些行为负完全的责任。"他能够调和这两种明显的矛盾体验——一种是他对自然易受人类理论化影响的深信不疑，另一种是他对在任何理论化过程背后人类自主性的相同的坚定信念——的唯一方法就是去推断"我——在这个单词最广泛意义上表达出来的我，也就是说，每一个曾经说过或是感到过'我'的有意识的大脑——是那个按照自然法则控制'原子运动'的那个人"。

薛定谔追寻的是那一长串早期德国哲学家们的脚步，他们认为在所有各种各样的世界语言里，谈话中将他们自己称为"我"的，并不真正指的是个体的"我"，而指的是同一全体之"我"——"上帝"或自然。

无论如何，正是那些不可预测行为的"我"们，像你和我一样的人们，决定了金融价值。费希尔·布莱克曾将金融理论写成：

> 理论最终被接受，并不是因为它被传统的实证

检验所验证，而是因为研究者们说服了其他的研究者们，使他们相信这个理论是正确的和重要的。

我愿意阐述得更深入一些。从交易员合作者的角度来看，我喜欢将金融模型视为类似量子物理学家和相对论物理学家在20世纪早期所做的那些想象实验（gedanken）。想象实验，在德国称之为思想实验（thought experiment），是想象中的研究，是一种在精神世界里对物理世界做的压力测试。这种实验之所以在你的大脑中进行，是因为实践起来太难而不可能真的操作。它们的目的就是强迫你将关于世界的概念变成一个矛盾体。爱因斯坦为了深入洞察信仰牛顿学说的观察者和麦克斯维对光的描述之间的矛盾，曾想象当他坐在移动光束边缘的时候，他将会看到什么。当你坐在一个波峰上时，是否光波看上去仍会是从波峰向波谷变动的？同样地，薛定谔为了强调量子力学完全与直观相反的特性，想象一只看不见的猫，被密封在一个装有放射性原子的盒子里，放射性原子持续衰变，会触发一个盖格尔计数器（Geiger counter）从而释放出毒气。那么这只猫会像不可观测到的、在不同量子形态之间不断来回转换的原子那样，在生死之间不断轮回吗？

我想这才是将数学模型应用于金融学的正确方式。模型只是模型而已，并不是事情本身。因此，我们不能指望它们是真正正确的。模型最好被视为一组你能研究的平行的思想领域。每个思想领域都应该是一致的，但真实的金融和人类世界与物质世界不同，比我们用来了解它的任何模型都要无限度地更加复杂。我们总是尝试将真实世界硬塞进一个模型中，想看看这个模型是多么有用的一个近似形式。

你肯定会一直问：模型是否给你了一整套合理的变量描述这个世界，以及一整套变量间的关系，使得关于这个世界的分析和研究成为可能？你总是利用人们能够理解的变量，尝试着对现实做出有限的近似，这样就能向自己或上司进行表达了，比如"我正持有新型市场波动率的空头，因此当危机来临时我们会赔钱的"。像布莱克-斯科尔斯模型这样的好理论，能够提供一些好的思想，利用这些思想你能计算出那些可能原因所带来的可能结果。好的理论给了你一种通用语言，利用这种语言能够量化并沟通你对价值的感觉。

接触一个模型的正确方法就是像一位小说阅读者或一位真正的大妄想家那样，暂时搁置怀疑，然后让模型发挥最大作用。经济学能够提供的最好理论就是期权估值模型，它的成功就是一个柏拉图式简单理论的故事。期权估值理论得到了比应得的更多的重视，然后过度地被人们自以为是地作为思想的拐杖所使用。"如果一个傻瓜坚持他的愚蠢，那么他将变得睿智"，布雷克（Blake）在他的《天堂与地狱的婚姻》（*The Marriage of Heaven and Hell*）中这样写道。这就是宽客对于期权理论的贡献。

有时有一点自以为是有益的，但接下来，当你在开发模型的时候，你必须提醒你自己，你是在对"我"们建立理论；还要提醒自己，尽管"上帝"的世界能够根据原理进行猜测，但人类喜欢保持神秘。当人们允许理论具有它们自己的存在方式的时候，当自以为是发展成为顶礼膜拜的时候，灾难就来临了。在这两个极端之间，在某个日常常识和盲目崇拜之间，存在着概念模型的明智应用，需要判断力才能画出这条线来。

与此同时，基础物理学以及它的十维弦理论逐渐变得更加晦涩难懂，数量金融学也逐渐变得越来越精确和具体。作为一名科学家，有时可能会很沮丧。你被更年轻的人包围着，需要不断面对年轻的梦想和成熟后现实之间的不匹配问题。

我曾经读过尤伯罗伊的歌德传记㊀，歌德是最后一位同时在艺术领域和科学领域做出贡献的人。歌德的《色彩的理论》（Theory of Colours）是关于光和色彩的内外部特性的统一检验，同时观察者本人也意识到本人的存在。根据尤伯罗伊的说法，科学家倾向于将歌德视为一位诗人，他偏离了适合自己的诗的领域。关于歌德的评论说他错误地将自然视为一件艺术品，本应该量化和客观的地方却充满了定性判断和个人情感。但尤伯罗伊写道，歌德不会那么幼稚地将自然视为一件艺术品，而是他相信我们对于自然知识的描述应该是一件艺术品。

我喜欢按歌德的风格来思考我们在数量金融领域所做的事情：我们尝试对我们观察到的事物做优美的、如实的描述，这

㊀ J. P. S. Uberoi,《欧洲的另一位智者：作为科学家的歌德》(The Other Mind of Europe: Goethe as a Scientist)，牛津大学出版社，德里（1984）。

个过程中涉及直觉感知、发明创造以及编制近似的规则和模式。我们在创造理解方面，融合了艺术和科学。我们运用我们的直觉、我们的科学知识以及我们的技巧来描绘出如何进行定性思考，并在一定限制内量化分析人类事务的世界，在这样的过程中，我们影响着其他人的想法，也被其他人的想法影响着。如果没有希望，人在生命中也就不会祈求太多。

致　　谢

我非常感谢 Pamela van Giessen 女士，她是约翰·威利父子国际出版公司（John Wiley & Sons Inc.）的编辑，几年前我说服了她，让她相信写一本描述宽客生活的书是一个好主意。从那时开始，她就在宏观图景和微观细节上不断贡献灵感、热情、指导和建议。我感谢她的兴趣和耐心，如果没有她，我不可能看到这次努力最终修成的正果。

威利公司的 Jennifer MacDonald、PV&M 印刷公司的工作人员，特别是 Joanna Pomeranz、Matt Kushinka 以及 GabriellaKadar 也提供了有用的帮助。

在完成此书的过程中，我从家人、朋友以及后来成为朋友的陌生人那里得到了很多鼓励，这些鼓励对于完成此书发挥了很大的作用。写作是一种孤芳自赏的快乐，来自其他人的一点点热情就会带来非常大的有益影响。我很荣幸地感谢：Beverly Bell，Steve Blaha，Richard Cohen，Nancy Cohen，Joshua Derman，Shulamit Derman，Sonya Derman，Michael Goodkin，Marc Groz，Ruth Jowell，Mike Kamal，Robert Kiernan，Mark

Koenigsberg、Bob Long、Helga Nagy、Nassim Taleb、Don Weingarten。他们正面的肯定对我产生了比他们所能意识到的更大的效果,我由衷地感激他们。我还要特别感谢 Ray Bacon,是他鼓励我并对手稿提出了很有帮助的意见。

最后也是最重要的,我要对妻子埃娃表示感谢。她耐心并细致地阅读了大部分手稿,还在整本书的写作过程中给了我很多考虑周到的建议、好的意见以及精神上的支持。

推荐阅读

序号	中文书号	中文书名	定价
1	69645	敢于梦想：Tiger21创始人写给创业者的40堂必修课	79
2	69262	通向成功的交易心理学	79
3	68534	价值投资的五大关键	80
4	68207	比尔·米勒投资之道	80
5	67245	趋势跟踪（原书第5版）	159
6	67124	巴菲特的嘉年华：伯克希尔股东大会的故事	79
7	66880	巴菲特之道（原书第3版）（典藏版）	79
8	66784	短线交易秘诀（典藏版）	80
9	66522	21条颠扑不破的交易真理	59
10	66445	巴菲特的投资组合（典藏版）	59
11	66382	短线狙击手：高胜率短线交易秘诀	79
12	66200	格雷厄姆成长股投资策略	69
13	66178	行为投资原则	69
14	66022	炒掉你的股票分析师：证券分析从入门到实战（原书第2版）	79
15	65509	格雷厄姆精选集：演说、文章及纽约金融学院讲义实录	69
16	65413	与天为敌：一部人类风险探索史（典藏版）	89
17	65175	驾驭交易（原书第3版）	129
18	65140	大钱细思：优秀投资者如何思考和决策	89
19	64140	投资策略实战分析（原书第4版·典藏版）	159
20	64043	巴菲特的第一桶金	79
21	63530	股市奇才：华尔街50年市场智慧	69
22	63388	交易心理分析2.0：从交易训练到流程设计	99
23	63200	金融交易圣经II：交易心智修炼	49
24	63137	经典技术分析（原书第3版）（下）	89
25	63136	经典技术分析（原书第3版）（上）	89
26	62844	大熊市启示录：百年金融史中的超级恐慌与机会（原书第4版）	80
27	62684	市场永远是对的：顺势投资的十大准则	69
28	62120	行为金融与投资心理学（原书第6版）	59
29	61637	蜡烛图方法：从入门到精通（原书第2版）	60
30	61156	期货狙击手：交易赢家的21周操盘手记	80
31	61155	投资交易心理分析（典藏版）	69
32	61152	有效资产管理（典藏版）	59
33	61148	客户的游艇在哪里：华尔街奇谈（典藏版）	39
34	61075	跨市场交易策略（典藏版）	69
35	61044	对冲基金怪杰（典藏版）	80
36	61008	专业投机原理（典藏版）	99
37	60980	价值投资的秘密：小投资者战胜基金经理的长线方法	49
38	60649	投资思想史（典藏版）	99
39	60644	金融交易圣经：发现你的赚钱天才	69
40	60546	证券混沌操作法：股票、期货及外汇交易的低风险获利指南（典藏版）	59
41	60457	外汇交易的10堂必修课（典藏版）	49
42	60415	击败庄家：21点的有利策略	59
43	60383	超级强势股：如何投资小盘价值成长股（典藏版）	59
44	60332	金融怪杰：华尔街的顶级交易员（典藏版）	80
45	60298	彼得·林奇教你理财（典藏版）	59
46	60234	日本蜡烛图技术新解（典藏版）	60
47	60233	股市长线法宝（典藏版）	80
48	60232	股票投资的24堂必修课（典藏版）	45
49	60213	蜡烛图精解：股票和期货交易的永恒技术（典藏版）	88
50	60070	在股市大崩溃前抛出的人：巴鲁克自传（典藏版）	69
51	60024	约翰·聂夫的成功投资（典藏版）	69
52	59948	投资者的未来（典藏版）	80
53	59832	沃伦·巴菲特如是说	59
54	59766	笑傲股市（原书第4版.典藏版）	99

推荐阅读

序号	中文书号	中文书名	定价
55	59686	金钱传奇：科斯托拉尼的投资哲学	59
56	59592	证券投资课	59
57	59210	巴菲特致股东的信：投资者和公司高管教程（原书第4版）	99
58	59073	彼得·林奇的成功投资（典藏版）	80
59	59022	战胜华尔街(典藏版)	80
60	58971	市场真相：看不见的手与脱缰的马	69
61	58822	积极型资产配置指南：经济周期分析与六阶段投资时钟	69
62	58428	麦克米伦谈期权（原书第2版）	120
63	58427	漫步华尔街（原书第11版）	56
64	58249	股市趋势技术分析（原书第10版）	168
65	57882	赌神数学家：战胜拉斯维加斯和金融市场的财富公式	59
66	57801	华尔街之舞：图解金融市场的周期与趋势	69
67	57535	哈利·布朗的永久投资组合：无惧市场波动的不败投资法	69
68	57133	憨夺型投资者	39
69	57116	高胜算操盘：成功交易员完全教程	69
70	56972	以交易为生（原书第2版）	36
71	56618	证券投资心理学	49
72	55876	技术分析与股市盈利预测：技术分析科学之父沙巴克经典教程	80
73	55569	机械式交易系统：原理、构建与实战	80
74	54670	交易择时技术分析：RSI、波浪理论、斐波纳契预测及复合指标的综合运用（原书第2版）	59
75	54668	交易圣经	86
76	54560	证券投机的艺术	59
77	54332	择时与选股	45
78	52601	技术分析（原书第5版）	100
79	52433	缺口技术分析：让缺口变为股票的盈利	59
80	49893	现代证券分析	80
81	49646	查理·芒格的智慧：投资的格栅理论（原书第2版）	49
82	49259	实证技术分析	75
83	48856	期权投资策略（原书第5版）	169
84	48513	简易期权（原书第3版）	59
85	47906	赢得输家的游戏：精英投资者如何击败市场（原书第6版）	45
86	44995	走进我的交易室	55
87	44711	黄金屋：宏观对冲基金顶尖交易者的掘金之道（增订版）	59
88	44062	马丁·惠特曼的价值投资方法：回归基本面	49
89	44059	期权入门与精通：投机获利与风险管理（原书第2版）	49
90	43956	以交易为生II：卖出的艺术	55
91	42750	投资在第二个失去的十年	49
92	41474	逆向投资策略	59
93	33175	艾略特名著集（珍藏版）	32
94	32872	向格雷厄姆学思考，向巴菲特学投资	38
95	32473	向最伟大的股票作手学习	36
96	31377	解读华尔街（原书第5版）	48
97	31016	艾略特波浪理论：市场行为的关键（珍藏版）	38
98	30978	恐慌与机会：如何把握股市动荡中的风险和机遇	36
99	30633	超级金钱（珍藏版）	36
100	30630	华尔街50年（珍藏版）	38
101	30629	股市心理博弈（珍藏版）	58
102	30628	通向财务自由之路（珍藏版）	69
103	30604	投资新革命（珍藏版）	36
104	30250	江恩华尔街45年（修订版）	36
105	30248	如何从商品期货贸易中获利（修订版）	58
106	30244	股市晴雨表（珍藏版）	38
107	30243	投机与骗局（修订版）	36